Pär Ström
Die Überwachungsmafia

Pär Ström

Die Überwachungsmafia
Das gute Geschäft mit unseren Daten

Aus dem Schwedischen von Dieter Jakobik

HANSER

Titel der Originalausgabe:
Övervakad. Elektroniska fotspår och snokarsamhället.
Malmö, Liber, 2003

Nicht in allen Fällen war es möglich, Rechtsinhaber der Abbildungen
ausfindig zu machen. Berechtigte Ansprüche werden selbstverständlich
im Rahmen der üblichen Vereinbarungen abgegolten.

Bibliografische Information Der Deutschen Bibliothek
Die Deutsche Bibliothek verzeichnet diese Publikation in der Deut-
schen Nationalbibliografie; detaillierte bibliografische Daten sind im
Internet über http://dnb.ddb.de abrufbar.

© 2003 Pär Ström och Liber AB
Alle Rechte der deutschen Ausgabe:
© 2005 Carl Hanser Verlag München Wien
Internet: http://www.hanser.de
Lektorat: Martin Janik
Herstellung: Ursula Barche
Umschlaggestaltung: Büro plan.it unter Verwendung eines Bildmotives
von getty images
Satz: Kösel, Krugzell
Druck und Bindung: Friedrich Pustet, Regensburg
Printed in Germany
ISBN 3-446-22980-9

Dem Andenken meines Vaters Rune

Inhalt

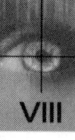

TEIL B
Wie sind Nutzen und Gefahren der neuen
Technik gegeneinander abzuwägen?

Vorwort

Eigentlich bin ich ein Mensch, der optimistisch in die Zukunft schaut und der die neue Informationstechnologie
positiv einschätzt. Die IT besitzt ein enormes Potenzial, das
bisher nur zu einem Bruchteil genutzt wurde. Das vorliegende Buch ist also nicht technologiefeindlich.

In meiner Tätigkeit als Berater von Firmen und Vor-
tragsredner konnte ich allerdings feststellen, dass die neue
Technologie auch eine unerfreuliche Seite hat: die Möglichkeit zur Überwachung, zum Ausschnüffeln von Privatpersonen und Unternehmen, ja von ganzen Nationen.

Wer die folgenden Entwicklungen nüchtern betrachtet,
erkennt, dass wir dringenden Diskussionsbedarf haben:

- Es steht auf der politischen Agenda, die Daten sämtlicher Internetbesuche, Telefonanrufe und E-Mail-Ver-
  bindungen von allen EU-Bürgern langfristig zu speichern, damit die Polizei im Bedarfsfall darauf zugreifen
  kann.
- Es soll sogar gespeichert werden, wann sich wer wo
  beim Telefonieren per Handy aufgehalten hat.
- Immer stärker werden Gesichtserkennungssysteme in
  Überwachungskameras und telefonbasierte Lügendetek-
  toren eingesetzt.
- In vielen Autos informiert eine „Black Box" die Versicherungsgesellschaft in Echtzeit darüber, wohin der Fahrer fährt.
- Inzwischen werden Menschen Mikrochips unter die
  Haut eingepflanzt, die kleine Sender enthalten.

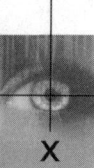

X

- Viele Dokumente enthalten unsichtbare „Wasserzeichen", anhand deren eindeutig festgestellt werden kann, auf welchem Drucker sie gedruckt wurden.
- Streng geheime Kommunikation im wirtschaftlichen, politischen und privaten Bereich wird von ausländischen Mächten systematisch überwacht, automatisch übersetzt und zusammengefasst.

Die Herausforderung der Zukunft besteht darin, die Vorteile der IT zu nutzen, ohne gleichzeitig die Nachteile in Kauf nehmen zu müssen; doch das ist leichter gesagt als getan. Eins steht fest: Die Fragen, um die es hier geht, sind in erster Linie politische und ethische Fragen – und bei weitem nicht nur technische. Wenn nichts geschieht, werden wir eines Tages in einer Überwachungsgesellschaft aufwachen, die die Horrorvision von George Orwells „1984" in den Schatten stellt. Und dann wird es für ein Umlenken vielleicht zu spät sein.

Ein Wort zu der Glaubwürdigkeit der von mir verwendeten Quellen: In den meisten Fällen habe ich meine Informationen aus Zeitungen und Zeitschriften bezogen sowie aus Forschungsberichten von Universitäten, den Webseiten verschiedener Organisationen usw. In meiner Beurteilung dieser Quellen habe ich versucht, gesunden Menschenverstand walten zu lassen, und darauf verzichtet, Informationen von Webseiten zu verwenden, deren Inhalt einseitig oder aus anderen Gründen wenig glaubwürdig ist. In den meisten Fällen stammen meine Informationen aus angesehenen Massenmedien, die eine hohe Glaubwürdigkeit besitzen. Trotzdem sind Mängel des Tatsachenmaterials natürlich nicht hundertprozentig auszuschließen.

Was die provokativsten Teile meines Buches betrifft – nämlich die dargestellten Tendenzen globaler Überwachung durch einige wenige Staaten –, muss ich zugeben, dass sie häufig auf lückenhaftem Tatsachenmaterial basieren. Ich war dabei gezwungen, auf Indizien zurückzugreifen. Dies liegt allerdings in der Natur der Sache, denn es handelt sich um geheime Tätigkeiten und es gibt mächtige Interessen, diese Tätigkeiten zu verschleiern. In solchen Fällen muss der Leser entscheiden, ob er eine bestimmte Quelle für glaubwürdig hält, und sich anhand seines eigenen Wissens ein Urteil bilden.

In meinem Buch gehe ich auf interessante Trends und Phänomene in vielen Ländern ein, darunter in den USA. Was im Ausland und nicht zuletzt in den USA geschieht, ist in hohem Maße auch für Europäer von Bedeutung, und zwar aus zweierlei Gründen: Erstens ist die IT ein grenzüberschreitendes Phänomen, was dazu führt, dass Überwachungen und Lauschangriffe in dem einen Land häufig auch andere Länder und deren Bürger betreffen; und zweitens sind die USA ein in vieler Hinsicht führendes Land, und was dort passiert, kann auch bei uns bald Wirklichkeit werden.

Dieses Buch erschien zuerst in Schweden. Für die deutsche Ausgabe wurde es komplett überarbeitet und um viele neue Passagen ergänzt.

Schließlich noch ein redaktioneller Hinweis: Ein Sternchen (*) hinter dem Namen einer Firma oder Organisation bedeutet, dass deren Webadresse in der Linkliste im Anhang des Buches aufgeführt ist.

Leserreaktionen sind herzlich willkommen!

Pär Ström
Stockholm, Januar 2005
par@atomer.se
www.atomer.se/de

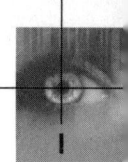

Einleitung:
Digitale „Fingerabdrücke"
und Überwachungsstaat

Wir vertrauen auf Gott – alle anderen überwachen wir.

Redewendung innerhalb der NSA
(National Security Agency) in den USA

Der ärmste Mensch darf in seiner Hütte der gesamten Staats-
gewalt trotzen. Sein Haus mag baufällig sein, das Dach mag
klappern, der Wind hindurchpfeifen, Sturm und Regen mögen
eindringen – der König von England jedoch darf nicht eindringen; seine gesamten Streitkräfte dürfen es nicht wagen, über
die Schwelle der zerfallenen Behausung zu treten.

William Pitt, englischer Parlamentsabgeordneter (1763)

Die Erkenntnis kam fast wie ein Schock.
Das Ganze begann damit, dass Robert Rivera auf einer
kleinen Pfütze verschütteten Jogurts ausrutschte, als er
in einem Laden der Vons-Supermarktkette einkaufte. Un-
glücklicherweise wurde beim Fall die Kniescheibe zertrüm-
mert. Trotz einer Operation war Robert seitdem unfähig,
eine normale Arbeit auszuüben.
Als er den Supermarkt auf Schadenersatz verklagte, erhielt er vom Rechtsanwalt der Vons-Supermarktkette eine
unangenehme Mitteilung. Ihm wurde klar gemacht, dass
„wir in unserer Datenbank genaue Informationen darüber
besitzen, welche Waren Sie gekauft haben, und bei der
Menge Alkohol, die Sie eingekauft haben, lag es wohl nicht
am Jogurt, dass Sie das Gleichgewicht verloren. Wenn Sie
den Prozess weiterverfolgen, werden die Geschworenen

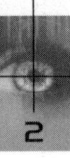

durch diesen Hinweis einen denkbar schlechten Eindruck
von Ihnen erhalten. Wir raten Ihnen daher von einem
Prozess ab."

O weh! Als Robert die elektronische Kundenkarte des Super-
marktes erwarb, hätte er sich nicht träumen lassen, dass das
Unternehmen einmal die über seine Einkäufe gespeicherten
Informationen zu einem solchen Zweck verwenden könnte.
Er muss sich gedemütigt, frustriert und machtlos gefühlt
haben. Der Vorfall weist auf die Risiken hin, die sich aus dem
immer umfassenderen Einsammeln und Speichern persönlicher Informationen als Folge der digitalen Revolution ergeben. Diese Entwicklung ist nicht neu, sie hat sich jedoch in
den letzten Jahren erheblich beschleunigt.

Während meiner Kindheit gab es überall in den Städten
öffentliche Telefonzellen. Man steckte eine Münze in den
Schlitz und konnte telefonieren – und zwar völlig anonym
und ohne Spuren zu hinterlassen. Heute benutzen die Menschen meist ihr Handy. Das bedeutet, dass Informationen
darüber vorliegen, wann und wo eine Person eine bestimmte Telefonnummer gewählt hat. Die Informationen
können jahrelang gespeichert werden – z. B. wurde bekannt,
dass die irischen Telekomfirmen Eircell und Digifone die
Verbindungsdaten sechs Jahre lang gespeichert hatten. In
der Tat kann niemand mit Sicherheit sagen, ob diese Informationen überhaupt jemals gelöscht werden.

Der Leser wird jetzt vielleicht einwenden: „Wird da
nicht der Teufel an die Wand gemalt? Die Möglichkeit, dass
sich wirklich einmal jemand an diese Informationen heran-
macht, ist doch höchst unwahrscheinlich – eine rein hypo-
thetische Möglichkeit!" Dazu ist zu sagen, dass die Möglichkeit durchaus äußerst real ist. Und das Ausgraben
solcher Informationen ist ebenfalls keine bloße Möglichkeit
mehr – es findet bereits statt.

Nach den Terroranschlägen vom 11. September 2001 in
den USA hat sich das Gleichgewicht zwischen staatlicher

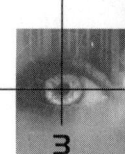

Kontrolle und Schutz der Privatsphäre erheblich verschoben. Ein weiterer Schub zur Störung dieses Gleichgewichts erfolgte nach den Attentaten in Madrid vom 11. März 2004. Eine Welle neuartiger staatlicher Vorgehensweisen und Gesetzesvorlagen geht seitdem um die Welt. So haben Polizei und andere staatliche Organe wesentlich erweiterte Befugnisse erhalten, um auf persönliche Daten zuzugreifen. In den USA war man nahe daran, ein riesiges Kontrollsystem einzuführen, das zuerst Total Information Awareness (TIA – totale Informationskenntnis) genannt, dann in Terrorism Information Awareness (Terror-Informationskenntnis) umgetauft wurde. TIA war als ein System geplant, das die digitalen Fingerabdrücke unschuldiger Bürger in Tausenden von öffentlichen und privaten Datenbanken überwachen sollte, um Verdächtige vorbeugend aufzuspüren. Ein weiteres amerikanisches Kontrollsystem (Secure Flight) soll der „Profilerstellung" von Flugpassagieren dienen und wird bereits angewandt. Die Europäische Union hegt Pläne, Daten über den Telefon-, Internet- und E-Mail-Verkehr sämtlicher EU-Bürger zu speichern.

Tatsache ist, dass eine neue Überwachungs- und Schnüffelmentalität, wie sie sich in Systemen wie TIA, CAPPS II und Secure Flight darstellt, in breiter Front und in unterschiedlichen Zusammenhängen auf uns zukommt. In Anleitungen der Polizei und anderer Behörden kann man lesen, wie sich digitale Fingerabdrücke am besten nutzen lassen. In seinem 2003 erschienenen Leitfaden *Investigative Data Mining for Security and Criminal Detection* schreibt Jesús Mena z. B. Folgendes:

In der modernen Gesellschaft ist es praktisch unmöglich, bei digitalen Transaktionen keine Spuren in kommerziellen und privaten Datenbanken sowie in Netzwerken zu hinterlassen. Der Prozess der „Datengewinnung" wird normalerweise angewandt, um Angaben über das Verhalten von Verbrauchern zu erhalten, jedoch kann die gleiche

4

Technologie auch dazu genutzt werden, kriminelle Personen aus Sicherheitsgründen aufzuspüren und zu identifizieren. Die Daten gibt es überall, und damit erhält man Anhaltspunkte, Delikte vorauszusehen, ihnen vorzubeugen und sie zu lösen sowie die allgemeine Sicherheit zu erhöhen und illegale Handlungen zu entdecken (und vor ihnen abzuschrecken). Im 21. Jahrhundert müssen Polizei und Untersuchungsrichter anfangen, sich der neuen Technologie für die Erkennung von Verbrechensmustern zu bedienen, um unsere Gesellschaft und Zivilisation zu schützen.

In diesem Zusammenhang ist der Begriff „digitale Fingerabdrücke" von entscheidender Bedeutung. Im Zuge der Digitalisierung unseres Alltags hinterlassen wir eine immer weiter anschwellende Menge solcher Fingerabdrücke, und zwar nicht nur dann, wenn wir telefonieren oder mit einer Kreditkarte bezahlen. Der Besuch einer Website im Internet, das Abheben von Geld am Automaten, das Ausleihen eines Buches in der Bibliothek, die Zahlung der Busreise mittels sog. Smartcard, das Passieren der Werkstore des Arbeitsplatzes, das Senden von E-Mails, das Entrichten der Autobahngebühr usw. – solche Vorgänge hinterlassen persönlich identifizierbare, digitale Fingerabdrücke. Und immer neue digitale Anwendungsbereiche kommen hinzu. Es gibt bereits „intelligente" Einkaufswagen, die Informationen darü-

Jede Gesellschaft muss sich entscheiden, wo auf der Skala zwischen Anarchie und Überwachungsstaat sie stehen will. Die meisten Demokratien haben sich bisher für eine Position irgendwo in der Mitte entschieden. Doch derzeit bewegt sich die westliche Welt immer weiter in Richtung Überwachungsstaat. Wie weit wollen wir noch gehen, bevor wir dieser Tendenz Einhalt gebieten? (Quelle: Pär Ström)

ber sammeln, an welchen Regalen des Ladens der Kunde stehen bleibt, um sich eine Ware näher anzuschauen. Mittels interaktiven, digitalen Fernsehens, das ebenfalls bald Wirklichkeit wird, kann unser Verhalten vor dem Fernseher registriert werden. Und so weiter...

Im Teil A dieses Buches werde ich einige der vorhandenen wie auch geplanten Überwachungstechnologien näher beschreiben.

Zweckentfremdung eröffnet neue Möglichkeiten

Die digitalen Fingerabdrücke sind für den Laien kaum wahrnehmbar, und die meisten Menschen denken nicht an sie – vorläufig jedenfalls nicht. Das Beunruhigende dabei ist, dass digitale Fingerabdrücke die Tendenz haben, haften zu bleiben. Und dann tauchen plötzlich immer neue Vorschläge auf, wie man diese „nützlichen" und „wichtigen" Daten verwerten könnte. Häufig stellt gerade diese sekundäre Verwertung von Informationen (ein Ergebnis ihrer multiplen Anwendungsmöglichkeit) die größte Bedrohung für Privatsphäre und Persönlichkeitsrechte dar.

Als Robert Rivera in unserem Beispiel oben erfahren musste, dass seine getätigten Einkäufe zu seinem Nachteil verwendet wurden, war dies eins von vielen Beispielen für die multiple Anwendung elektronischer Daten. Auch die Polizei hat erkannt, dass ihr Alltag durch das Überwachen elektronischer Fingerabdrücke einfacher wird. Die neuen Mautstationen am Rande der Londoner Innenstadt, die jedes Fahrzeug (und ihren Besitzer) identifizieren können, werden bereits für die Verbrechensbekämpfung eingesetzt. Die Werbefachleute von Unternehmen haben ebenfalls erkannt, dass digitale Fingerabdrücke wertvollen Aufschluss über unser Konsumverhalten liefern und somit für die Verkaufsförderung einer Ware genutzt werden können. Einzelne Staaten haben erkannt, dass Spionage via elektronische Kanäle sowohl in industrieller wie politischer Hinsicht wirkungsvoll die Position des eigenen Landes stärkt. Es wäre also naiv zu glauben, dass eine Nutzung elektronischer Daten nicht stattfindet.

Wir sind in der Tat dabei, eine Spitzel- und „Schnüffel"-Gesellschaft zu schaffen – eine Gesellschaft, in der gigantische Datenmengen angehäuft werden, die Informationen über die intimsten Angelegenheiten des Einzelnen sowie die wichtigsten Geheimnisse von Unternehmen und Staaten liefern.

Sind diese Daten erst einmal vorhanden, üben sie natürlich auf Schnüffler einen unwiderstehlichen Lockreiz aus so wie die Marmelade auf Fliegen: Amateurschnüffler und professionelle Schnüffler, staatlich angestellte und private Schnüffler, legale und illegale Schnüffler, einheimische und ausländische Schnüffler, alle werden sie angelockt. Und wir stehen erst am Anfang dieser Entwicklung.

Diejenigen, die sich mit dem Gedanken an die wohlmeinenden Absichten des Staates beruhigen, stört dies vielleicht nicht besonders, da ja angeblich „die Informationen hinreichend gesichert und vor Missbrauch geschützt" sind.

Dies entpuppt sich jedoch als Wunschdenken. Trotz aller schönen Reden über die Sicherheit der Informationstechnologie lecken die angeblich so sicheren elektronischen Schutzwälle wie ein Sieb. „Sie wissen ja gar nicht, wie es wirklich aussieht", ist ein häufiger Kommentar gewiefter Experten in Sachen IT-Sicherheit. Es gibt zahllose Beispiele dafür, wie „sicher verschlossene" Informationen durch technische Mängel, menschliche Fehler oder vorsätzlichen Betrug nach außen dringen konnten. Und jedes Mal wird erneut versichert, dass man jetzt Maßnahmen getroffen habe, die eine Wiederholung ausschließen.

Ein Computer ist extrem anfällig für das Auskundschaften. Das gilt jedoch nicht nur für Computer. Von sämtlichen produzierten Mikroprozessoren (dem „Gehirn" eines Computers) landen nur zwei bis drei Prozent in Computern; der

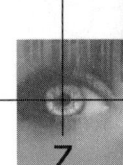

Rest wird in alle möglichen Apparate gesteckt, von Autos bis zu Spielsachen. Sobald sich ein Mikroprozessor in einer Ware befindet, steigen die Möglichkeiten zur Registrierung von Fingerabdrücken des Anwenders ganz erheblich (denn der Mikroprozessor ist ja selbst schon ein kleiner Computer). Das führt zu einer ständig wachsenden Menge an Fingerabdrücken.

Die Entwicklung wird durch den neuesten Trend im IT-Bereich – die Telematik – noch beschleunigt: Verschiedene mechanische Geräte (keine Computer) können ans Internet angeschlossen und via Internet ferngesteuert werden. Diese sog. M2M-Kommunikation (Maschine zu Maschine) ermöglicht z. B. einem Autofahrer, seine Position, Geschwindigkeit und ähnliche Angaben im Minutentakt via Mobilfunknetz einzugeben und an andere weiterzuleiten. In der chinesischen Provinz Tianjin sind private Geschäftsinhaber bereits gesetzlich dazu angehalten, ihre Ladenkassen via M2M-Technik anzuschließen und die Tageseinnahmen unverzüglich in die Computer der Steuerbehörde einzugeben.

Die heutige Technik in Kombination mit vorhandenen gesellschaftlichen Trends führt offensichtlich zu einer fragwürdigen Erscheinung, die im Englischen „Automated Law Enforcement" genannt wird, also ungefähr „automatischer Gesetzesvollzug". Ein weiterer Begriff in diesem Zusammenhang ist „Ubiquitous Law Enforcement", d. h. „allgegenwärtiger Gesetzesvollzug". Dahinter steht folgender Gedanke: Warum sollen Gerichte und Polizeikräfte teure Zeit darauf verschwenden, Bagatelldelikte zu ahnden, wenn das Ganze automatisiert werden kann? Sogar die Strafzumessung erfolgt via Internet mittels spezieller Software (engl. Punishware, d. h. Strafzumessungssoftware). Hier ein Beispiel aus dem Verkehrsbereich, das zeigt, wie es funktionieren könnte:

Sämtliche Fahrzeuge eines Landes werden via Satellitennavigation (GPS) und Telematik ans Internet angeschlossen. Damit können alle Fahrzeugbewegungen im gesamten Land überwacht werden. Die Software eines zentralen Computers schreibt automatisch die Bußgeldbescheide aus, wenn ein Fahrer die vorgeschriebene Geschwindigkeit überschreitet, in eine Einbahnstraße falsch einbiegt, im Halteverbot parkt usw. Wenn der Computer entdeckt, dass die Kfz-Steuer des betreffenden Fahrzeugs nicht bezahlt ist, schaltet die Software einfach die Zündung aus. Das Gleiche erfolgt, wenn ein Auto als gestohlen gemeldet wird. Alles sehr praktisch und effizient. Wer könnte etwas dagegen einwenden? Niemand will doch eine Gesetzesübertretung verteidigen, und außerdem spart man dabei das Geld der Steuerzahler!

Wem dies als höchst unwahrscheinliches Horrorszenario erscheint, ist sich nicht bewusst, dass die englische Regierung genau dies bereits ins Auge fasst, nämlich mit einem obligatorischen „Spionagechip", der in jedes Fahrzeug eingebaut werden soll. Die entsprechenden Pläne wurden im August 2003 bekannt.

Die sog. „automatische Strafzumessung" wird vielerorts als eine gute Alternative diskutiert und bereits im Ansatz verwirklicht. So wurde bekannt, dass eine amerikanische Leihwagenfirma mit der Telematiküberwachung ihres Wagenparks begonnen hat: Bei Geschwindigkeitsübertretung folgt ein Bußgeld (das also privat verhängt wird, nicht durch die Polizei). Und in der Gegend von Paris findet ein Versuch statt, bei dem Fahrzeugen mit Satellitennavigation der Sprit via Fernsteuerung gesperrt wird, wenn sie die Geschwindigkeit überschreiten.

Digitale Fingerabdrücke geben Aufschluss über die Persönlichkeit

Das Aufspüren digitaler Fingerabdrücke, die eine Person im Alltag hinterlässt, kann dazu dienen, sich ein äußerst genaues Bild über diese Person zu verschaffen. Digitale Spuren können ganz persönliche Verhältnisse an den Tag bringen – z.B. den Freundeskreis, Gewohnheiten und Interessen, Krankheiten, finanzielle Verhältnisse, eventuelle Eheprobleme oder die Absicht, den Arbeitsplatz zu wechseln usw.

Um herauszufinden, welche Schlussfolgerungen aus der Offenlegung rein geografischer digitaler Fingerabdrücke gezogen werden können, fand 2002 ein Experiment an der Technischen Hochschule in Stockholm statt:

> Da die Studenten der untersuchten Fakultät sämtlich an schnurlos angeschlossenen Laptops arbeiteten, konnte das System erkennen, in welchem Raum sich die Studenten mit ihrem Computer befanden. Eine Untersuchung der sog. Logdatei lieferte Aufschlüsse darüber, welcher Student sich an welchem Ort zu welchem Zeitpunkt befand. Folgende Erkenntnisse konnten aus diesen Angaben gewonnen werden:

> - welche Freunde ein bestimmter Student hatte;
> - wo Liebesbeziehungen zwischen Studenten und Studentinnen vermutet werden konnten;
> - was für ein Persönlichkeitstyp ein Student war – einige saßen fast immer allein (Einzelgängertyp), während andere fast immer gemeinsam zusammenhockten (geselliger Typ);
> - wann ein bestimmter Lehrer eine „langweilige" Vorlesung hielt (zu diesem Zeitpunkt stieg die Anzahl der Studenten, die sich ins Netzwerk einloggten, nämlich sprunghaft an).

Nebenbei kann zu diesem Thema erwähnt werden, dass ähnliche Informationen wie die obigen bereits allgemein gespeichert werden – nämlich über unsere Mobiltelefone, die ständig unseren Standort angeben, und zwar auch dann, wenn wir nicht telefonieren (d.h. wenn das Handy eingeschaltet ist). Eine übersichtliche Strukturierung dieser Daten wäre eine die Privatsphäre äußerst verletzende Informationsquelle. Dem Böswilligen bieten sich hier automatisch

große Möglichkeiten, anderen Personen zu schaden. Man könnte darauf das lateinische Motto „scientia est potentia" – „Wissen ist Macht" – anwenden. Die digitalen Fingerabdrücke ermöglichen es somit, sich Informationsvorteile, und d.h. Machtvorteile, zu verschaffen. Dies kann u.a. zu wesentlichen wirtschaftlichen Vorteilen führen.

Gespeicherte digitale Informationen können also missbraucht werden. Die Gefahr droht aus dreierlei Richtung, oder anders ausgedrückt, es gibt drei Hauptkategorien von „Schnüfflern": einzelne Individuen, bestimmte Unternehmen sowie der Staat. Bisher gehören die beiden letztgenannten Gruppen – Unternehmen und Staat – zu den eifrigsten Schnüfflern, während Individuen häufig als sog. Hacker auftreten, um eventuell Schaden zu verursachen.

Entsprechend gibt es auch drei Hauptgruppen von Opfern, nämlich Individuen, Firmen oder andere Staaten. Mittels digitaler Schnüffelei und Überwachung können Individuen einer Verletzung ihrer Privatsphäre sowie Betrugs- oder Erpressungsversuchen ausgesetzt sein; Firmen können ausspioniert und einzelne Staaten können ebenfalls aus wirtschaftlichen bzw. politischen Gründen infiltriert werden.

Das Diagramm auf Seite 11 zeigt die verschiedenen Arten der Bedrohung. Nehmen wir einmal die Bedrohung der individuellen Persönlichkeitsrechte. Wie der Versuch an der Technischen Hochschule in Stockholm zeigt, reicht bereits eine einzige Informationsquelle aus, um ein recht genaues Bild der Gewohnheiten eines Menschen zu erstellen. Weit schlimmer wird es, wenn die Informationen verschiedener Quellen zusammengestellt werden. Dies ist der Fall, wenn Datenbanken und Register von Behörden miteinander abgeglichen werden.

Ein solcher Datenabgleich geht leichter vonstatten, wenn man über einen sog. „eindeutigen Identifikator" verfügt, der mit einem Hauptschlüssel verglichen werden kann. Die „Personennummer", die jeder Mensch in Schweden bei

Wer bedroht?	Individuum	Unternehmen	Staat
Staat	■ Staatl. Über-wachung ■ Erfassung politisch Anders-denkender	■ Technische Spionage ■ Wirtschafts-spionage	■ Technische, wirtschaftliche und militärische Spionage ■ Sabotage ■ Angriffe auf die IT
Unternehmen	■ Erfassung von Kunden ■ Überwachung der Mitarbeiter ■ Überprüfung von Anstellungs-bewerbern	■ Technische Spionage ■ Wirtschafts-spionage ■ Sabotage	■ Politische Spionage
Individuum	■ Schädigung ■ Erpressung ■ Rufmord, böser Leumund (z. B. bei Scheidung)	■ Schädigung ■ Erpressung ■ Diebstahl von Informationen ■ IT-Terrorismus	■ Schädigung ■ Erpressung ■ Diebstahl von Informationen ■ IT-Terrorismus
	Individuum	**Unternehmen**	**Staat**

Wer ist bedroht?

der Geburt oder bei der Zuwanderung ins Land zugewiesen erhält, ist ein solcher eindeutiger Identifikator. Deshalb ist die Personennummer in vielen Ländern äußerst umstritten bzw. verboten.

Ganz allgemein gesprochen, ist jede Überwachung umso leichter durchzuführen, je einheitlicher die vorhandenen IT-Lösungen sind, wobei ein gemeinsamer IT-Standard flächendeckend für unterschiedliche Bereiche gilt. Das vereinfacht natürlich auch die Arbeit von Behörden und Firmen, welche die Datenbanken betreiben. Umgekehrt gilt auch: Je mehr aufgesplittert die Technik ist (d. h. auf zahlreiche und verschiedene Teilsysteme, Standards und Plattformen verteilt), desto größer ist auch der Schutz des einzelnen Anwenders, da die Überwachung schwieriger wird. Die Kehrseite

technischer Vielfalt sind natürlich höhere Kosten und schwierigere Kompatibilität der IT-Systeme.

Leider besteht somit ein deutlicher Gegensatz zwischen Schutz der Privatsphäre und Anwenderfreundlichkeit – will man das eine haben, kommt häufig das andere zu kurz. Jedoch ist es mittels gut durchdachter IT-Lösungen durchaus möglich, diesen Gegensatz aufzuheben.

Ein Abgleich der Daten verschiedener Datenbanken ist heute vielfach mit gesetzlichen Einschränkungen verbunden. Leider ist es nicht selbstverständlich, dass dies auch so bleiben wird. Aus Anlass der Anschläge vom 11. September wird heute vermehrt Gewicht auf Sicherheitsfaktoren anstelle des Schutzes der Privatsphäre gelegt. Zahlreiche polizeiliche Eingriffe, die früher undenkbar waren, werden jetzt ohne größeren Widerstand als Mittel der Terroristenjagd akzeptiert. (Gleichzeitig wurde die Definition des Begriffs „Terrorismus" erweitert – heute fallen darunter bereits bestimmte Arten des „Hackens" und politischer Demonstrationen.)

Eine zentrale Rolle spielt dabei der Datenabgleich. Dies gilt nicht zuletzt für die USA, wo er zu einem Hauptmittel von Polizei und Sicherheitsdiensten geworden ist, um der Bevölkerung die versprochene Sicherheit zu geben. Präsident Bush schuf eine besondere Datenabgleichbehörde unter dem Namen Information Awareness Office (Amt für Informationskenntnis). Das gigantische Datenabgleichprojekt dieser Behörde läuft unter dem Namen Terrorism Information Awareness.

Neue Gesetze zur staatlichen Überwachung

Die Terroranschläge vom 11. September führten, wie gesagt, zu einer grundsätzlichen Sinneswandlung von Regierungen und Behörden, was sich weltweit in neuen Gesetzestexten niederschlug. Hier folgen einige Beispiele an

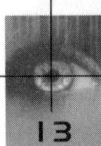

Gesetzen und Vorschriften, die den Behörden stärkere Überwachungsmöglichkeiten bieten – und zwar um den Preis einer Schwächung des Schutzes der Privatsphäre und der Persönlichkeitsrechte:

■ 2005 greift in Deutschland die Version 4.1 der Technischen Richtlinie der Telekommunikationsüberwachung (TRTKÜ). Ab dann kann man damit rechnen, dass die Überwachung analoger und digitaler Telekommunikation deutlich zunimmt. Experten gehen davon aus, dass die Kosten fürs Abhören künftig 15 Prozent der Telekommunikationspreise ausmachen werden.

■ Die Europäische Union plant den Erlass von Vorschriften für Telekomfirmen und Internetanbieter, die Verkehrsdaten sämtlicher Teilnehmer zu speichern, z. B. wen wir anrufen oder an wen wir unsere E-Mail richten, welche Websites wir besuchen und wo wir uns geografisch bei Handytelefonaten befinden.

■ In Dänemark erhielt die Polizei 2001 die gesetzliche Möglichkeit, bei schweren Delikten die Logdateien von Telekomfirmen zu sichten, um z. B. die Verbindungsdaten von Handybesitzern im Umkreis des Tatorts kontrollieren zu können. Das neue dänische Antiterrorismusgesetz von 2002 gibt der Polizei das Recht, sog. Spyware in den Computern verdächtiger Personen zu installieren.

■ In Großbritannien erließ man ein stark kritisiertes Gesetz (den Regulation of Investigatory Powers Act = RIP), das Behörden das Recht einräumt, von Privatanwendern die Auslieferung von Schlüsseln für Chiffrierprogramme zu erzwingen. Somit darf es vor dem Staat keine Geheimnisse mehr geben. Auf eine Weigerung steht Gefängnis – ebenso wie es verboten ist, überhaupt jemand davon zu unterrichten, dass man gezwungen wurde, den Chiffrierschlüssel auszuliefern! Ein ähnliches Gesetz ist in Spanien geplant.

- In den USA gibt der neue Patriot Act den Behörden wesentlich mehr Befugnisse gegenüber dem Individuum. Beispielsweise erhalten die Behörden das Recht, von Bibliotheken und Buchhändlern eine Liste derjenigen Bücher zu verlangen, die eine bestimmte Person dort geliehen bzw. gekauft hat, und zwar ohne Vorliegen eines formellen Durchsuchungsbefehls oder konkreten Verdachtsmoments. Das betreffende Personal darf – unter Androhung einer Gefängnisstrafe – nicht darüber berichten, dass überhaupt eine solche Aufforderung gestellt wurde. Das Gesetz gibt amerikanischen Gerichten unter bestimmten Umständen auch die Befugnis, Personen außerhalb der USA juristisch zu verfolgen.

- Im amerikanischen Bundesstaat Michigan erließ man Gesetze, die es praktisch unmöglich machen, E-Mail-Sendungen zu chiffrieren, und in den Bundesstaaten Massachusetts und Texas sind ähnliche Gesetze in Vorbereitung.

- In Ungarn muss man sich ausweisen, wenn man Waren für mehr als zwei Millionen Forint (ca. 7500 Euro) kauft, und die Angaben zum Kauf werden zehn Jahre lang gespeichert. Auch bei Käufen zu geringeren Summen kann der Verkäufer verlangen, dass man sich ausweist, wenn er aus irgendeinem Grunde Verdacht schöpft.

Auch an unseren Arbeitsplätzen beginnt das Schnüffeln um sich zu greifen. Es begann mit Softwareprogrammen, die automatisch kontrollieren, welche Websites der Angestellte während der Arbeitszeit besucht und welche E-Mail-Nachrichten er verschickt. Doch damit ist es nicht mehr getan. Die neuesten Programme untersuchen das gesamte Verhalten von Mitarbeitern an ihren Computern, erstellen anhand dieser Angaben ein Profil des Mitarbeiters und melden der Firmenleitung, ob sich der betreffende Mitarbeiter künftig illoyal verhalten könnte.

Leider gibt es in dieser Hinsicht noch weit größere potenzielle Gefahren für Individuen, Firmen und Nationen. Zu unserer Beschreibung der „Schnüffelgesellschaft" gehört auch Echelon. Echelon ist der Name eines geheimen Systems zur Überwachung elektronischer Kommunikation. Das System verfügt über eine globale Reichweite und überwacht u.a. Telefongepräche, Faxmeldungen, E-Mail, Fernschreiben, Videokonferenzen, Surfen im Internet usw. Echelon wird seit mehreren Jahrzehnten von den englischsprachigen Ländern USA, Großbritannien, Kanada, Australien und Neuseeland (unter Federführung der USA) betrieben. Das System ist nach den Aussagen ehemaliger Mitarbeiter außerordentlich effizient. Die Kommunikation kann u.a. nach Suchwörtern durchforstet werden, es funktioniert also ungefähr wie eine Suchmaschine im Internet. Auch die Möglichkeit zur Spracherkennung soll vorhanden sein.

Echelon scheint gegenwärtig hauptsächlich für die Industriespionage gegen europäische Unternehmen verwendet zu werden. Die bloße Existenz des Systems wurde lange Zeit hartnäckig geleugnet. Heute besteht jedoch kein Zweifel mehr an dessen Existenz, was u.a. durch eine Echelon-Resolution des Europaparlaments bestätigt wurde.

Eine weitere Gefährdung vertraulicher Informationen geht von sog. Spionageprogrammen (Spyware) aus, die sich heimlich in fremden Computern einnisten, um dann die gesuchten Daten zu stehlen. Dies ist ein relativ neues Phänomen, das voraussichtlich immer häufiger auftauchen wird. Die Spywareprogramme können auf unterschiedliche Weise mittels Fernsteuerung und via Internet in fremden Computern installiert werden, und da sie eine völlige Kontrolle des fremden Computers ermöglichen, sind sie für alle denkbaren Operationen verwendbar. Zum Beispiel können sie Dateien, die bestimmte Stichwörter enthalten, von der Festplatte kopieren und an die Spionagezentrale senden. Sie können auch vertrauliche Angaben aufschnappen, die der nichts ahnende Anwender in die Tastatur eingibt (z.B. das Passwort oder die Kreditkartennummer). Sie können sogar über die Computerlautsprecher abhören, was im Raum gesprochen wird, sei es zu Hause oder am Arbeitsplatz.

Damit nicht genug: Gefahr droht auch von Microsoft. Die führende Softwarefirma bereitet nämlich eine grundlegend neue Computerarchitektur vor, die uns eine „sichere Datenhandhabung" schenken soll. Das Konzept trägt den Arbeitsnamen „Palladium" und basiert auf einer Art Fernsteuerung unserer Computer von Microsoft aus (oder dessen Vertreter). Falls dies Wirklichkeit wird, erhält Microsoft oder dessen Vertreter einen umfassenden Einblick in den Inhalt unserer Festplatten.

Nach dem 11. September 2001 ist auch das Interesse an Biometrie stark gestiegen, einer Technologie, die Personen durch digitalisierte körperliche Merkmale identifiziert. Diese Merkmale werden in einer Datenbank gespeichert. Dabei kann es sich um die biometrische Erkennung und digitale Speicherung von Fingerabdrücken, der Iris im Auge oder der Gesichtsform handeln. In den USA und in Großbritannien sind die Behörden stark an der Kameraüberwachung öffentlicher Plätze interessiert; diese Überwachung wird dann z.B. an eine Datenbank für digitale Gesichtserkennung angeschlossen. Vielerorts sind solche Systeme bereits in Betrieb. Das bedeutet in der Folge, dass ich noch nicht einmal mit meinem Hund ausgehen kann, ohne meine Schritte registrieren zu lassen – in der Tat eine elektronische Spurensuche par excellence!

Eine spezielle Form der Biometrie besteht aus Mikrochips, die in Menschen eingepflanzt werden. Auch damit hat man bereits in den USA und in Großbritannien begonnen. Kevin Warwick ist Professor an der englischen Reading-Universität und betreibt das sog. „Chippen" von Menschen. Er ist auch dafür, dass alle Menschen bereits von der Geburt an „gechippt" werden sollten, weil sich dann – so meint er – die Sicherheit erhöht.

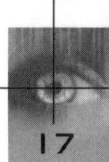
Verräterische Backdoors (digitale Hintertüren)

Nicht nur die Privatsphäre des Einzelnen, sondern ebenso die Geheimnisse von Unternehmen und Staaten sind in der sich formierenden „Schnüffelgesellschaft" bedroht. Industriespionage mittels digitaler Hilfsmittel dürfte bereits relativ weit verbreitet sein, jedoch auf Grund der technischen Entwicklung noch sprunghaft ansteigen. Das Gleiche gilt für die staatlich betriebene Spionage.

Jetzt kommen neue Methoden wirtschaftlicher und militärischer Spionage auf uns zu, z.B. durch die Anwendung von sog. Spyware. Auch gibt es hartnäckige Gerüchte, dass es einigen mächtigen Nachrichtendiensten gelungen ist, sich digitale Backdoors (Hintertüren) in normalen Softwareprogrammen zu verschaffen. Eine solche „Hintertür" kann in diesem Fall bedeuten, dass das betreffende Programm bewusst mit einer Schwachstelle versehen wurde, so dass die Sicherheitsfunktionen leichter umgangen werden können – und zwar nur von demjenigen, der um diesen Schwachpunkt des Programms weiß! Dies kann sogar so weit gehen, dass das Programm – selbst wenn es von einem großen und angesehenen Softwareunternehmen stammt – eine geheime Doppelfunktion als Spionageprogramm erfüllt!

Diese neuartige Schnüffelei ist vor allem durch den fortschreitenden Übergang zur elektronischen Datenverarbeitung und die Koordinierung von Computern und Informationssystemen möglich geworden. Dies liegt an zwei wichtigen Eigenschaften digitaler Informationen: Sie haben „Flügel", und sie bleiben „haften". Dass Informationen Flügel bekommen, bedeutet, dass sie die wundersame Fähigkeit besitzen, sich schnell und unmerklich von einer Stelle zur anderen zu bewegen. Gleichzeitig pflegen sie sich dabei zu vermehren. Und dass Informationen „haften" bleiben oder „klebrig" sind, bedeutet, dass sie schwierig zu entfernen sind, wenn sie erst einmal Eingang in verschiedene Systeme

gefunden haben. In vielen Fällen sind diese Eigenschaften von großem Nutzen für die Kommunikation, und auf ihnen basiert ja auch das phantastische Potenzial der Informationstechnologie. Sie haben jedoch auch, wie wir gesehen haben, ihre Schattenseite.

Computer gibt es schon recht lange, das Internet ist seit etwa zehn Jahren allgemein zugänglich. Und es verstreicht immer eine gewisse Zeit, bevor sämtliche Konsequenzen einer völlig neuen Technik deutlich werden. Darum müssen wir davon ausgehen, dass wir bisher nur den Gipfel des Eisbergs der neuen „Schnüffelgesellschaft" erblickt haben. Das Problem wird noch dadurch erschwert, dass es global und international ist. Die binären Ziffern der EDV machen nicht vor Staatsgrenzen Halt. Deshalb gilt es, die Entwicklung in anderen Staaten aufmerksam zu verfolgen.

Als ein interessantes Zeichen der Zeit wurde im Frühjahr 2003 bekannt, dass das Justizministerium der USA sich von neun lateinamerikanischen Ländern die vollständigen Einwohnermeldekarteien, angereichert mit verschiedenen anderen Personenangaben, über illegale Zwischenhände verschafft hat.

Kann der Schutz der Privatsphäre gewahrt bleiben?

Die Ausbreitung der „Schnüffelgesellschaft" sollte uns veranlassen, korrekte Schlussfolgerungen zu ziehen und danach zu handeln. Dies gilt für Individuen, Unternehmen und Nationen gleichermaßen. Die Schlussfolgerungen sind politischer bzw. philosophischer Natur. Vielleicht schlussfolgern wir, dass automatische Überwachung der Bevölkerung ausgezeichnet ist, da sie auf kosteneffiziente Weise die Kriminalität verringert. Es gibt viele Menschen, die so denken. Und vielleicht ziehen wir den Schluss, dass es ganz hervorragend wäre, wenn Supermärkte und andere Geschäfte den Kunden genau ausforschen, um ihm dafür einen

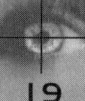

bequemeren und individuell angepassten Lebensstil zu bieten.

Die Befürworter einer solchen Meinung könnten sich als ihren Sprecher Scott McNealy wählen, Konzernchef des Serverproduzenten Sun Microsystems, der sich mit folgender Äußerung über die Bedrohung der Privatsphäre profiliert hat:

> Die Privatsphäre gibt es sowieso nicht mehr – damit
> muss man sich halt abfinden!

Ich persönlich sehe das etwas anders. Die Schlacht um die Persönlichkeitsrechte ist noch nicht verloren, und wir können immer noch die Entwicklung beeinflussen. Dabei sollten jedoch weit mehr als bisher auch ethische Fragen beachtet werden. Dies bedeutet keineswegs, technologiefeindlich zu handeln. Es ist eine Tatsache, dass Einzelne, Firmen und die gesamte Gesellschaft außerordentlichen Nutzen von der Informationstechnologie haben. Der Nutzen muss jedoch korrekt erfolgen. Wir können nicht weiterhin völlig unkritisch alles durchführen, was technisch möglich ist. Die Schaffung eines Verhaltenskodex für Informationstechnologie muss daher Priorität erlangen – bei Politikern und Behörden, bei Unternehmen, die sich IT anschaffen und verwenden, und nicht zuletzt bei der IT-Branche selbst. Eine Voraussetzung dafür ist, dass wir Normalverbraucher selbst beginnen, den Schutz unserer Privatsphäre an die erste Stelle zu setzen. Ein klarer Verhaltenskodex ist nötig – jetzt!

Wenn man Anarchie bzw. Polizeistaat als die beiden möglichen Extreme gesellschaftlicher Entwicklung setzt, dann kann man sagen, dass unsere westliche Gesellschaft sich meist irgendwo in der Mitte zwischen diesen Extremen befunden hat. Nach den Terroranschlägen vom 11. September – und denen des 11. März 2004 in Madrid – bewegen wir uns jedoch plötzlich in Richtung Polizeistaat. Die Frage ist: Wollen wir wirklich in diese Richtung gehen? Und wenn ja – wie weit wollen wir dabei gehen?

Das vorliegende Buch besteht aus zwei Teilen. Im ersten Teil werden verschiedene Formen bereits vorhandener oder im Entstehen begriffener digitaler Fingerabdrücke und ihrer Überwachungsmöglichkeiten behandelt. Der zweite Teil handelt davon, was mit den gesammelten Informationen geschieht. Wir gehen dabei auf Nutzen und Triebkräfte, auf Folgen und Risiken beim Sammeln von Informationen ein.

Und falls Sie den Hinweis im Vorwort übersehen haben: Ein Sternchen (*) hinter dem Namen einer Firma oder Organisation bedeutet, dass deren Webanschrift in der Linkliste im Anhang des Buches aufgeführt ist.

TEIL A

ELEKTRONISCHE ÜBERWACHUNG UND SPIONAGE – EINE ÜBERSICHT

Digitale Überwachung kann nur erfolgen, wenn entsprechende „Rohdaten" in Gestalt persönlich identifizierbarer Informationen vorliegen. Die Menge dieser verfügbaren Rohdaten steigt von Jahr zu Jahr. Sie ist heute wesentlich größer als beispielsweise vor 20 Jahren. Mit der immer häufigeren Anwendung von Mikroprozessoren in immer neuen Bereichen und den ebenso anwachsenden Kommunikationsmöglichkeiten (nicht zuletzt mittels schnurloser Kommunikation) wächst die Datenmenge ständig weiter. Ein Ende ist nicht abzusehen.

Mit der Zusammenstellung verschiedenartiger digitaler Fingerabdrücke erhält man ein äußerst genaues Bild der Lebensumstände eines Menschen. Vielfach kann jedoch bereits eine einzige Datenquelle intime Einzelheiten verraten. Eine Bank könnte z. B. aus ihren eigenen Daten ein ziemlich genaues „Profil" des Kunden erstellen:

- Die Gehaltsüberweisungen geben langfristig Aufschluss über die Entwicklung der beruflichen Karriere des Kunden.
- Der monatliche Saldo verrät, wie hoch die Ausgaben sind, d. h. wie die augenblickliche finanzielle Situation des Kunden ist.
- Über die Kreditkarte der Bank können Informationen darüber gewonnen werden, welche Waren der Kunde in welchen Geschäften kauft – also Angaben über persönliche Interessen und Lebensstil.
- Häufige und große Alkoholeinkäufe oder zahlreiche Besuche von Trabrennbahnen oder Kasinos lassen vermuten, dass der Kunde sich zum Alkoholiker oder Spieler entwickelt. Auch eventuelle Gesundheitsprobleme sind aus dem Gebrauch der Kreditkarte ablesbar.
- Aus einem Vergleich der Geldabhebungen an verschiedenen Automaten kann geschlossen werden, wie sich der Kunde geografisch bewegt.

Auch wenn die sich aus diesen Angaben ergebenden Gefahren zurzeit noch begrenzt sind, besteht ein offensichtliches Risiko, dass die wachsenden Berge persönlicher Daten ihre eigene Dynamik entwickeln, stellen sie doch eine immer größere Versuchung für Behörden und Unternehmensleitungen dar: je größer der Berg, desto lockender seine „Nutzung". In den folgenden Kapiteln werde ich eine Reihe unterschiedlicher digitaler „Fingerabdrücke" sowie verschiedene – geplante wie im Aufbau befindliche – Formen von Überwachung und Spionage untersuchen.

Kapitel I:
„Totale Informationskenntnis"

Die Kenntnisnahme drohender Gefahren erfordert ständige
Überwachung, um ermitteln zu können, wie ein Individuum in
ein bestimmtes Muster passt.

Verteidigungsministerium der USA

Das gigantische Projekt für totale Informationskenntnis in
den USA (engl. Total Information Awareness [TIA], das später in Terrorism Information Awareness umgetauft wurde)
bezweckte die detaillierte elektronische Überwachung der
(gesamten?) Bevölkerung im Namen der Terrorismusbekämpfung. So gut wie sämtliche erreichbaren elektronischen
Daten von Menschen sollten dabei als Unterlage dienen. Für
die Finanzierung des Projekts war die Forschungsbehörde
DARPA* (Defense Advanced Research Projects Agency)
vorgesehen – d.h. die gleiche Behörde, die auch das Internet
geschaffen hatte. Für die Verwirklichung des TIA-Projekts
wurde eigens eine neue Behörde ins Leben gerufen, nämlich
das Information Awareness Office (IAO – Amt für Informationskenntnis). Das Projekt startete unmittelbar nach den
Terroranschlägen vom 11. September 2001.

Trotz der vollen Unterstützung seitens des amerikanischen Präsidenten und eines Großteils des amerikanischen
politischen Establishments erwies sich TIA schließlich als zu
umstritten. Der US-Kongress untersagte gegen Ende 2003
jegliche weitere Finanzierung des Projekts. Formal gesehen,
ist es somit vom Tisch – jedoch gibt es Stimmen in den USA,
die behaupten, dass es trotzdem, und diesmal heimlich,

durchgeführt wird. Da TIA sozusagen eine Verkörperung von Orwells Roman *1984* darstellt und in der Tat beinahe – und dazu noch in der größten Demokratie der Welt – vor der Durchführung stand, lohnt es sich, ein wenig näher darauf einzugehen.

Auch Europäer unter der Lupe

Der Grundgedanke war, Verbrechen bereits im Keime zu entdecken und zu verhindern, anstatt sie erst dann zu lösen, wenn sie bereits begangen waren. Dies sollte durch sog. „Profilerstellung" erfolgen, d.h. durch die Schaffung von bestimmten Verhaltensmustern verdächtiger Personen. Anhand dieser Muster könnten Terroristen erkannt und unschädlich gemacht werden, bevor sie zur Tat schritten.

Das amerikanische Amt für Informationskenntnis hätte dann die Aufgabe, im Rahmen des TIA-Projekts Informationen in Echtzeit zu sammeln – Informationen über den Alltag von Personen, die in Tausenden von privaten und behördlichen Datenbanken inner- und außerhalb der USA registriert sind. Nach amerikanischen Presseberichten sollten beispielsweise folgende Informationen über verdächtige Personen gesammelt werden:

- Welche Waren wo gekauft werden.
- Welche Bücher und Videofilme in Bibliotheken geliehen werden.
- Wie viel Geld sich auf dem Bankkonto befindet.
- An welchen Geldautomaten Geld zu welchem Zeitpunkt und in welcher Höhe abgehoben wird.
- Welche sonstigen finanziellen Transaktionen getätigt werden.
- Woher Geldüberweisungen auf das Konto stammen.
- Welche Wertpapiere man besitzt.
- In welchen Kaufhäusern usw. die Kreditkarte benutzt wird.

- Welche Arzneimittel verschrieben werden.
- Welche Personen angerufen bzw. via E-Mail angeschrieben werden.
- Welche Webseiten besucht werden.
- Welche Reisen mit welchem Gepäck getätigt werden.
- Welche Gebäude oder Grundstücke man besitzt und wo man früher gewohnt hat.
- Wo welche Fahrzeuge gemietet werden.
- Welche Ausbildung und Lehrgänge man absolviert.
- Frühere Strafen oder Bußgeldbescheide.
- Ehepartner, frühere Ehen und Scheidungen.
- Welche Kameras mit biometrischer Gesichtserkennung man wann und mit wem passiert.

Die Informationen sollten in einer Datenbank gesammelt werden, deren Kapazität die einer normalen Datenbank weit übertreffen würde. Im Informationsblatt für den Bieterwettbewerb der teilnehmenden Firmen schreibt das amerikanische Amt für Informationskenntnis Folgendes:

> Mit dem von uns verwendeten Begriff „Datenbank" ist eine neue Art von Informationsspeicherung gemeint, die extrem umfangreich, multimedial, zentralisiert und reichhaltig ist. Sie kennt nicht die Begrenzungen heutiger kommerzieller Datenspeicherprodukte – wir verwenden den Begriff daher nur in Ermangelung eines besseren. [...] Man kann voraussetzen, dass dazu eine revolutionierend neue Technologie erforderlich ist. Die Datenbank wird einen noch nicht da gewesenen Umfang haben, wobei sie vermutlich aufzuteilen ist. Sie muss gleichzeitig die Fähigkeit besitzen, fortlaufend aktualisiert werden zu können sowie manuelle wie halbautomatische Analysen zu unterstützen.

Die „multimediale" Funktion der Datenbank bedeutet, dass hier neben Text auch Bilder, Tonbänder und Videosequenzen gespeichert werden sollten. Der Umfang von TIA sollte auch durch eine Reihe von Hilfstechnologien gewährleistet

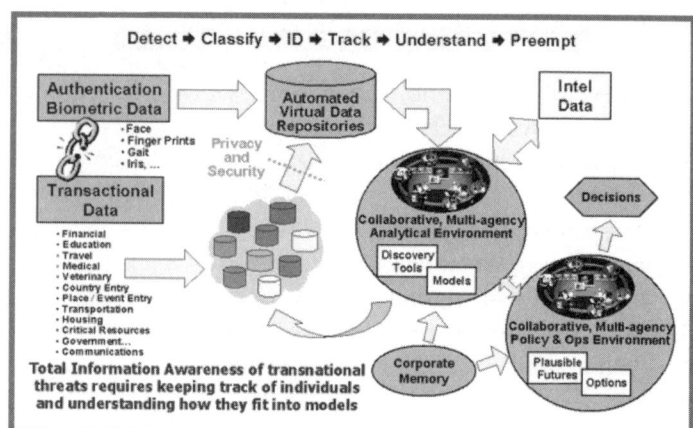

Ein frühes Präsentationsbild des Amtes für Informationskenntnis innerhalb der Forschungsbehörde DARPA (Defense Advanced Research Projects Agency), in dem das geplante Überwachungssystem Total Information Awareness (TIA) beschrieben ist.

(Quelle: DARPA)

werden. Es sieht so aus, als ob die Entwicklungsarbeit an diesen Technologien trotz der Streichung der Geldmittel durch den US-Kongress weitergeht.

Die erwähnten Hilfstechnologien sind folgende:

- EARS (Effective, Affordable, Reusable Speech-to-Text): Programm für die Umwandlung von Rede in Text, ein System, das der besseren Spracherkennung dient;

- TIDES (Translingual Information Detection, Extraction and Summarization): Programm für die Übersetzung und inhaltliche Zusammenfassung nichtenglischer Texte;

- EELD (Evidence Extraction and Link Discovery): Programm zum Aufspüren und Sammeln schwer zu entdeckender Indizien und Beweismittel aus Datenbanken;

- HID (Human Identification at a Distance): Programm zur Identifizierung von Personen, die sich in einigem Abstand von der Überwachungskamera befinden und an ihrer Gesichtsform oder ihrer Gangart erkannt werden können;

- MDS (Misinformation Detection System): Programm für die automatische Analyse von Texten, um falsche oder irreführende Informationen zu entdecken.

Das gespeicherte „Profil" verdächtiger Personen würde Alarm schlagen, wenn das Verhaltensmuster der überwachten Person mit dem vermuteten Verhaltensmuster eines Terroristen übereinstimmt. Hier ein einfaches Beispiel: Eine Person mit akademischem Examen in Mikrobiologie nimmt Flugstunden, kauft in einem Buchladen ein Exemplar des *Koran* und erhält große Überweisungen aufs Bankkonto, ohne eine feste Arbeit zu haben – eine solche Person müsste damit rechnen, genauer unter die Lupe genommen zu werden, da sie möglicherweise einen Anschlag mit Milzbrandbakterien aus der Luft plant.

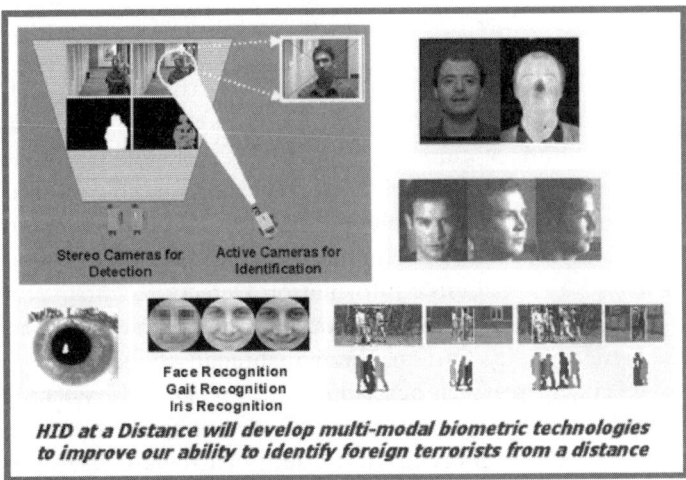

Präsentationsbild des Amtes für Informationskenntnis für das HID-Projekt zur Identifizierung von Personen mittels Gesichtsform oder Gangart. *(Quelle: DARPA)*

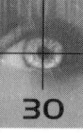
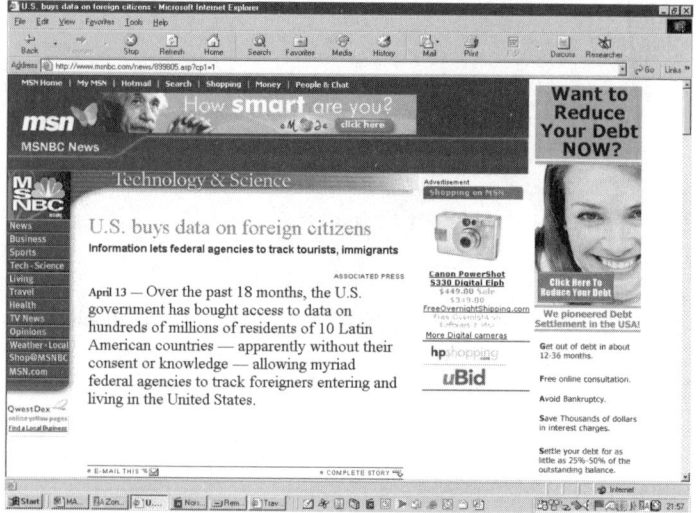

Es hat sich gezeigt, dass die US-Regierung über illegale Kanäle persönliche Daten über ausländische Bürger gekauft hat. Daten dieser Art werden als „Rohmaterial" für Überwachungssysteme wie etwa Total Information Awareness benötigt.

(Quelle: MSNBC News)

Menschen, die nicht in den USA leben, beruhigen sich vielleicht mit dem Gedanken, dass TIA sie nichts angehe. Ein solcher Schluss könnte jedoch voreilig sein. Elektronische Netzwerke sind bekanntlich grenzüberschreitend, und aus den amerikanischen Beschreibungen des Programms geht hervor, dass Informationen auch außerhalb der USA gesammelt und auf Nichtamerikaner angewandt werden sollten. Im amerikanischen Kongress wurden sogar Stimmen laut, die forderten, das System überhaupt nicht auf Amerikaner anzuwenden, sondern ausschließlich auf Bürger außerhalb der USA. Presseschlagzeilen wie „USA verlangen Zugang zu den Computern europäischer Fluggesellschaften" sind vor diesem Hintergrund zu sehen.

Das Gleiche gilt für den Erwerb ganzer Personenregister anderer Länder durch illegale Zwischenhändler der USA.

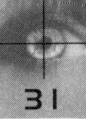

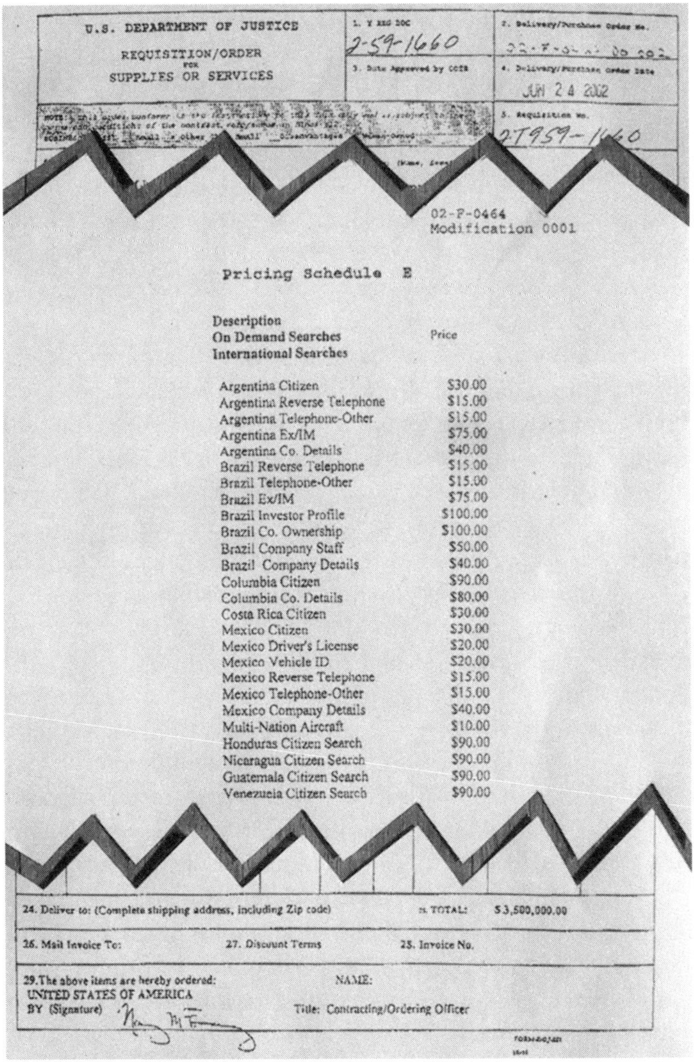

U.S. DEPARTMENT OF JUSTICE

REQUISITION/ORDER
FOR
SUPPLIES OR SERVICES

JUN 24 2002

02-F-0464
Modification 0001

Pricing Schedule E

Description
On Demand Searches   Price
International Searches

Search	Price
Argentina Citizen	$30.00
Argentina Reverse Telephone	$15.00
Argentina Telephone-Other	$15.00
Argentina Ex/IM	$75.00
Argentina Co. Details	$40.00
Brazil Reverse Telephone	$15.00
Brazil Telephone-Other	$15.00
Brazil Ex/IM	$75.00
Brazil Investor Profile	$100.00
Brazil Co. Ownership	$100.00
Brazil Company Staff	$50.00
Brazil Company Details	$40.00
Columbia Citizen	$90.00
Columbia Co. Details	$80.00
Costa Rica Citizen	$30.00
Mexico Citizen	$30.00
Mexico Driver's License	$20.00
Mexico Vehicle ID	$20.00
Mexico Reverse Telephone	$15.00
Mexico Telephone-Other	$15.00
Mexico Company Details	$40.00
Multi-Nation Aircraft	$10.00
Honduras Citizen Search	$90.00
Nicaragua Citizen Search	$90.00
Guatemala Citizen Search	$90.00
Venezuela Citizen Search	$90.00

24. Deliver to: (Complete shipping address, including Zip code)   TOTAL: $3,500,000.00

26. Mail Invoice To: 27. Discount Terms   28. Invoice No.

29. The above items are hereby ordered: NAME:
UNITED STATES OF AMERICA
BY (Signature)   Title: Contracting/Ordering Officer

Eine interne Preisliste zu Daten von Bürgern anderer Staaten, entnommen einem Dokument des amerikanischen Justizministeriums, das an die Öffentlichkeit gelangte.   (Quelle unbekannt)

Dies wurde im Frühjahr 2003 bekannt. Das amerikanische Justizministerium konnte über das Datenunternehmen ChoicePoint* in den Besitz der Einwohner- und Wählerverzeichnisse sowie ähnlicher Register aus neun lateinamerikanischen Ländern gelangen – Angaben über Millionen von Bürgern in Argentinien, Brasilien, Costa Rica, El Salvador, Guatemala, Honduras, Mexiko, Nicaragua und Venezuela. Da in den betroffenen Ländern Personendaten nicht weitergegeben werden dürfen, nimmt man an, dass bestechliche Beamte im Staatsapparat beteiligt waren.

Die erworbenen Register waren mit Angaben ergänzt, die nicht in den Einwohner- und Wählerverzeichnissen zu finden sind, wie Telefonnummern (auch geheime Telefonnummern), Blutgruppe, Kinder, Aussehen, Personenstand, Beruf und Passnummer. Die Angaben scheinen daher aus verschiedenen (auch privaten) Quellen zu stammen. Dies bestätigte nach Angaben der amerikanischen Zeitung *The Atlanta Journal Constitution* auch ein mexikanischer Regierungsbeamter. Solche privaten Quellen könnten z. B. Banken oder Leihfirmen sein. Laut Presseagentur AP werden „etwa drei Dutzend" amerikanische Behörden Zugang zu diesen Daten erhalten. Die Abbildung auf Seite 31 zeigt Auszüge aus einem bekannt gewordenen Dokument.

Natürlich werden Informationen aus Datenbanken anderer Länder auch ohne – legalen oder illegalen – Datenkauf oder ohne offizielle Erlaubnis beschafft. In seinem Buch *Body of Secrets* sagt der amerikanische Autor James Bamford, dass die nächste große Umwälzung im Bereich elektronischer, nachrichtendienstlicher Tätigkeit der Zugriff auf ganze Datenbanken sein wird, anstatt wie bisher Einzelinformationen aufzufangen.

Große praktische Schwierigkeiten

Falls es tatsächlich gelänge, Terroristen vor der Ausführung ihrer Anschläge dingfest zu machen, würde dies natürlich großes Leid ersparen. Es wäre ein großer Fortschritt für die gesamte Menschheit. Das TIA-Programm stößt jedoch aus folgenden Gründen auf starke Kritik:

- Der Erfolg der Erkennungssysteme ist ungewiss, da auch Terroristen lernen, die Spuren, auf deren Entdeckung das TIA-Programm „geeicht" ist, zu verwischen bzw. zu vermeiden.
- Die Funktionalität des Systems macht die fortlaufende, detaillierte Überwachung sämtlicher Bürger – d.h. der großen, unbescholtenen Mehrheit der Bevölkerung – erforderlich, was zum Polizeistaat führt.
- Das System kann nie so genau kalibriert werden, dass es 100-prozentige Treffsicherheit erzielt. Eine Anzahl „falscher positiver" Ergebnisse ist die Folge, d.h. es werden Unschuldige verdächtigt, möglicherweise in beträchtlicher Anzahl.

Lee Tien von der Bürgerrechtsorganisation Electronic Frontier Foundation* äußert folgende Kritik: „Es wäre katastrophal für die Bürgerrechte, wenn der Bürger keine Möglichkeit mehr hätte, zu erfahren, wer Zugang zu den eigenen persönlichen Daten hat, und diese Daten selbst nicht einsehen und bei Bedarf ändern lassen kann. Ich möchte nicht ein System verwirklicht sehen, das auf der einen Seite unfähig ist, geplante Terroranschläge rechtzeitig zu erkennen, da die enorme Datenmenge die Informationskanäle schlichtweg verstopft, und auf der anderen Seite ausgezeichnet funktioniert, wenn es gilt, normale Bürger oder Aktivisten zu bespitzeln wie Martin Luther King [der in den 60er Jahren von amerikanischen Behörden umfassend überwacht und abgehört wurde – Anm. d. Verf.]."

Die Kritik gegen TIA wurde auch nicht schwächer, als das Logo der Behörde bekannt wurde. Auf ihm ist Gottes allwissendes Auge zu sehen, das von der Spitze einer Pyramide über den Erdball blickt, unter dem Motto „scientia est

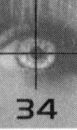

*Das ursprüngliche Logo des amerikanischen Amtes für Informations-
kenntnis (das mit dem TIA-Projekt beauftragt wurde).*
(Quelle: Information Awareness Office)

potentia" ("Wissen ist Macht"). Das Logo, das schnell wieder entfernt wurde, ist eigentlich eine Nachahmung des
Staatssiegels der USA, das einst von den Gründungsvätern
der Vereinigten Staaten geschaffen wurde und sich seit 1935
auf der Rückseite jeder 1-Dollar-Note befindet. Die Pyramide symbolisiert dabei Stärke und Dauerhaftigkeit, während das "allsehende Auge" die göttliche Führung bedeuten
soll.

Die "totale Informationskenntnis" hatte und hat jedoch
zahlreiche Fürsprecher, die meinen, dass weitreichende Maßnahmen erforderlich sind, um Anschläge wie die des 11. September zu vereiteln. "Wir Amerikaner müssen bereit sein,
um der Sicherheit willen einen Teil unserer Privatsphäre aufzugeben", sagte beispielsweise ein Programmleiter des TIA-
Projekts innerhalb der DARPA-Behörde. Wie weit jedoch
dürfen solche Überwachungsmaßnahmen gehen, ehe die
freie Gesellschaft, die man ja schützen wollte, abgeschafft
ist? Und kann eine Überwachung nach dem TIA-Modell
wirklich vor Terrorismus schützen? Werden die Terroristen
nicht schnell Wege zur Umgehung des Systems finden? Und
werden die staatlichen Überwacher bei solchen Datenmengen nicht in blinden Alarmen geradezu ertrinken?

Einer der alten Helden Amerikas – der Wissenschaftler, Schriftsteller und Diplomat Benjamin Franklin (1706 bis 1790) – drückte es folgendermaßen aus, als die USA gerade ihre Freiheit um den Preis vieler Menschenleben errungen hatten:

Diejenigen, die bereit sind, wesentliche Freiheiten aufzugeben, um zeitweilig Sicherheit zu erlangen, verdienen weder Freiheit noch Sicherheit.

Kapitel 2:
„Profilerstellung" von
Flugpassagieren

Es besteht das Risiko, dass eine Klasse von Menschen entsteht,
die ihrer Rechte permanent beraubt sind.

Amerikanische Vereinigung für staatsbürgerliche Freiheiten
(American Civil Liberties Union)

Bis zum Sommer 2004 arbeitete die neu gebildete amerikanische Behörde für Transportsicherheit (Transportation Security Administration) intensiv an der Entwicklung eines
neuen Systems für die „Profilerstellung" von Flugpassagieren. Das System hieß CAPPS II (Computer Assisted Passenger Prescreening System) und war sozusagen ein kleinerer
Ableger des ursprünglich geplanten Systems der „totalen Informationskenntnis" (TIA). Im Frühjahr 2003 begann man
damit, das System umfassend zu testen.

Es funktioniert folgendermaßen: Jede Person, die ein
Flugticket in die USA bzw. für den Transit durch die USA
kauft, wird erst einmal überprüft. Dies erfolgt durch eine
Software, die den Namen des Passagiers anhand einer Reihe
von staatlichen und kommerziellen Datenbanken kontrolliert. Die Unterlage für die Kontrolle sollte ursprünglich genauso umfassend sein wie für die TIA, was bedeutet hätte,
dass sämtliche denkbaren digitalen Fingerabdrücke relevant
gewesen wären. Da aber Kritik laut wurde, dass die Persönlichkeitsrechte verletzt würden, lenkte die Behörde ein und
versicherte, dass sie bestimmte Informationsquellen nicht

Flugpassagiere müssen mit kontinuierlichen Schwierigkeiten rechnen, wenn sie erst einmal fälschlich auf einer schwarzen Liste stehen.
(Quelle: Pär Ström)

benutzen würde. Die Quellen selbst sollten jedoch geheim bleiben.

Die Software komprimiert die aus den Datenbanken gewonnenen Informationen zu einem farblichen Gefahrencode, der jedem Passagier zugeteilt wird. Der grüne, gelbe oder rote Code wird in chiffrierter Form auf der Bordkarte eingetragen (der Code ist nur vom Flugpersonal erkennbar). Grün bedeutet, dass die Person kein Risiko darstellt, gelb heißt verschärfte Kontrolle und rot bedeutet, dass der Betroffene die Reise nicht antreten darf.

Anfangs war geplant, Personen mit gelbem oder rotem Gefahrencode 50 Jahre lang zu speichern, was praktisch einer lebenslänglichen Bestrafung gleichkäme. Die Transportsicherheitsbehörde würde dabei die diesbezüglichen Informationen an weitere Behörden sowie auch an andere Länder und internationale Organisationen weiterreichen.

Die Folge wäre eine umfassende Verbreitung solcher persönlichen Informationen.

Auch wenn CAPPS II als System für die Flugsicherheit gedacht war, wurde von Anfang an ebenso offen zugegeben, dass es auch anderen Zwecken dienen sollte. In einem weiteren Schritt würden nämlich auch Personen überprüft, „die bei ihrer Arbeit im Transportbereich das Vertrauen der Öffentlichkeit genießen" – im Klartext: Lokführer, U-Bahn-Führer, Lkw-Fahrer usw. Diskutiert wurde auch die Möglichkeit, sämtliche Personen, die Zugang zu öffentlichen Gebäuden in den USA haben, mittels CAPPS II zu überprüfen.

„Eine Klasse von Menschen, die ihrer Rechte permanent beraubt sind"

Gegen CAPPS II gab es jedoch erhebliche Kritik. Unter anderem verwies man darauf, dass der Passagier selbst völlig unwissend darüber ist, welcher Farbcode ihm zugeteilt wurde, und dass er folglich keine Möglichkeit des Einspruchs hat. Falsche Registerangaben, die der Codezuteilung zu Grunde lagen, können ebenfalls nicht berichtigt werden (dazu ist zu sagen, dass die meisten Datenbanken zahlreiche unrichtige Angaben enthalten).

Auch steht das System willkürlichen Schnüffelaktionen aller möglichen Behörden offen. „Damit sind beliebige polizeiliche ‚Fischzüge' möglich geworden", meinte der republikanische Senator Ron Wyden in einem Kommentar (mit „Fischzug" sind die Aktionen von Polizei und anderen Behörden gemeint, die elektronische Daten aufs Geratewohl durchforsten in der Hoffnung, ein strafbares Delikt zu finden, ohne dass ein konkreter Verdacht vorliegt).

Die amerikanische Bürgerrechtsorganisation American Civil Liberties Union* äußerte die Besorgnis, dass der Gefahrencode eines Menschen auch bei Anstellungsverfahren oder beispielsweise bei der Bewilligung von Sozialhilfe usw. zu

Grunde liegen könnte. Man betonte auch das Risiko, „eine Klasse von Menschen zu schaffen, die permanent ihrer Rechte beraubt sind, weil sie sich nicht frei bewegen können". Gegner der „Profilerstellung" von Flugpassagieren verglichen die „Inhaber" eines gelben oder roten Gefahrencodes mit Personen, die ohne Gerichtsverfahren verurteilt sind und dabei nicht einmal wissen, was ihnen eigentlich zur Last gelegt wird; die keine Möglichkeit der Verteidigung oder der Einsichtnahme in die Beweise haben und keinen Einspruch erheben können – und die sich damit abfinden sollen, möglicherweise lebenslänglich abgestempelt zu sein.

Die amerikanische Bürgerrechtsorganisation Electronic Privacy Information Center* versah das System von CAPPS II mit einer Reihe von Fragezeichen: Nach welchen Verhaltensmustern forscht das System? Was sind die Kriterien für die Zuerteilung eines bestimmten Gefahrencodes? Wie zuverlässig sind die Informationen, auf denen die „Profilerstellung" basiert? Wie kann der Einzelne die ihn betreffenden Informationen einsehen und bei Bedarf berichtigen lassen?

Zu guter Letzt war der Widerstand gegen CAPPS II zu groß, und im Sommer 2004 gab man bekannt, dass das ganze System fallen gelassen wird. Stattdessen soll jetzt ein anderes System namens Secure Flight eingeführt werden. Das neue System wird bereits scherzhaft „CAPPS II light" genannt. Nach bisher verlautbarten Informationen besteht der hauptsächliche Unterschied darin, dass jetzt nicht mehr Angaben aus kommerziellen Datenbanken herangezogen werden sollen. Die Informationen sollen nur noch aus streng geheimen Listen des amerikanischen Terrorist Screening Center geschöpft werden, also ausschließlich aus Erkenntnissen von Polizei und Geheimdiensten der USA.

Kritiker meinen jedoch, dass auch Secure Flight keine Gewähr bietet für einen Schutz der Persönlichkeitsrechte und für die Rechtssicherheit. „Falsche Alarme" seien immer noch möglich, ebenso die Schwierigkeit, Unschuldige von der Liste entfernen zu lassen.

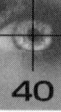

Interessanterweise haben auch amerikanische Behörden die Absicht zugegeben, das ursprüngliche Ziel der Kontrolle zu Zwecken der Flugsicherheit auch auf andere Bereiche ausdehnen zu wollen. Die Transportsicherheitsbehörde hat nämlich vor, ein System zu testen, bei dem die Daten von Flugpassagieren auch mit Daten kommerzieller Datenbanken abgeglichen werden – also auf ähnliche Weise, wie dies schon bei CAPPS II geplant war. Mit den Tests soll herausgefunden werden, ob das System Personen aufspüren kann, die unter falschem Namen reisen. Plötzlich ist also die Rede von einer Verwendung des Flugsicherheitsystems, die mit Flugsicherheit nichts zu tun hat, sondern sich gegen eine andere, harmlosere Art von Kriminalität richtet.

Barry Steinhardt von der amerikanischen Vereinigung für staatsbürgerliche Freiheiten meint zu Secure Flight: „Es handelt sich hier höchstwahrscheinlich um ein System, das CAPPS II zu guter Letzt ähneln wird."

In der amerikanischen Presse werden bereits Fälle von unschuldigen Menschen geschildert, die damit leben müssen, als verdächtige Personen abgestempelt zu sein. Hier folgt ein Beispiel, das auf der Website „Oregon Live" (einer Website für die Einwohner des amerikanischen Bundesstaats Oregon) zu finden ist:

David Nelson, ein Lobbyist von Salem, ist häufig auf Dienstreisen, und manchmal begleitet er auch den Gouverneur des Bundesstaates bei Fahrten zu Ausstellungen usw. Als sich David mit seiner Frau Leah auf dem Weg zu einer Handelsmesse in Atlanta befand, versuchten sie vergeblich, die automatische Gepäckaufgabe am Flughafen zu benutzen. Sie wandten sich daraufhin an einen Angestellten der Delta Airlines. Dieser betätigte zehn bis 15 Minuten lang die Tastatur seines Computers und sagte dann: „Ich muss nur mal im Hinterzimmer verschwinden." Er verschwand, und David stand mit seiner Frau da und wartete weitere zehn Minuten. Schließlich erhielten David und Leah den Bescheid, dass man nach einem Vorgesetzten

suchte. Kein Wort darüber, was hier eigentlich los war.
Jetzt waren 30 bis 35 Minuten verstrichen.

Schließlich erschien der Angestellte wieder und sagte:
„Sie müssen mit dem Beamten sprechen, der hinter Ihnen
steht." Sie drehten sich um und erblickten einen Mann
vom Bewachungsdienst, der ihnen erklärte, dass es eine
Liste über verdächtige Personen gäbe, und dann hinzu-
fügte: „Sie befinden sich auf dieser Liste." David wurde gebeten, sich auszuweisen, und er überreichte seinen Führerschein. Man rief in der Stadt an und kontrollierte den
Ausweis anhand des Kriminalregisters, aber David war
dort nicht registriert. Dann war der Angestellte der Flug-
gesellschaft gezwungen, den Hauptsitz der Delta Airlines
anzurufen, um die Erlaubnis zu erwirken, dass David und
Leah an Bord gehen durften. Der Abflug der Maschine
stand jetzt nahe bevor. David und Leah erhielten schließlich ihre Bordkarten, aber am Gate wurde David gründlich
durchsucht und musste sich erneut ausweisen.

Auf dem Rückflug wiederholte sich der Vorgang. Allmählich begannen ähnliche Geschichten anderer Bewohner
Oregons aufzutauchen, die alle David Nelson hießen: Sie
erzählten, dass ihr Gepäck auf Flughäfen auf versteckte
Bomben untersucht wurde und dass sie Verspätungen,
Durchsuchungen und Verhöre über sich ergehen lassen
mussten.

„Was einen dabei wirklich ärgern kann", sagt ein anderer
David Nelson aus Northwest Portland, der sich neulich
verspätete, als er nach Juneau in Alaska fliegen wollte,
um seine Mutter zu pflegen, „das ist die Tatsache, dass
man grundsätzlich als schuldig betrachtet wird, und zwar
selbst dann, wenn die Leute eingesehen haben, dass es
sich um einen Irrtum handelt. Es ist, als ob man einen
Stempel auf der Stirn trägt mit dem Text: ‚Diese Person
ist jederzeit zu durchsuchen, und ihr Gepäck ist zu kontrollieren.' Es ist ein Gefühl, als ob man plötzlich ein Aussätzi-
ger geworden ist."

Verschiedene David Nelsons im ganzen Land mussten
feststellen, dass es keine Möglichkeit gab, den Namen

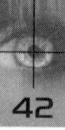

aus der Liste entfernen zu lassen, wenn man erst einmal auf ihr gelandet war. Sobald man einen Flughafen betrat, wurde man als Schuldiger behandelt, bis das Gegenteil bewiesen war. David Nelson aus Salem (der Lobbyist) verwendete nach seiner Atlanta-Reise viel Zeit darauf, herumzutelefonieren, um in Erfahrung zu bringen, wie er die ständigen Sicherheitskontrollen loswerden könnte. In den Nachrichten hatte er gehört, dass man eine Vorabgenehmigung, d. h. einen Ausweis mit Foto, erhalten könne. Er rief den Flugplatz an – dort hatte man nichts davon gehört. Er rief das FBI an, wurde von einem Chef zum anderen verwiesen und erhielt schließlich die Antwort, dass es einen solchen Ausweis nicht gäbe. David sagte: „Vielleicht geht es, wenn ich stattdessen meinen Nachnamen mit sämtlichen Vornamen angebe?" Die Leute vom FBI antworteten: „Es spielt keine Rolle. Sie stehen nun einmal auf der Liste."

Im Sommer 2004 konnten auch einige bekannte Persönlichkeiten erfahren, was es heißt, „abgestempelt" zu sein. Beispielsweise wäre der amerikanische Senator Ted Kennedy (Bruder des ermordeten Präsidenten John F. Kennedy) beinahe daran gehindert worden, eine Flugreise anzutreten, da sein Name zufällig identisch war mit einem Decknamen, unter dem eine auf der schwarzen Liste befindliche Person zu reisen pflegte. Auch der britische Rockstar Cat Stevens, der in den 70er Jahren zum Islam konvertierte und sich seitdem Yusuf Islam nennt und als Friedensaktivist auftritt, befand sich auf einer schwarzen Liste. Das hatte zur Folge, dass das Flugzeug, in dem er sich befand, zu einem anderen Flugplatz in den USA umdirigiert und bei der Landung von Scharfschützen umringt wurde. Daraufhin wurde er zurück nach England transportiert – das britische Außenministerium protestierte gegen die Behandlung des Sängers.

Daten europäischer Bürger werden weitergegeben

Auch Europäer sind also offenbar von einem System wie Secure Flight betroffen. Sobald wir in die USA fliegen wollen – oder nur auf der Durchreise sind und auf einem amerikanischen Flugplatz umsteigen –, gelangen unsere Daten ins System. Außerdem kommen ähnliche Systeme wahrscheinlich auch in Europa auf uns zu.

Die USA fordern bereits die Auslieferung der Daten europäischer Bürger. Fluggesellschaften, die diesen Forderungen nicht nachkommen, können ihre Start- und Landerechte einbüßen. Die amerikanischen Behörden begnügen sich nicht mit den Angaben über die Passagiere eines bestimmten Fluges, sondern wollen sich direkten Zugang zu den Datensystemen europäischer Fluggesellschaften verschaffen. Zu den gewünschten personellen Angaben gehören nicht nur Name, Anschrift und Telefonnummer, sondern auch die Nummer der Kreditkarte, Diätvorschriften und eventuelle Krankheiten.

Die EU-Kommission vereinbarte im März 2003 mit dem US-Zoll provisorisch, bestimmte Passagierdaten auszuliefern. Diese Entscheidung wurde jedoch vom Europaparlament in einer kurz danach verabschiedeten Resolution mit großer Mehrheit verurteilt. Innerhalb der EU besteht also Uneinigkeit in dieser Frage.

Das Europäische Parlament ist der Ansicht, dass eine solche Informationsüberführung ungesetzlich ist und gegen die europäische Datenschutz-Richtlinie verstößt. Man befürchtet, dass die vertraglich vereinbarten Datenlieferungen an die USA in einer unbekannten Anzahl amerikanischer Datenbanken landen werden, u. a. in denen des FBI, der CIA oder der NSA* (National Security Agency). Dort stehen sie dann für zahlreiche, nicht definierte Zwecke (d. h. nicht nur für die Terrorismusbekämpfung) zur Verfügung; außerdem wird in einem Anhang des Vertrages fest-

gehalten, dass Personen, über die falsche Angaben vorliegen, nicht das Recht haben, diese Angaben korrigieren zu
lassen – auch dies ein Punkt, der nach Ansicht des Europaparlaments gegen die Datenschutz-Richtlinie der EU verstößt.

Die EU-Kommission verteidigt sich ihrerseits mit dem
Argument, dass man gar keine andere Wahl hatte, da die
USA sonst die Start- und Landerechte europäischer Flug-
gesellschaften eingezogen hätten.

Der Streit hat dazu geführt, dass das Europaparlament
im Frühjahr 2004 beschloss, gegen die EU-Kommission vor
Gericht zu ziehen.

Dazu ist noch Folgendes zu sagen: Nicht nur die Fluggesellschaften speichern die sog. PNR-Angaben (Passenger
Name Records) in den vier globalen Datenbanken der Rei-
sebranche (Sabre, Galileo, Worldspan und Amadeus); dies
tun auch Reisebüros, Hotels, Leihwagenfirmen u. a. Das
führt dazu, dass die PNR äußerst persönliche Daten enthalten können, z. B. mit wem ich mein Hotelzimmer teile, welche Filme ich mir auf meinem Zimmer ansehe, was ich im
Hotelrestaurant esse und welche Autos ich miete. Die PNR
eines Reisenden werden grundsätzlich nie gelöscht. Folgerichtig will die US-Transportsicherheitsbehörde (TSA) diese
Personenangaben aus dem Geltungsbereich des amerikanischen Datenschutzgesetzes ausklammern.

Tony Bunyan von der amerikanischen Bürgerrechtsorganisation Statewatch* glaubt, dass die US-Behörden ihre Informationen zu weit mehr verwenden wollen, als
sie zugeben. Auf der Website der Organisation konstatiert
er:

> Wer glaubt, dass der amerikanische Zoll, der jetzt dem
> Ministerium für Heimatschutz unterstellt ist [dem neu
> gegründeten Ministerium, das für die Sicherheit in den
> USA zuständig ist], sich darauf beschränken wird, lediglich
> die Informationen über Einreisende in ihre Datenbanken

herunterzuladen, der ist sehr naiv. Jeder Passagier, der irgendwo in der Welt das Flugzeug wechselt, um irgendwohin weiterzureisen, wird kontrolliert, wenn ein amerikanischer Nachrichtendienst an dieser Person interessiert ist.

Kapitel 3:
Echelon – das globale
Überwachungssystem

> Ohne politische und rechtliche Kontrolle, ohne Gerichte und
> Geschworene oder irgendein Recht des Individuums auf Ver-
> teidigung kann Echelon zu einer Art Geheimpolizei des Cyber-
> space werden.
>
> James Bamford in *Body of Secrets*

Echelon ist der Name eines umfassenden und leistungsstar-
ken Systems zur Überwachung elektronischer Kommunikation. Es verfügt über eine globale Reichweite und überwacht
u. a. Telefongespräche, Faxmeldungen, E-Mail, Fernschreiben, Videokonferenzen und normale Funksprechkommuni-
kation, d. h. im Prinzip sämtliche Arten der elektronischen
Kommunikation. Das System soll – die Angaben darüber
schwanken – in der Lage sein, bis zu drei Milliarden Mitteilungen pro Tag aufzufangen.

Margaret „Peg" Newsham ist eine ehemalige Echelon-
Angestellte, die zu ihrem früheren Job auf Distanz gegangen
ist. Zehn Jahre lang war sie bei verschiedenen Lieferfirmen
von Abhöranlagen für die NSA (National Security Agency,
den mächtigsten Geheimdienst der USA, der so geheim ist,
dass seine Abkürzung lange Zeit als „No Such Agency" gedeutet wurde) beschäftigt. Zwei Jahre lang (bis 1984) war
sie mitverantwortlich für den täglichen Betrieb des Echelon-
Computernetzwerks der britischen Echelon-Station in Menwith Hill. In einem Interview der dänischen Zeitung *Ekstra
Bladet*, das in einer Artikelserie den Versuch einer Durch-

leuchtung des Echelon-Systems unternahm, beschreibt sie Echelon mit folgenden Worten:

> Die Überwachung erfolgte mit phantastischer Präzision. Wir konnten einzelne Personen oder Organisationen auswählen und deren gesamte Kommunikation fortlaufend und in Echtzeit überwachen. Dies geschah, ohne dass eine Möglichkeit der Entdeckung bestand. Die meisten Informationen wurden sofort mittels unserer enormen digitalen Ausrüstung an eine weitere Station geschickt. Alles erfolgte ohne richterliche Genehmigung. [...] Es funktioniert wie eine Suchmaschine im Internet. Man kann Nummern, Personennamen oder andere Stichwörter eingeben und dann sämtliche Daten abrufen, die sich unter diesem Stichwort befinden.

Spionagesatelliten, Parabolantennen, Abhörschiffe

Echelon ist das Ergebnis einer geheimen Zusammenarbeit der fünf englischsprachigen Länder USA, Großbritannien, Kanada, Australien und Neuseeland. Kernländer des Projekts sind die USA und Großbritannien. Grundlage dafür ist das Abkommen von 1947/48 über den Austausch von Geheimdienstinformationen, die mittels Funkaufklärung (Signal Intelligence, abgekürzt SIGINT) beschafft werden. Das Abkommen läuft unter dem Namen UKUSA und ist so geheim, dass seine bloße Existenz erst 1999 bestätigt wurde (der Inhalt des Abkommens ist dagegen immer noch geheim). Die übrigen drei Länder sind sekundäre Echelon-Partner. Es gibt auch Drittländer, die loser an die Zusammenarbeit geknüpft sind und nur in begrenztem Maße an Geheimdienstinformationen teilhaben können.

Echelon basiert auf einem gigantischen Netzwerk von Abhöranlagen unterschiedlicher Art: riesige Parabolantennen auf Stützpunkten in sämtlichen fünf Erdteilen, Satelliten (Anzahl: ca. 120), Abhörsysteme auf Schiffen, die vor der

Küste der betroffenen Länder kreuzen, Abhörgeräte an Un-
terwasserkabeln (eines dieser Geräte wurde 1982 entdeckt)
sowie Antennen an Botschaften und Konsulaten. Der oben
genannte Standort Menwith Hill in Großbritannien ist einer
der wichtigsten Knotenpunkte des Systems; hier befinden sich an die 30 riesige, wie Golfbälle in der Landschaft
platzierte Parabolantennen, leistungsfähige Computer sowie mindestens drei faseroptische Hauptkabel, die ans britische Telefonnetz angeschlossen sind (nach Angabe von
R. G. Morris, dem Leiter für Notfallplanung bei British Tele-
com). Ein weiterer zentraler Knotenpunkt ist das Hauptquartier der NSA in Fort Meade im amerikanischen Bundesstaat Maryland.

Der Name dieses Überwachungssystems ist inoffiziell; die
daran teilnehmenden Länder haben nie seine Existenz bestätigt. Lange Zeit drehte sich die Debatte deshalb darum, ob
Echelon überhaupt existiert. In den letzten Jahren sind jedoch die Beweise für die Existenz des Systems zunehmend
eindeutiger geworden, und man kann sagen, dass die Europäische Union nun sämtliche Zweifel zerstreut hat. Vor einigen Jahren schuf das Europaparlament ein Komitee (Aus-
schuss zum Abhörsystem Echelon*), das Gewissheit in die
Frage bringen sollte. Als Ergebnis der Arbeit des Komitees
verabschiedete das Europaparlament im September 2001
eine Resolution (Nr. A5-0264/2001), in der es u. a. heißt:

- Über die Existenz eines solchen Systems bestehe „kein
  Zweifel mehr", auch wenn einige Behauptungen in der
  Presse über den Umfang des Systems übertrieben sein
  dürften.
- Das System diene der Überwachung privater und kom-
  merzieller, nicht aber militärischer Kommunikation.
- Das Abhören privater Mitteilungen sei „eine ernste Ver-
  letzung der Privatsphäre von Menschen, deren Schutz im
  Artikel 8 der Europäischen Menschenrechtskonvention
  garantiert ist" (dieser Schutz darf nur unter ganz beson-

deren Umständen – z. B. aus Gründen der nationalen Sicherheit – außer Kraft gesetzt werden).

■ Es kann angenommen werden, dass Echelon „gegen die Grundsätze des Schutzes der Privatsphäre verstößt, die vom Europäischen Gerichtshof für die Menschenrechte in Straßburg beschlossen" wurden.

In zumindest drei europäischen Ländern (Frankreich, Belgien und den Niederlanden) haben die nationalen Parlamente ebenfalls Resolutionen verabschiedet, die von der Existenz des Echelon-Systems ausgehen.

Die Resolution des Europaparlaments enthält eine Reihe von Empfehlungen; so sollen Unternehmen innerhalb der EU nur Software mit offenen Quellcodes verwenden, da man sich nur so gegen den Einbau von Software-Backdoors (sog. Hintertüren) sichern könne. Außerdem werden die USA und Großbritannien aufgefordert, Verträge über den gegenseitigen Schutz der Privatsphäre ihrer eigenen Bürger und Unternehmen zu schließen; es wird nämlich vermutet, dass das Verbot der geheimen Spionage gegen die Bürger des eigenen Landes dadurch umgangen wird, dass im Rahmen der Echelon-Kooperation das eine Land gegen Personen eines anderen Mitgliedslandes spioniert und dann die Informationen einfach an den Bündnispartner weiterreicht. Auch fordert die Resolution Großbritannien und Deutschland auf, von den USA Garantien zu verlangen, dass die Tätigkeit der amerikanischen Nachrichtendienste auf dem Boden europäischer Länder nicht gegen die Europäische Menschenrechtskonvention verstößt.

Wirtschaftsspionage für amerikanische Firmen?

Echelon dient allerdings auch Zwecken, die von den meisten Menschen als moralisch einwandfrei angesehen werden, z. B. der Bekämpfung von Terrorismus, illegalem Waffenhandel oder sonstiger schwerer Kriminalität. Würde das Echelon-System sich ausschließlich diesen Zielen widmen, wäre es sicherlich nicht so umstritten.

Jedoch deutet vieles darauf hin, dass die Wirklichkeit weniger schön aussieht. Carlos Coelho, der Vorsitzende des Echelon-Ausschusses im Europaparlament, drückte das Problem folgendermaßen aus: „Wenn Sie im Besitz eines Werkzeugs sind, dessen Anwendung Ihnen Vorteile verschaffen und das niemand kontrollieren kann – würden Sie dann auf seinen Gebrauch verzichten?"

Es gibt deutliche Hinweise darauf, dass Echelon auch für Wirtschaftsspionage sowie für die Überwachung von politischen Gegnern und ideellen Organisationen verwendet wird. Beginnen wir mit der Wirtschaftsspionage.

Im amerikanischen Handelsministerium gab es eine Abteilung, die Office of Intelligence Liaison genannt wurde (Büro für nachrichtendienstliche Verbindungen). 1996 wurde die Abteilung in Office of Executive Support (Büro zur Unterstützung des Managements) umbenannt. Anscheinend ist es der Zweck der Abteilung, kommerzielle Informationen, die aus nachrichtendienstlicher Tätigkeit gewonnen werden, an die amerikanische Wirtschaft weiterzuleiten.

Es wird fernerhin vermutet, dass diese Informationen vorwiegend an solche US-Firmen weitergereicht werden, die Lieferanten der Nationalen Sicherheitsbehörde (NSA) und anderer Sicherheitsorgane sind. Diese Firmen betätigen sich vielfach als Sponsoren der Wahlkampforganisationen von Politikern, was vermutlich zu einem gegenseitigen Abhängigkeitsverhältnis zwischen Unternehmen und politischen Entscheidungsträgern führt.

Der aus Schottland stammende, investigative Journalist Duncan Campbell hat einen großen Teil seiner beruflichen Zeit der dokumentarischen Erfassung von Echelon gewidmet. Er wurde vom Europaparlament auch als Experte zu Echelon befragt. In seinem viel zitierten Bericht von 1999 an das Europaparlament (Titel: „Möglichkeiten der

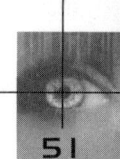

Funkaufklärung 2000") schreibt Campbell, dass Echelon tatsächlich als Instrument politisch motivierter Wirtschaftsspionage benutzt wurde, d. h. als ein Werkzeug zur Förderung amerikanischer Wirtschaftsinteressen im globalen Wettbewerb. Von den zahlreichen Beispielen aus Campbells Bericht seien hier zwei genannt.

> Im Jahre 1994 hörte die NSA Telefongespräche zwischen [dem französischen Elektrokonzern] Thomson-CFS und brasilianischen Regierungsstellen hinsichtlich SIVAM ab – dem System für die Überwachung des Regenwaldes im Amazonas-Gebiet (Wert des Projekts: 1,3 Milliarden US-Dollar). Wenig später wurde das Unternehmen beschuldigt, die brasilianischen Regierungsmitglieder des Bieterausschusses bestochen zu haben. Der Zuschlag ging schließlich an das amerikanische Unternehmen Raytheon Corp. – das danach mitteilte, dass das amerikanische Handelsministerium „sehr hart gearbeitet hatte, um die amerikanische Industrie bei diesem Projekt zu unterstützen". Raytheon ist auch ein Lieferant von Wartungs- und Beratungsdiensten für die NSA-Station Sugar Grove, die Satellitenaufklärung betreibt.

Das zweite Beispiel aus Campbells Bericht betrifft folgenden Fall:

> Die NSA-Behörde konnte über kommerzielle Kommunikationssatelliten sämtliche Fax- und telefonischen Mitteilungen zwischen dem europäischen Airbus-Konsortium, der saudiarabischen Fluggesellschaft und der Regierung Saudi-Arabiens auffangen. Die NSA entdeckte, dass Airbus-Vertreter einem saudiarabischen Beamten Bestechungsgelder anboten. Die Information wurde an amerikanische Beamte weitergereicht, die dann die Offerte von Boeing Co. und McDonnell Douglas Corp. preislich so weit senken konnten, dass die beiden Firmen 1994 den Zuschlag für das 6-Milliarden-Dollar-Projekt erhielten.

Den letztgenannten Fall kommentierte Fred Stock, ein anderer ehemaliger Echelon-Mitarbeiter, in einem Interview mit dem dänischen *Ekstra Bladet* folgendermaßen:

> Wir wussten, welches Flugzeug Frankreich verkaufen wollte und zu welchem Preis. Im Prinzip wussten wir alles, was mit größeren Transaktionen zu tun hatte, wie z. B., wer die Bieter waren, welche Zahlen genannt wurden, wie viel gezahlt und wie viel verkauft werden sollte. Wir überwachten auch den landwirtschaftlichen Sektor, z. B. große Weizengeschäfte. [...] Wir hielten uns über die Verhandlungspositionen zahlreicher Firmen auf dem Laufenden. Wir wussten, welche Offerten wann und wem gemacht wurden. Überhaupt waren wir bestens über diese Angelegenheiten informiert.

Fred Stock war Kommunikationsoperator im Hauptquartier des kanadischen Nachrichtendienstes Canadian Security Establishment (CSE). Nach 20-jährigem Dienst wurde ihm 1993 gekündigt mit der Begründung, dass er zu viele Fragen stelle. Seitdem hatte er Mühe, eine neue Arbeit zu finden, sogar als „normaler" Angestellter außerhalb des nachrichtendienstlichen Bereichs. Stock schätzt, dass er persönlich bis zu 3.000 nachrichtendienstliche Erkenntnisse pro Tag handhabe. Bei dieser Arbeit standen ihm 55 Kollegen zur Seite.

Im dänischen *Ekstra Bladet* berichtet er, wie gegen Ende der 80er Jahre eine Änderung in der Zielsetzung des Echelon-Systems deutlich wurde:

> Um 1987 geschah eine Veränderung. Plötzlich sah ich mehr und mehr Nachrichten, die mit Deutschland, Frankreich, den Niederlanden, Dänemark und anderen europäischen Alliierten zu tun hatten. Dabei muss man jedoch unterstreichen, dass wir während des Kalten Krieges eine äußerst wertvolle Arbeit für die gesamte freie Welt leisteten. [...] Deshalb war es unangenehm, Mitteilungen von der NSA-Behörde zu erhalten, in denen die EU, mit

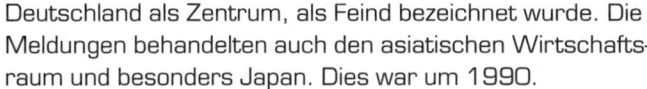
Deutschland als Zentrum, als Feind bezeichnet wurde. Die
Meldungen behandelten auch den asiatischen Wirtschafts-
raum und besonders Japan. Dies war um 1990.

Stock, der ja eigentlich für Kanada arbeitete, berichtet auch,
wie sehr USA-bezogen die ganze Tätigkeit war: „Es muss
von vornherein klargestellt werden, dass sämtliche Informationen, die weltweit aufgeschnappt wurden, sofort an den
amerikanischen Nachrichtendienst NSA geschickt wurden.
Die NSA-Behörde entschied dann, welche Informationen an
andere Länder weitergereicht werden sollten."

Die Angaben Fred Stocks über den Missbrauch von
Echelon für Wirtschaftsspionage werden von Edwina Slat-
tery – auch sie ehemalige Mitarbeiterin der kanadischen
CSE-Organisation – bestätigt. Sie sagte dem *Ekstra Bladet*:
„Meine Arbeit betraf ausschließlich die Überwachung des
Ostblocks. Es gab aber auch Abteilungen, die sich mit fi-
nanzieller und wirtschaftlicher Spionage beschäftigten."

Duncan Campbells EU-Bericht „Möglichkeiten der
Funkaufklärung 2000" nennt weitere Beispiele für Echelons
Wirtschaftsspionage: So wurde 1993 die französische Dele-
gation zur Welthandelskonferenz innerhalb des GATT ab-
gehört; und im September 1993 soll Präsident Clinton die
CIA beauftragt haben, die Entwicklungsarbeit japanischer
Autohersteller für abgasfreie Motoren auszukundschaften –
die Ergebnisse dieser Spionage sollen dann den drei großen
amerikanischen Autoherstellern Ford, General Motors und
Chrysler geliefert worden sein.

Die Zeitschrift *Insight Magazine* berichtete in einer Artikelserie 1997, dass Präsident Clinton die NSA und das FBI
1993 beauftragt hatte, die Delegierten des in Seattle stattfindenden asiatischen Wirtschaftsgipfels (APEC) intensiv abzuhören.

Jane Shorton, die für den kanadischen Nachrichtendienst CSE als Linguistin tätig war, gab an, dass sie Berichte
über die abgehörten Gespräche der mexikanischen Delega-

ten während der Verhandlungen zum Freihandelsabkommen NAFTA 1992 bis 1993 sah.

Die japanische Tageszeitung *Mainichi Shimbun* behauptet, dass die NSA-Behörde 20 Jahre lang japanische Diplomaten abgehört hat, um Wirtschaftsinformationen zu erhalten. Die Zeitung schreibt in einem Artikel aus dem Jahre 2001:

> In den 80er Jahren fing das Netzwerk [d. h. Echelon] Informationen über die Kohleverhandlungen der japanischen Regierung auf, was dazu führte, dass Neuseeland ein günstiges Abkommen über seinen Kohleexport schließen konnte. Es wird angenommen, dass Echelon das Auffangen dieser Informationen und somit eine Begünstigung neuseeländischer Unternehmen ermöglichte.

Die vermutete Industriespionage wird in Europa mittlerweile auf Regierungsebene diskutiert. So sagte Elisabeth Guignon, ehemalige Justizministerin Frankreichs, im Jahre 2000 vor der französischen Nationalversammlung, dass Echelon „offenbar für Wirtschaftsspionage und Wettbewerbsüberwachung missbraucht" würde.

„Ja, wir haben spioniert"

Ein teilweises Eingeständnis dieser Tätigkeit kam sogar von amerikanischer Seite. James Woolsey, ehemaliger CIA-Chef, schrieb in einem Artikel des *Wall Street Journal* vom März 2000:

> Ja, liebe europäische Freunde, wir haben euch bespitzelt. Es ist auch wahr, dass wir Computer verwenden, um Daten anhand von Stichwörtern zu durchforsten. Aber habt ihr euch jemals zu fragen geruht, was wir dabei eigentlich wollten? Der kürzlich dem Europaparlament übergebene Echelon-Bericht des britischen Journalisten Duncan Campbell hat zu wütenden Anklagen der europäischen Kontinentalstaaten geführt, dass der amerikani-

sche Nachrichtendienst fortgeschrittene Technologie aus europäischen Unternehmen stehle, um sie amerikanischen Firmen zuteil werden zu lassen und diese im Wettbewerb zu begünstigen. Liebe europäische Freunde, seid bitte realistisch! Es ist zwar wahr, dass die europäische Technologie in einigen wenigen Bereichen der amerikanischen überlegen ist, jedoch sind diese Bereiche, wie gesagt – und zwar milde ausgedrückt –, äußerst gering in der Anzahl. Der Großteil europäischer Technologie ist schlichtweg nicht wert, gestohlen zu werden. […] Sicherlich haben wir euch bespitzelt, liebe europäische Freunde, und zwar aus dem einfachen Grund, weil ihr Schmiergelder zahlt. Die Produkte eurer Unternehmen sind häufig teurer bzw. technisch weniger entwickelt als die eurer amerikanischen Konkurrenten. Deshalb zahlt ihr so viele Schmiergelder. Und die Regierungen in vielen europäischen Ländern sind sogar daran beteiligt, da Bestechungssummen immer noch von der Steuer absetzbar sind. Wenn wir euch auf frischer Tat ertappten, haben wir – das kann ich verraten – den amerikanischen Firmen im Bieterwettbewerb kein Wort davon gesagt. Stattdessen wandten wir uns an die Regierungen, die ihr bestechen wolltet, und sagten ihnen, dass wir eine solche Korruption nicht wohlwollend betrachten. Die haben dann häufig eingelenkt und den Auftrag an den besten Bieter vergeben (der manchmal amerikanisch war, manchmal nicht). […]

Es ist hier zu beachten, dass dieses Eingeständnis nur der Wirtschaftsspionage gilt, nicht aber der Existenz des Echelon-Systems an sich. Keines der an Echelon beteiligten Länder hat bisher die Existenz des Systems bestätigt. Duncan Campbell hat es folgendermaßen formuliert und dabei sicherlich die Gedanken vieler Europäer ausgedrückt: „Die Zahlenangaben über die Dollarmilliarden, die amerikanische Firmen für Aufträge erhalten, wecken Erstaunen und Zorn. Dabei leugnen europäische Politiker gar nicht die Fehltritte europäischer Firmen. Die USA haben jedoch nicht

das Recht, zugleich als Richter, Geschworene und Strafvoll-
zieher aufzutreten. "

Die Auffassung Woolseys im obigen Zitat, dass eine Zusammenarbeit mit amerikanischen Firmen hinsichtlich der
Wirtschaftsspionage nicht stattfindet, scheint übrigens selbst
von amerikanischen Quellen nicht geteilt zu werden. Die
amerikanische TV-Station *ABC* schrieb im Februar 2000 in
ihren Internetnachrichten (ABC News):

Das Abhören ausländischer Kommunikation seitens der
NSA-Behörde zum Zwecke der Wirtschaftsspionage für
amerikanische Firmen wird von amerikanischen Beamten
geleugnet. [...] Unter vier Augen bestätigen diese Beamten jedoch, dass die NSA-Behörde tatsächlich solche Informationen weiterreicht, und zwar an eine Reihe anderer
Behörden einschließlich des Handelsministeriums, das
häufig amerikanische Unternehmensprojekte im Ausland
unterstützt. Und ein Beamter, der anonym bleiben wollte,
bestätigte auch, dass das Handelsministerium seinerseits
die Informationen an die betreffenden Firmen, die sich im
internationalen Wettbewerb befinden, weiterleitet. [...] Ein
Beamter des Außenministeriums wiederholte auch die
Versicherung des außenpolitischen Sprechers Rubin, dass
die NSA keine Informationen an amerikanische Firmen liefert, wollte jedoch nicht die Frage kommentieren, ob stattdessen das Handelsministerium dies tue. Dokumente auf
der Website des amerikanischen Handelsministeriums
lassen den Schluss zu, dass das Ministerium nachrichtendienstliche Informationen entgegennimmt. Solche Informationen werden von der ministeriellen „Abteilung zur Unterstützung des Managements" gehandhabt, eine Abteilung,
die übrigens bis 1996 „Büro für nachrichtendienstliche
Verbindungen" hieß. Die Website gibt jedoch keine Auskunft darüber, wie die nachrichtendienstlichen Informationen vom Ministerium verwendet werden.

Ein weiteres teilweises Eingeständnis kam laut *Le Monde
Diplomatique* von Zbigniew Brzezinski, dem ehemaligen

sicherheitspolitischen Berater von Präsident Jimmy Carter.
Nach Angaben der Zeitung sagte Brzezinski, dass der Zugang zu Informationen eine Begrenzung dieser Informationen erschwere. Im Gegenzug zu den Anklagen gegen die
USA fragte Brzezinski, ob es nicht unmoralisch von den Regierungen Frankreichs und Deutschlands sei, Dinge (nämlich die Schmiergelder) vor den USA geheim halten zu wollen.

Spionage gegen Greenpeace, Amnesty und einzelne Politiker

Auch ideelle Organisationen sind, wie bereits erwähnt, von
der Überwachung durch Echelon betroffen. Fred Stock, der
ehemalige Mitarbeiter des kanadischen Nachrichtendienstes CSE, erzählte z. B. dem dänischen *Ekstra Bladet*, dass
die Umweltschutzorganisation Greenpeace unter ständiger
Bewachung stand:

> Mittels unserer Informationen konnten wir den Schiffen
> von Greenpeace überallhin folgen. Wir kannten ihre ge-
> nauen Positionen. Wir erhielten ständig Informationen:
> Wo Greenpeace-Schiffe anlegten, wohin sie fuhren, was
> sie planten. […] Ihre Pläne wussten wir in allen Einzelhei-
> ten – im Voraus! Greenpeace war ein äußerst wichtiges
> Überwachungsziel.

Im gleichen Zeitungsartikel äußert Mads Christensen von
Greenpeace den Verdacht, Spionage ausgesetzt zu sein. Er
erzählt von vier geplanten Aktionen gegen Frachter, die
Gentech-Produkte geladen hatten. Drei dieser Aktionen
missglückten, was nach seiner Ansicht ungewöhnlich ist.
„Das Interessante an der Sache war, dass diese drei Aktionen gegen amerikanische Schiffe mit Gentech-Produkten
der Firma Monsanto gerichtet waren. Unsere Aktivisten
wurden in England festgenommen, bevor die Aktion überhaupt startete; bei den beiden anderen Aktionen wurde das

Schiff umdirigiert. [...] Die einzige geglückte Aktion betraf ein argentinisches Schiff. Es ist merkwürdig, dass die einzige geglückte Aktion somit die war, die sich nicht gegen ein US-Fahrzeug richtete", sagt Mads Christensen. Seine Aussage stellt natürlich keinen Beweis dar, sie ist nur ein vermuteter Anhaltspunkt.

Ein weiteres wichtiges Objekt der Echelon-Überwachung ist laut Fred Stock die Menschenrechtsorganisation Amnesty International. Fred Stock berichtet im *Ekstra Bladet*:

> Als ich für den kanadischen CSE arbeitete, sah ich unzählige Berichte über Amnesty International. Die meisten Berichte waren von der amerikanischen NSA zusammengestellt. Die NSA sammelte die Rohdaten aus aller Welt und kompilierte sie zu Berichten, die ich entgegennahm. [...] Einige Berichte handelten von Augenzeugen und politischen Häftlingen in der ganzen Welt. Es gab aber auch Berichte über geplante Amnesty-Aktionen, und manchmal erhielten wir Berichte mit sonstigen Informationen über die Organisation.

Die Angaben Fred Stocks werden auch von Margaret Newsham, der oben erwähnten ehemaligen Mitarbeiterin bei Echelon, bestätigt:

> Wir überwachten normale Bürger, Interessengruppen, Firmen usw. Man brauchte nur ein Stichwort einzugeben, z. B. „Amnesty International" oder „Margaret Newsham" – und konnte dann das Gespräch belauschen, und zwar in Echtzeit, d. h. während die Betroffenen selber kommunizierten.

Margaret Newsham erzählt dann von dem Tag, an dem sie einsah, dass ihre Tätigkeit auf der britischen Echelon-Station Menwith Hill moralisch zweifelhaft war:

> Ich saß mit einem unserer vielen „Übersetzer" zusammen. Er war ein Fachmann für Sprachen wie Russisch, Chinesisch und Japanisch. Plötzlich fragte er mich, ob ich ein

Gespräch mithören wollte, das in den USA in einem Büro des Senatsgebäudes stattfand. Da hörte ich deutlich einen amerikanischen Südstaatendialekt, der mir bekannt vorkam. „Wer ist das?", fragte ich den Übersetzer. Er erwiderte, dass es der republikanische Senator Strom Thurmond war. „O Gott", dachte ich da. „Wir spionieren nicht nur gegen andere Länder, sondern auch gegen unsere eigenen Bürger." In diesem Augenblick verstand ich, dass das, was wir taten, nichts mit den nationalen Sicherheitsinteressen der USA zu tun hatte.

Margaret Newsham erzählte einem amerikanischen Kongressabgeordneten von den Missständen, die ihrer Meinung nach bei der nachrichtendienstlichen Tätigkeit herrschten, und später trat sie auch als Zeugin in einer geheimen Untersuchung des Kongresses auf. Laut Angaben der Zeitung *New Statesman* haben ihre Enthüllungen Befürchtungen geweckt, dass die Überwachung amerikanischer Bürger – die im sog. Watergate-Skandal entlarvt und nach Nixons Amtsenthebung gestoppt wurde – jetzt wieder aufgenommen wurde.

Fred Stock bestätigt, wie die Politiker unter die Lupe genommen wurden: „Wir wussten, wo sich die einzelnen Politiker aufhielten und was sie vorhatten. Wir hatten sogar Zugang zu ihren persönlichen Terminen." Auf die Frage, ob auch europäische Politiker überwacht wurden, antwortete Stock: „Absolut. Sogar Regierungschefs. Nach den mir zugänglichen Informationen wussten wir, wen sie zu treffen beabsichtigten und worüber sie sprachen. Es war eine faszinierende Arbeit. Wir konnten ständig die Ereignisse im globalen Maßstab überwachen."

Ein weiteres Beispiel wurde von Mike Frost enthüllt. Er war in den Jahren 1972 bis 1992 beim kanadischen Nachrichtendienst angestellt. Im Jahre 2000 trat er im amerikanischen Nachrichtenprogramm „60 Minutes" auf und sagte, dass die damalige britische Premierministerin Margaret Thatcher einmal den kanadischen Sicherheitsdienst CSE

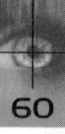
bat, via Echelon einen ihrer eigenen Minister zu belau-
schen. Sie verdächtigte ihn der Illoyalität. Daraufhin reiste
Frosts Vorgesetzter Frank Bowman nach London, um für
eine Dauer von drei Wochen bei den Lauschangriffen
behilflich zu sein. Bowman erhielt dann den Befehl, die
mitgeschnittenen Bänder dem englischen Nachrichtendienst
GCHQ zu übergeben. Zweck dieser kanadischen Hilfestel-
lung war es, dass die britische Regierung einigermaßen
glaubhaft versichern konnte, nicht in die Sache verwickelt
zu sein.

Auch bei einem anderen Ereignis steht Margaret Thatcher im Mittelpunkt. Der *London Observer* zitierte Robin
Robison, einen ehemaligen Mitarbeiter der britischen Nach-
richtenorganisation British Joint Intelligence Committee, der
berichtete, wie Frau Thatcher persönlich Lauschangriffe gegen Lonrho (die Hauptfirma der Zeitung) befohlen hatte.
Anlass dieser Abhöraktion gegen den *Observer* war, dass die
Zeitung 1989 über Bestechungsgelder an Frau Thatchers
Sohn Mark berichtet hatte, die dieser bei einem großen Waf-
fengeschäft mit Saudi-Arabien erhalten haben soll. Robison
behauptet, das aufgefangene Material persönlich im Büro
von Margaret Thatcher abgeliefert zu haben.

Internetsurfer im Echelon-Netz gefangen?

Kehren wir zum kanadischen Überläufer Mike Frost zurück.
Er enthüllte, wie Breite und Umfang der Überwachung auch
einfache Bürger treffen können. Im *Ekstra Bladet* berichtete
er, dass die Mutter eines Schülers auf einer Liste über verdächtige Terroristen landete, nachdem sie einem Bekannten
am Telefon erzählt hatte, ihr Sohn hätte im Schülertheater
„eine Bombe gelegt" (wobei der englische Slangausdruck
„bomb" in diesem Zusammenhang einen missglückten
Auftritt ihres Sprösslings bedeutete). Frost: „Der Überwa-
chungscomputer zeichnete das Gespräch auf. Der mit der

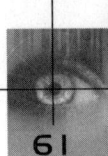

Analyse beauftragte Mitarbeiter wusste nicht, was ‚Bombe'
hier bedeuten sollte, und trug die Frau sicherheitshalber ins
Terroristenregister ein."

Einen weiteren Fall schilderte im Juli 2001 die schwedische Zeitschrift *Contra*:

> Einer unserer Leser berichtet, dass er das Internet über
> eine Suchmaschine nach dem Stichwort „RAF" (Rote Ar-
> mee Fraktion) durchsucht habe, d. h. die Organisation, die
> auch als „Baader-Meinhof-Bande" bekannt wurde. Unser
> Leser hatte eine Firewall in seinem Computer installiert,
> der unbefugte Zugriffe auf seinen Computer nicht nur ver-
> eitelte, sondern auch kenntlich machte. Solche Zugriffs-
> versuche waren normalerweise nicht häufig, aber nach
> der RAF-Suche im Internet schien sich die Umwelt plötz-
> lich für seinen Computer verstärkt zu interessieren. Die
> Firewall des Computers wurde ganze sieben Mal angegrif-
> fen – und zwar aus einer ganz bestimmten Richtung.
> Mittels der Software Neotrace konnten die Angriffe nach
> Anholt – einer kleinen dänischen Insel im Kattegat – zu-
> rückverfolgt werden. Die Insel liegt zwischen Dänemark
> und Schweden und hat ca. 150 Bewohner, die sich von
> Tourismus und Fischfang ernähren. Allerdings beherbergt
> die Insel auch eine gegen die Umgebung geheimnisvoll ab-
> geschottete Wetterstation. Behauptungen, dass die Wet-
> terstation eine Echelon-Abhöranlage enthält, konnten bis-
> her nicht verifiziert werden. Jedenfalls endeten hier die
> Spuren. Daraufhin benutzte er eine andere Methode der
> Spurensuche und landete bei der Firma Space and Naval
> Warfare Systems (Spawar) in Washington und San Diego
> (wo sich auch das Hauptquartier der amerikanischen Ma-
> rine befindet). Die Firma Spawar ist eigentlich ein Ableger
> der US-Marine. Die Nachforschungen unseres Lesers
> führten dann dazu, dass er von der schwedischen Tele-
> komgesellschaft Telia wegen „unstatthafter Aktivitäten" im
> Internet verwarnt wurde!

Da in diesem Beispiel keine Namen genannt werden, ist es
schwierig, die Glaubwürdigkeit der Angaben zu beurteilen.

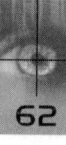

Allerdings fügen sich diese Angaben in das gleiche Muster der Funktionsweise von Echelon, das auch aus anderen Quellen bekannt ist.

Über welche Fähigkeiten verfügt Echelon?

Man hat sich gefragt, wie umfassend eigentlich die Überwachungskapazität von Echelon ist. Wegen der extrem geheimen Art der Tätigkeit ist eine sichere Beantwortung der Frage nicht möglich. Es scheint jedoch festzustehen, dass die Angaben der Massenmedien teilweise stark übertrieben sind. Beispielsweise nimmt man heute nicht mehr an, dass die *gesamte* Telefon-, Fax-, E-Mail- und Telex-Kommunikation in Europa von Echelon überwacht wird.

Aus verschiedenen Quellen ist bekannt, dass Nachrichtendienste besorgt sind über die Einführung neuer Kommunikationswege, die das Abhören schwieriger machen: Glasfaserkabel (aus denen keine Informationen „lecken" wie aus elektrischen Kabeln), digitales Telefonieren (wobei die Informationen in Datenpakete aufgeteilt gesendet werden, also nicht mehr über eine leicht abhörbare analoge Stimme) sowie Internet- und E-Mail-Verkehr (der ebenfalls in Datenpakete aufgeteilt wird und auf völlig unterschiedlichen Kommunikationswegen erfolgt).

In seinem Buch *Body of Secrets* versucht James Bamford, Hintergründe und Tätigkeit der amerikanischen NSA-Behörde zu erhellen. Nach seinen Angaben soll die NSA dabei eine Lösung der genannten Schwierigkeiten gefunden haben. Im Buch wird Terry Thompson, ein stellvertretender Direktor der NSA, mit einer Ansprache vor seinen Technikern zitiert:

> Unsere Vorhersagen über das künftige Anwachsen der Kommunikation und ihrer Bedeutung für unsere Analytiker haben sich sämtlich bewahrheitet; dies ist durch Ihre und

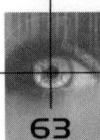

die Arbeit anderer möglich geworden. Unsere Fähigkeit, Daten aus Netzwerken und faseroptischen Kabeln, aus Mobiltelefonaten und anderen Arten der Kommunikation zu gewinnen und einzusammeln, ist beträchtlich größer geworden. Das hat zu erheblich größeren Informationsmengen für unsere Analytiker geführt. Unsere Werkzeuge funktionieren. [...]

Thompson berichtet laut *Body of Secrets* weiter, wie die NSA-Behörde sich Zugang zu den über das Internet laufenden Informationen verschaffte, indem sie führende EDV-Experten aus der freien Wirtschaft anstellte. Eine solche Firma ist Cisco*, ein weltweiter Marktführer für Networking-Lösungen für das Internet. Mit Hilfe ihrer Experten führt die NSA sog. „Reverse Engineering" durch (d.h. Konstruktionsanalysen eines Produkts), wobei die Schwachpunkte des Produkts gegenüber Abhörangriffen ermittelt werden.

Herkömmliche elektrische Kabel strahlen elektromagnetische Strahlung ab, die dann mittels Induktion relativ einfach aufgefangen werden kann, während dies bei Glasfaserkabeln nicht der Fall ist. Die Faseroptik hat daher den Nachrichtendiensten einige Kopfschmerzen bereitet. Jedoch kann auch Faseroptik abgehört werden, wenn in der Faser eine scharfe Krümmung geschaffen wird, aus der etwas Licht sickert. In der Praxis ist dies schwierig durchzuführen, vor allem dann, wenn das Glasfaserkabel auf dem Meeresboden (in einigen tausend Meter Tiefe) liegt. Nach Angaben der Zeitschrift *Spectrum*, die von der internationalen Standardisierungsorganisation IEEE herausgegeben wird, rüsten die USA zurzeit ihr U-Boot „Jimmy Carter" für solche Spezialaufgaben aus. Das U-Boot erhält eine Ausrüstung im Wert von 887 Millionen Dollar und soll Mitte 2005 betriebsbereit sein. Die *Los Angeles Times* veröffentlichte ähnliche Angaben über das U-Boot. Es scheint sich hier also um das technisch fortgeschrittenste U-Boot für Spionagezwecke zu handeln, das je gebaut wurde.

Echelon soll angeblich auch über die Fähigkeit automatischer Spracherkennung verfügen, so dass Telefongespräche per Computer nach bestimmten Stichwörtern überwacht werden können. Neuerdings sind jedoch Zweifel daran aufgetaucht, ob es der NSA-Behörde nach hartnäckigen Versuchen wirklich gelungen ist, eine solche Funktion in Betrieb zu nehmen. Allerdings scheint es zu stimmen, dass das System bereits heute bestimmte „Stimmenprofile" erkennen kann, so dass eine Person von Computern auf Anhieb entdeckt wird, sobald sie zu sprechen beginnt.

Anderseits gibt es Quellen, die behaupten, dass die Entwicklung einer funktionierenden Spracherkennung tatsächlich von Erfolg gekrönt war. Ein Forscherteam der University of Southern California, die hauptsächlich vom Pentagon finanziert wird, nimmt für sich in Anspruch, das erste maschinelle System geschaffen zu haben, das gesprochene Worte besser als ein Mensch wiedererkennen kann. Das System, das die Bezeichnung Speaker Independent Speech Recognition System trägt, verwendet sog. neuronale Netzwerke, die der Arbeitsweise des menschlichen Gehirns nachgebildet sind. Die Forscher behaupten auch, dass das System sogar Gespräche erfassen kann, die sich im Hintergrund abspielen, z. B. als Teil des Stimmengewirrs auf einer Cocktailparty.

Bruce McIndoe gehörte zu den Konstrukteuren von Echelon und erarbeitete dann eine erweiterte Version des Systems – Echelon II. Im Jahre 1998 verließ er seinen Dienst, um wieder in der Privatwirtschaft zu arbeiten. In einem Interview mit *Ekstra Bladet* enthüllte er – möglicherweise unabsichtlich –, wie Echelon funktioniert. Auf die Frage des Reporters, was denn die NSA-Behörde davon hielte, dass er jetzt in der privaten Wirtschaft die gleiche Technologie verwendet, die er im staatlichen Dienst entwickelte, erwiderte er: „Ein Großteil der von der NSA entwickelten Technologie wird früher oder später auch in der zivilen Gesellschaft zur Anwendung kommen. Das gilt für

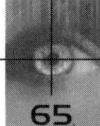

Funktionen wie Worterkennung, automatisches Übersetzen, Spracherkennung usw."

Offensichtlich wird im Prinzip sämtliche Kommunikation, die über Satelliten läuft, von Echelon überwacht. Und wie bereits erwähnt, gibt es Anzeichen dafür, dass auch Unterwasserkabel und andere Glasfaserkabel „angezapft" werden. Die Frage ist, inwieweit es den am UKUSA-Abkommen beteiligten Nachrichtendiensten gelungen ist, auch andere Kommunikationskanäle zu erfassen. Normalerweise erfolgt die elektronische Kommunikation in einem Land via sog. Mikrowellenübertragung. Das bedeutet, dass Funkwellen eines Mikrowellentyps in einer geraden Linie von einer Parabolantenne zur nächsten (die zig Kilometer entfernt ist) gesendet werden. Mikrowellenübertragung ist schwierig abzuhören, da die Signale genau gerichtet sind und aus physikalischen Gründen in einer geraden Linie weiterlaufen, ohne auf die Erdkrümmung Rücksicht zu nehmen. Die NSA-Behörde entwickelte bereits in den 60er Jahren eine Technologie, die sich die Geradlinigkeit der Mikrowellen zu Nutze machte. Diejenigen Mikrowellen, die an der Empfängerantenne vorbeilaufen, setzen ihren Weg bis in den Weltraum fort, wo sie von Spionagesatelliten abgefangen werden.

Das zentrale Problem für eine Spionagetätigkeit vom Umfang des Echelon-Systems sind natürlich die ungeheuren Datenmengen, die dabei anfallen. Dies erfordert ein äußerst rigoroses Sieben des Materials bereits in der Anfangsphase. Dies kann nach Stichwörtern erfolgen, nach Personennamen oder nach den Namen von Organisationen. Aus der Sicht eines Nachrichtendienstes wäre eine ideale Lösung dieses Problems, die Arbeit nicht durch einen zentralen Supercomputer, sondern ganz einfach mittels der beim Anwender installierten Ausrüstung leisten zu lassen. Dadurch wäre die Datenmenge im Verhältnis zur Berechnungskapazität der Hardware erheblich geschrumpft. Dieser Wunschtraum der Überwacher könnte sich durch be-

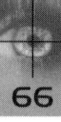

Elektronische Kommunikation innerhalb eines Staates erfolgt häufig über Mikrowellenübertragung. Mikrowellen, die an der Empfängerantenne vorbeilaufen, können von einem Spionagesatelliten abgefangen werden. *(Quelle: Pär Ström)*

sondere Spyware oder durch spezielle digitale Hintertüren in der Software des Anwenders elegant verwirklichen lassen.

Es muss jedoch unterstrichen werden, dass die hier gebotene Darstellung des Echelon-Systems und seiner Funktionen aus verständlichen Gründen mit einem großen Unsicherheitsfaktor behaftet ist.

„Geheime Cyberpolizei gegen wehrlose Individuen"

Echelon bedroht nicht nur Staaten, Unternehmen und Organisationen, sondern auch den Einzelnen. Menschen können sich plötzlich auf einer schwarzen Liste befinden, ohne die Möglichkeit zu haben, ihre Unschuld zu beweisen.

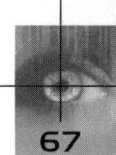

James Bamford schrieb sein Buch *Body of Secrets* bereits vor dem 11. September 2001. Hier ein paar kurze Auszüge:

Eine der wichtigsten Fragen ist: Inwieweit bedroht Echelon den Schutz der Privatsphäre und der Persönlichkeitsrechte? Irgendwelche Angaben aus einem Gespräch, das abgehört wurde, Angaben, die vielleicht aus ihrem Zusammenhang gerissen sind, können von einem Analytiker missverstanden und dann an Polizeistellen und Nachrichtendienste in aller Welt geschickt werden. Die falschen Informationen werden in der gigantischen Datenbank der NSA gespeichert. [...] Im Unterschied zu Angaben über amerikanische Bürger, die nur ein Jahr lang gespeichert werden dürfen, können die Angaben über Ausländer zeitlich unbegrenzt gelagert werden. Diese Angaben können am betroffenen Individuum unauslöschlich und lebenslang haften bleiben. Die betroffene Person erfährt nie, wie sie z. B. auf der schwarzen Liste des Zolls landete, wer sie auf diese Liste setzte oder warum ein geplanter Vertrag nicht zum Abschluss kam usw. Es sind auch schlimmere Möglichkeiten denkbar.

Nasser Ahmed, ein ägyptischer Immigrant, der in den USA um politisches Asyl nachsuchte, war bei der NSA oder dem CIA registriert. Die geheimen Informationen über ihn führten dazu, dass er verhaftet wurde. Ohne die Möglichkeit, gegen Kaution freizukommen, war er mehr als drei Jahre lang in einer Einzelzelle eingesperrt und wartete auf die Abschiebung. Obwohl sein Rechtsanwalt, der selbst einmal illegal von der NSA überwacht worden war, mehrere Jahre lang kämpfte, wurden die „geheimen Beweise" gegen seinen Klienten bzw. die Art der Beweismittelbeschaffung nie offen gelegt. In dieser kafkaesken Welt konnte er sich gegen die Anklagen nicht verteidigen, da er nie erfuhr, was gegen ihn vorlag. Die Anklage war ja geheim. Erst nachdem arabisch-amerikanische Gruppen einen genügend starken politischen Druck auf das Justizministerium mobilisieren konnten, wurden einige Anklagepunkte bekannt. Ahmed konnte

diese dann widerlegen und schließlich in die Freiheit
zurückkehren. [...]
Ohne politische und rechtliche Kontrolle, ohne Gerichte
und Geschworene oder ohne das Recht des Individuums
auf Verteidigung kann Echelon zu einer Art Geheimpolizei
des Cyberspace werden.

Wie sich die EU gegen Echelon schützen will

Offenbar nimmt die Europäische Union die Bedrohung
durch Echelon sehr ernst. Sie kündigte jetzt Pläne für ein
Forschungsprojekt an, das auf die Entwicklung einer neuen
Chiffriermethode zielt, genannt „Quantenchiffrierung".
Die Methode fußt auf physikalischen Gesetzen und soll
sowohl praktisch wie theoretisch unmöglich zu „knacken"
sein. Wichtiger Zweck des Projekts ist es, einen europäischen Schutz vor dem Echelon-Abhörsystem zu schaffen.

„Der Bericht des Europäischen Parlaments zu Echelon
empfiehlt die Verwendung von Quantenchiffrierung als
Schutz gegen elektronische Lauschangriffe. [...] Mit diesem
Projekt liefern wir einen wichtigen Beitrag zur wirtschaft-
lichen Unabhängigkeit Europas", sagte Christian Monyk,
Projektverantwortlicher und Leiter der Abteilung für Quan-
tenchiffrierung der österreichischen Firma ARC Seibersdorf
Research GmbH.

Es handelt sich hierbei um eine langfristige Entwicklung
der Chiffriertechnologie, die 2008 in Betrieb genommen
werden soll. Eine kommerzielle Nutzung des Produkts ist
für 2011 oder 2012 vorgesehen. Das neue Quantenchiffrier-
system dient dabei der Handhabung von Chiffrierschlüsseln
herkömmlicher Chiffriersysteme – es ist also nicht als Alternative zu vorhandenen Chiffriermethoden gedacht.

Kapitel 4:
Einkäufe werden zu
„Kundenprofilen"

> Was immer man tut – es wird registriert und im System gespeichert.
>
> Glenn Bonner, Informationschef bei MGM Mirage

Im Folgenden soll ein Szenario entworfen werden, aus dem ersichtlich wird, wie Verbrauchermärkte eine Analyse der Einkaufsdaten des Kunden (die von der Ladenkasse registriert werden) bereits heute zu Marketingzwecken nutzen *könnten*. Ich will nicht behaupten, dass eine solche Nutzung tatsächlich stattfindet, sonder nur, dass sie technisch möglich ist. Betrachten wir also einmal Robin, einen Junggesellen von 25 Jahren, mit den Augen der Marketingabteilung eines Verbrauchermarktes:

- Robin kauft jede Woche beträchtliche Mengen Chips und Bier, was auf bestimmte Lebensgewohnheiten schließen lässt.
- Während der Fußballweltmeisterschaft verdoppelt sich sein Chips- und Bierkonsum, was vermuten lässt, dass er an Sport interessiert ist. Da er keine Sportausrüstung kauft (außer Fahrradzubehör), übt er das Interesse wohl nur passiv aus, d. h., er sitzt vor dem Fernseher.
- Robin kauft kein Fahrradzubehör mehr. Stattdessen beginnt er, Autopflegeprodukte zu kaufen. Er scheint sich einen Wagen angeschafft zu haben.

- Von einem Tag auf den anderen kauft Robin nur noch glutenfreies Brot, was darauf hinweist, dass er glutenallergisch geworden ist.

- Die von Robin gekaufte Kleidung hatte anfangs die Größe 48, dann jedoch immer häufiger die Größe 50 und schließlich die Größe 52 – Robin ist wohl dicker geworden.

- Robin pflegte sonst nie Blumen zu kaufen, jetzt aber fängt er an, regelmäßig rote Rosen zu erstehen – Robin umwirbt möglicherweise eine Dame.

- Robin senkt seine Einkäufe von Chips und Bier erheblich, gleichzeitig ist er zu fettarmer Kost übergegangen. Vermutlich hat er vor abzunehmen.

- Robin kauft einen Schlafsack, ein Zelt, einen Spirituskocher und Angelausrüstung. Ein Campingurlaub scheint geplant zu sein. Der Schlafsack ist ein Doppelmodell. Offensichtlich hat sich die Dame von Robin beeindrucken lassen.

- Robin ist wieder bei seiner alten Kleidungsgröße 48 gelandet. Die Abmagerungskur war anscheinend erfolgreich. Er schafft sich jetzt auch Sportgeräte für das Fitnesstraining an. Offensichtlich hat Robin seinen Lebensstil geändert.

- Auf den Einkaufslisten von Robin tauchen jetzt regelmäßig typisch weibliche Waren wie Strumpfhosen und Tampons auf – Robin wohnt jetzt wohl mit seiner Freundin zusammen.

- Robin kauft Bücher mit Titeln wie „Säuglingspflege" und „Die ersten Jahre", was vermuten lässt, dass Nachwuchs erwartet wird.

- Robin kauft regelmäßig Windeln – der Nachwuchs ist da.

- Robin kauft Werkzeuge für den Heimwerkerbedarf sowie Bücher wie „So renovieren Sie Ihre Wohnung" und „Fußbodenlegen leicht gemacht" – Angaben, die leicht zu deuten sind.

■ Plötzlich verschwinden sämtliche weiblichen Artikel von den Einkaufslisten Robins. Gleichzeitig ersteht er Bücher wie „Wenn die Beziehung kriselt" und „ABC des Scheidungsrechts". Robins Partnerbeziehung scheint in die Brüche zu gehen.

■ Robins Verbrauch an Chips und Bier steigert sich dramatisch. Etwas muss ihn aus dem seelischen Gleichgewicht geworfen zu haben.

■ Nach einer gewissen Zeit tauchen wieder rote Rosen auf – der Kreis hat sich geschlossen.

Wenn wir früher – d. h. bis vor ca. 20 Jahren – einkaufen gingen, erhielten wir an der Kasse eine Quittung über die von uns gezahlten Einzelbeträge. Man musste ziemlich lange rechnen und herumrätseln, wenn man ermitteln wollte, welcher Preis zu welcher Ware gehörte. Dann kamen der Strichcode und die computerisierten Ladenkassen, die den Einzelhandel revolutionierten. Die Kassen – und die Datenbank des Ladens – registrieren jetzt genau, was verkauft wird. Dabei bleibt der Kunde jedoch meist anonym; es ist also nicht möglich, die Angaben über verkaufte Waren mit einem einzelnen Kunden zu verknüpfen.

Dies kann sich jedoch seit Einführung der sog. Kundenkarten ändern, jenen Plastikkarten, die manchmal auch Bonuskarten, Treuekarten, Debitkarten usw. genannt werden. Die Ausstellung solcher Kundenkarten ist lawinenartig angestiegen. Die intensive Werbung für Kundenkarten liegt daran, dass damit aus anonymen Kunden namentlich bekannte Kunden werden. Jedes Mal, wenn der Kunde an der Kasse seine Karte durch das Lesegerät zieht, bietet sich der Ladenkette eine Möglichkeit, seinen Kunden „näher kennen zu lernen", und die gekauften Waren in Kombination mit dem Namen des Kunden ergeben eine interessante Information, die man langfristig nutzen kann.

Vermutlich gibt es heute noch keinen Supermarkt, der von seinen Kunden ein so genaues Kundenprofil erstellt, wie wir es oben am Beispiel des Junggesellen Robin getan haben. Die Tatsache, dass an der Kasse die genaue Ware registriert wird (z. B. „Cola light, 1,5 Liter"), bedeutet noch nicht automatisch, dass diese Angabe für den künftigen Gebrauch gespeichert wird. Einige Ladenketten speichern überhaupt keine Warenangaben (außer Datum und Betrag), andere speichern nur Angaben über die Warengruppe, zu der die vom Kunden gekaufte Ware gehört (z. B. „Damenkonfektion"). Aber auch dies lässt ja manchmal weitreichende Schlüsse zu.

Damit hat sich jedoch nichts an der einfachen Tatsache geändert, nämlich dass es rein technisch möglich ist, die Registrierung von Einkäufen mittels individuell identifizierbarer Kundenkarten kommerziell zu nutzen. In einigen Ländern, vor allem den USA, ist man in dieser Hinsicht bereits ziemlich weit gekommen.

Kundenprofile können auch positiv sein

Werbefachleute sprechen von der Erstellung von Kundenprofilen. Das bedeutet, dass man Informationen über die vom Kunden bevorzugten Waren und seine daraus ersichtlichen Interessen und Neigungen sammelt und speichert. Die Angaben ergeben ein bestimmtes Kundenprofil, das in der Datenbank der Ladenkette gespeichert wird. Die entsprechende Software für die Erstellung von Kundenprofilen wird manchmal Kundenbeziehungsmanagement (Customer Relationship Management – CRM) genannt. Die Kundenprofile können für gezielte Werbung, für Sonderangebote usw. genutzt werden, um den Umsatz einer Ware zu steigern. Für den Bewohner einer Mietwohnung wäre es z. B. ziemlich witzlos, ein Sonderangebot für den Kauf von Gartenmöbeln zu erhalten.

Natürlich lässt sich denken, dass der Kunde von der individuell angepassten Werbung ebenso profitiert. Er bekommt ja nur noch Werbung, die ihn wirklich interessiert.

Die Unternehmen werden natürlich nicht müde, gerade auf diesen Vorteil hinzuweisen. Kommerzielle Informationsbeschaffungen (Kundenprofile) werden fast immer damit motiviert, dass sie dem Kunden besseren Service, billigere Waren, mehr Bequemlichkeit usw. bieten.

Dies ist natürlich positiv – unter der Voraussetzung, dass der Kunde eine wirkliche Wahl treffen kann und dass er mit dieser Wahl einverstanden ist. Auch müssen die Informationen vor Missbrauch geschützt werden. Und genau an diesem Punkt gibt es Zweifel: Besitzt der Kunde wirkliche Wahlfreiheit, und ist das System wirklich vor Missbrauch geschützt?

Dabei muss auch das berechtigte Streben der Unternehmen nach Rentabilität berücksichtigt werden, ebenso der Informationswert der geschaffenen Datenbanken. Jedoch dürfen darunter nicht die Persönlichkeitsrechte des Kunden leiden. Wenn Unternehmen die Informationen zweckentfremden, bringen sie ihre Kunden möglicherweise gegen sich auf, und dann hat die Profilerstellung ja ihren Zweck verfehlt. Das Rentabilitätsstreben muss sich also im Rahmen des ethisch Vertretbaren bewegen.

„Essprofile", Versicherungsrabatte und sonstige digitale Nutzungsmöglichkeiten

Die kommerzielle Nutzung von Einkaufsdaten des Kunden ist in den USA weiter gediehen als in Europa. Beispielsweise werden persönliche Daten zu Werbezwecken nahezu hemmungslos an andere Unternehmen weiterverkauft. Solche Informationen gelten hier wegen des weniger strengen Datenschutzes als beliebig verfügbare Handelsware.

Eine erbitterte Debatte entstand allerdings, als die Firmen Giant Foods und CVS Pharmacies ganze Datenbanken mit den Namen von Kunden verkauften, die rezeptpflichtige Arzneimittel erstanden hatten. Die damit gleichzeitig vermittelten Krankheitsinformationen sollten dazu dienen, den betroffenen Kunden gezielte Werbung zukommen zu lassen. Aber damit wurden ja auch die Krankheiten der Kunden bekannt, was natürlich eine höchst vertrauliche Information darstellt. Neben der Tatsache, dass damit die Privatsphäre des Kunden verletzt wird, sind auch weitere Folgen denkbar, z. B. dass dem Kunden ein Arbeitsplatz oder eine Versicherung verweigert wird, wenn seine Krankheit dort bekannt wird.

AccuData* ist ein Unternehmen in Florida, das sich darauf spezialisiert hat, die Kundendaten von Ladenketten und Verbrauchermärkten mit Angaben aus anderen, externen Datenbanken anzureichern; auf diese Weise können Lebensstil, Interessen, Persönlichkeitstyp und Einkaufsgewohnheiten des Kunden besser analysiert werden. AccuData nennt die Ergänzung der Kundenprofile durch externe Daten ein „Penetrationsprofil". Wer hier „penetriert" wird, ist natürlich der Kunde.

Auch die Polizei tritt in den USA als Käufer von Kundenprofilen auf, um diese für ihre eigene Arbeit zu nutzen. Häufig dienen sie der Polizei für sog. Fischzüge, d. h. man forscht nach „verdächtigem" Verhalten, um Straftaten aufzuspüren, die sonst unentdeckt geblieben wären.

Nicht immer kauft die Polizei jedoch diese Angaben – manchmal werden sie einfach angefordert. Dies war z. B. der Fall, als der Supermarkt Smith's Food in Arizona gezwungen wurde, die Einkaufsdaten seiner Kunden auszuliefern. Die Drogenaufsichtsbehörde der USA suchte nämlich Personen, die große Mengen an Kunststoffbeuteln einkauften, da Drogenhändler ihre Ware häufig in diesen Beuteln verpackten.

Aus den USA ist auch ein weiteres Beispiel innovativer Polizeiarbeit nach dem 11. September 2001 bekannt. Ein Geschäft, in dem einer der Flugzeugentführer eingekauft hatte, musste die Einkaufsdaten des Terroristen ausliefern, damit die Polizei ein „Essprofil" von Terroristen erstellen konnte. Wer also zufällig die gleichen Essgewohnheiten hat, riskiert eventuell, auf einer Liste verdächtiger Terroristen zu landen.

Es lassen sich leicht Horrorszenarios vorstellen, in denen Einkaufsdaten in falsche Hände geraten und dem Betroffenen großen Schaden zufügen können. Oder es lässt sich eine „schöne neue Welt" denken, in der Versicherungsgesellschaften nur dann Kundenverträge abschließen, wenn sie vorher den Lebensstil des Kunden – anhand von Kundenprofilen – analysiert haben. Ein hoher Verbrauch „schädlicher" Nahrungsmittel würde eine höhere Versicherungsprämie nach sich ziehen oder gar die Annullierung der Versicherung.

Laut der Zeitung *Seattle Post-Intelligencer* meint Katherine Albrecht, Gründerin der Verbrauchervereinigung CASPIAN* (Verbraucher gegen Verletzung der Privatsphäre durch Supermärkte), dass eine Zusammenarbeit der Verbrauchermärkte mit Versicherungsgesellschaften „bereits von einigen Ladenketten geplant ist". Ob dies den Tatsachen entspricht, wird sich mit der Zeit erweisen, aber es ist nicht undenkbar. Wenn Verbrauchermärkte auch Banken eröffnen oder Telekomfirmen gründen – was bereits geschieht –, dann wäre es ja auch möglich, dass sie ihren Kunden bestimmte Versicherungen anbieten, die etwa folgenden Wortlaut haben: „Wir wollen Sie dafür belohnen, dass Sie uns geringe Kosten verursachen. Warum sollten Sie, der Sie ein gesundes Leben führen, für die Ausschweifungen anderer Personen zahlen? Sie haben jetzt die Möglichkeit, die Versicherung zu einem besonders günstigen Preis abzuschließen, wenn Sie uns Ihr Kundenprofil überlassen."

Es besteht Anlass, sich vor solchem „Soft Sell" – dem Verkauf eines zweifelhaften Produkts mittels schönfärbender Werbung – künftig in Acht zu nehmen, wenn es um den Schutz der Privatsphäre geht. In unserem Beispiel besteht offensichtlich die Gefahr, dass die Versicherungsgesellschaften nachziehen, um wettbewerbsfähig zu bleiben – und

eines Tages sind wir dann so weit, dass die Versicherungen standardmäßig die Lebensgewohnheiten ihrer Kunden kontrollieren.

Vielleicht ist dies der nächste Schritt bei der Erstellung von Kundenprofilen: Mehrere amerikanische Firmen haben bereits „intelligente" Einkaufswagen entwickelt, die mittels Standortangabegerät „sehen" können, wie sich der Kunde zwischen den Warenregalen bewegt. Ein solches System wird in einigen kalifornischen Zweigstellen der großen US-Ladenkette Safeway erprobt. Der Einkaufswagen heißt „Magellan"; an ihm ist ein Lesegerät angebracht, durch das der Kunde zu Beginn seiner Einkäufe die Kundenkarte zieht. Damit wird der Einkaufswagen mit dem früheren Einkaufskonto des Kunden verbunden. Der Weg des Kunden entlang der Regale des Supermarkts wird von einem Infrarotsender registriert, und auf dem Display des Einkaufswagens erscheinen die auf dem jeweiligen Regal verfügbaren Sonderangebote. Und damit nicht genug: Das Display zeigt individuell maßgeschneiderte Sonderangebote an, die auf den früheren Kaufgewohnheiten des Kunden basieren!

Brian Dowling, Sprecher von Safeway, erklärte in einem Interview mit der *New York Times*, dass der Konzern zurzeit nicht die Absicht habe, das System in weiteren Läden zu installieren. Er meinte jedoch, dass die Technologie Zukunftsmusik ist: „Die Werbefachleute haben zwar noch nicht damit begonnen, diese Technik zu nutzen, aber sie werden es tun."

Es gibt, wie gesagt, mehrere Firmen, die solche Systeme entwickeln. Eine dieser Firmen ist Klever-Kart*, eine andere heißt KartSaver*. Und es finden Versuche dieser Art an mehreren Orten statt, u. a. mit Klever-Kart in drei Läden der Supermarktkette Hy-Vee in Kansas City.

Es ist nicht bekannt, inwieweit die Informationen, die dabei gewonnen werden, für die Erstellung von Kundenprofilen verwendet und in der Datenbank des Unternehmens gespeichert werden. Technisch gesehen, wäre dies einfach. Das könnte dann zu folgenden Werbeangeboten führen:

> Uns ist aufgefallen, dass Sie sich in den letzten vier Wochen insgesamt 17 Minuten vor dem Regal für Bohrmaschinen aufgehalten haben. Wir können Ihnen jetzt eine Schlagbohrmaschine zum Sonderpreis anbieten ...

Ein solches Vorgehen könnte vom Kunden möglicherweise als verletzend empfunden werden, da es sich hier offenbar darum handelt, die Gedanken, d.h. die potenziellen Kaufwünsche des Kunden zu „lesen". Wahrscheinlich werden die Unternehmen darauf verzichten, den Kunden auf sein Verweilen vor einem bestimmten Regal hinzuweisen, und ihm stattdessen scheinbar „zufällige" Werbeangebote für den Artikel offerieren.

Ein Hamburger nach Wunsch – in der Datenbank gespeichert

Internetbasierte Unternehmen des sog. E-Commerce haben ebenfalls ein Interesse daran, die Kaufgewohnheiten potenzieller Kunden auszukundschaften. Technisch ist es sogar leichter, dies via Internet zu machen, da jeder Mausklick im Browser einen digitalen Fingerabdruck hinterlässt. Dies wird im Kapitel 9 näher beschrieben.

Die Lauschangriffe auf das Kaufverhalten der Konsumenten nehmen offenbar zu. Nach einem Bericht von *Focus* werten Unternehmen in zunehmendem Maße Kundendaten aus. Gleichzeitig versuchen sie, Kaufinteressen und Zahlungsmoral ihrer Klientel anhand im Internet gesammelter Daten immer genauer vorherzusagen. „Manche Firmen speichern pro Kunde bis zu 1.000 Merkmale", erklärte der Leiter einer Datamining-Studie der Universität Eichstätt-Ingolstadt, Hajo Hüppner.

Meister der Konsumentenspionage: der Primus unter den Onlinebuchhändlern, Amazon. „Amazon verwaltet eine riesige Matrix, die jedes der mehr als zehn Millionen Produkte jedem anderen zuordnet – mit der Information, wie viele Menschen sowohl das eine als auch das andere gekauft haben", erläuterte der ehemalige Chefwissenschaftler und heutige Berater von Amazon in Seattle (USA), Andreas Weigend, dem Magazin aus München. Schon wenige Informationen genügten, um mit hoher Wahrscheinlichkeit zu prognostizieren, wie sich der Besucher als Nächstes verhalte. Weigend: „Die Präzision solcher Daten ist extrem hoch."

Nicht nur Amazon, sondern auch andere Unternehmen tüfteln an digitalen Verfahren, mit denen Kunden im Internet noch gezielter durch Produkte geködert werden können. Nach Einschätzung ist das persönliche Netzwerk eines Kunden dabei besonders interessant – und kaum erforscht. „Es ist eine Sache, wie viele Euro ein Kunde persönlich im Laufe seines Lebens einbringt. Eine ganz andere ist, wie viele Verkäufe er durch seinen Einfluss initiiert", so Weigend. Die Information, ob ein Kunde in seinem Umfeld Meinungsführer ist, sei heutzutage bares Geld wert.[1]

Auch amerikanische Restaurants haben damit begonnen, Angaben über ihre Gäste zu speichern. OpenTable* ist ein Dienst, der den 1.400 angeschlossenen Restaurants hilft, die Gewohnheiten ihrer Gäste (z.B. welche Speisen sie bevorzugen, wie viel Trinkgeld sie zu geben pflegen usw.) in einer Datenbank zu speichern.

Die Kasinobranche ist ein weiteres Beispiel dieser Art von Informationssammlung. In den Kasinos ist es – wie in den Supermärkten – die Kundenkarte, die dies ermöglicht. Wenn der Kunde seine Karte im Leser des Spielautomaten oder am Spieltisch eingibt, wird eine Reihe von Datenbanken aktiviert. Das System misst die Spielzeit des Kunden, seine Gewinne bzw. Verluste, seine Spielstrategie usw. Auch ein Vergleich mit der Statistik früherer Besuche des Kunden erfolgt. Das Personal des Kasinos erhält aus diesen Angaben

---

[1] Zitiert nach *buchreport* Nr. 42 vom 13. Oktober 2004, Seite 34.

konkrete Anweisungen, wie der Kunde zu behandeln ist (je nachdem, wie wertvoll er für das Kasino ist).

Foxfood Resort Casino in Las Vegas gleicht die Daten der eigenen Datenbank mit externen Datenbanken ab, um Auskunft darüber zu erlangen, wie hoch das Einkommen des Kunden ist oder ob er verheiratet ist, Kinder hat usw. MGM Mirage verfügt über eine gigantische Datenbank von sechs Terabytes, die Angaben darüber enthält, ob der Kunde (unter neun Millionen weiteren Kunden) Poker oder Black Jack bevorzugt und ob er Zwiebeln auf dem Hamburger mag oder nicht. „Was auch immer der Kunde tut, es wird registriert und vom System gespeichert", sagt Glenn Bonner, Informationschef bei MGM Mirage (laut CNN).

Das Unternehmen Harrah's Casino gibt an, dass man seit 1995 keine einzige Information über einen der 23 Millionen Kunden gelöscht habe. Informationschef John Boushy sagte (laut CNN):

> Wir kamen zu dem Schluss, dass man nicht voraussagen kann, welche Angaben für die Werbeabteilung interessant sind. Also speichern wir sämtliche Angaben.

Dieses Statement ist interessant, da es das ganze Problem der bedrohten Privatsphäre in einem einzigen Satz zusammenfasst. In der digitalen Welt ist ja schlichtweg jegliche Information erstens leicht einzusammeln, zweitens billig zu speichern und drittens potenziell wertvoll für künftige Nutzung. Die natürliche Folge dieser drei Eigenschaften ist, dass große Mengen an Informationen wahllos gesammelt und langfristig gespeichert werden. Die Informationen bleiben „haften".

Der Datenschutz in den USA ist weniger streng als in Europa. Die oben skizzierten Fälle stellen einen interessanten Trend dar und geben Aufschluss darüber, in welche Richtung sich der Markt bewegt, falls er nicht durch Gesetze eingeschränkt wird.

Kapitel 5:
Wie U-Bahnen und Autos
Sie ausspähen werden

Sie behaupten, dass sie einen lediglich fotografieren, um Verkehrsstaus zu vermeiden. Und dann zeigt es sich, dass sie versuchen, herauszufinden, ob man ein Terrorist ist.

Marc Rothenberg vom britischen
Electronic Privacy Information Center

Der Verkehr ist ein Bereich, in dem die Computerisierung im Sturmschritt vorangeht. Dabei haben wir es mit digitalen Fingerabdrücken zu tun, die einen umfangreichen und sensitiven Gehalt an Informationen bieten. Hier handelt es sich schließlich um die Möglichkeit, unsere Bewegungen im geografischen Raum zu registrieren – und diese Bewegungen sagen häufig viel über Lebensstil, Aktivitäten, Beziehungen usw. einer Person aus.

Fahrgewohnheiten im öffentlichen Nahverkehr werden gespeichert

Gehen wir zuerst auf die Verkehrsmittel des öffentlichen Nahverkehrs ein (S- und U-Bahn, Straßenbahn, Bus). In diesem Bereich ist man dabei, sog. Smartcards als Fahrkarte einzuführen. Das sind Plastikkarten mit integriertem Mikroprozessor und Datenspeicher, die Informationen über die Anzahl an Reisen (oder über den auf der Karte verbuchten Geldbetrag) liefern. Bei Antritt jeder Reise wird die

Karte von einem Leser abgelesen, und eine bestimmte Fahrgebühr wird vom gespeicherten Geldbetrag abgebucht. Wenn der Geldbetrag verbraucht ist, kann die Karte wieder neu „betankt" werden.

Die Lösungen mit Smartcard können technisch auf zweierlei Weise ausgeformt werden: indem die Anonymität des Reisenden gewahrt bleibt oder aber, indem die Smartcard an die Person gebunden ist. Wenn die Smartcard Name, Versicherungsnummer oder andere unverwechselbare Angaben über ein Individuum enthält, hat man bereits die Grundlage für ein System geschaffen, das den Reisenden überwachen kann. Auch wenn dies gegenwärtig nicht der Fall ist, so ist doch das System für diese Möglichkeit bereits vorbereitet.

Die neuen Smartcards („Oyster" genannt) für die Londoner U-Bahn enthalten Name und Anschrift des Reisenden. Die Zeitung *The Guardian* enthüllte im Sommer 2003, dass das IT-System der Londoner U-Bahn auch Antritt und Ende jeder Reise registriert, weshalb es „technisch möglich wäre, die Bewegungen von Individuen im gesamten Londoner U-Bahn-Netz zu verfolgen". Nach Aussage von Nicole Carroll, Werbechefin des Konsortiums TranSys, das für die Inbetriebnahme des Systems verantwortlich zeichnet, werden diese Reisedaten in einem zentralen Computer während der gesamten Lebensdauer einer Smartcard gespeichert.

In Helsinki haben die öffentlichen Verkehrsbetriebe eine ähnliche Lösung eingeführt. Auch hier werden die Reisenden identifiziert und ihre Reisen registriert. Dafür erhielt man im Sommer 2003 die „Anti-Auszeichnung" „Big Brother Award". Zwar konnte man sich auch „anonyme", d.h. nicht personengebundene Smartcards kaufen, aber die waren viel teurer als die anderen Smartcards. Nach zähem Kampf gelang es jedoch der finnischen Datenschutzbehörde, die Verkehrsbetriebe der Hauptstadt davon zu überzeugen, dass eine Identifizierung der Reisenden im öffentlichen Nahverkehr nicht erforderlich ist.

In Schweden sind die Verkehrsbetriebe der drei größten Städte Stockholm, Göteborg und Malmö ebenfalls dabei, Smartcards einzuführen. Zwei Städte sollen sich auch mit der Absicht tragen, eine Smartcard mit Doppelfunktion zu verwenden: Nicht nur Reisen, sondern ebenso der Einkauf in bestimmten Geschäften, die der Smartcard angeschlossen sind, sollen möglich sein. Also eine Art kombinierte Kunden- und Reisekarte. Das würde bedeuten, dass die Smartcard die Identifizierung des Kunden erfordert.

Die Verkehrsbehörden der genannten Städte haben sich auf einen gemeinsamen Standard für die Smartcard geeinigt, was den Vorteil ergibt, dass sie in allen angeschlossenen Städten benutzt werden kann. Ein Stockholmer, der Göteborg besucht, könnte also problemlos seine Smartcard weiter benutzen. Allerdings wird dadurch auch der Schutz der Privatsphäre weiter in Frage gestellt, da sich das Überwachungspotenzial verdoppelt (man ist ja im Besitz eines „eindeutigen Identifikators"). Größere Bequemlichkeit steht hier – wie so häufig – im Widerspruch zum Schutz der Privatsphäre.

Die Reisen eines Menschen – nicht zuletzt die alltäglichen lokalen Reisen – bieten häufig ausführliche Informationen über seine Lebensumstände und Lebensgewohnheiten. Mit einiger Genauigkeit können Arbeitsplatz, Arbeitszeiten, Wohnort, Übernachtungen usw. ermittelt werden. Ebenso verraten z. B. Reisen zur Trabrennbahn, zum Bootsklub oder zu einem Krankenhaus die persönlichen Umstände und Neigungen eines Smartcardbesitzers.

Auch plötzliche Änderungen der persönlichen Reisegewohnheiten können interessante Auskünfte vermitteln. „Warum fährt Heinz jetzt so oft nach Wilhelmsburg, übernachtet dort und fährt dann morgens mit dem ersten Bus wieder nach Hause?" Solche Informationen können – falls sie in unrechte Hände gelangen – großen Schaden im Leben des Einzelnen anrichten.

Pkw, die dem Fahrer auf der Spur sind 83

Auch private Reisen mit dem Pkw sind von der digitalen Revolution erfasst. Das Risiko für die Verletzung der Privatsphäre ist hier noch größer. Es gibt bereits mehrere Systeme, die rein technisch eine detaillierte Überwachung von Autoreisen ermöglichen: die Maut mit identifizierbarem elektronischem Transponder (einem automatischen Antwortgerät), Telematik mit Standortbestimmung via Satellit, digitale Straßenkameras mit automatischer Entschlüsselung des Nummernschilds usw.

Ein weiteres Beispiel ist die sog. Black Box, mit der ca. 25 Millionen Pkw in den USA ausgerüstet sind. Die Boxen speichern – wie bei der Black Box von Flugzeugen – Informationen über die Fahrweise des Fahrers. Bei Unfällen sind natürlich sowohl Polizei wie Versicherungsgesellschaften am Inhalt der Black Box interessiert. Für den Fahrer stellt der Inhalt in straf- wie versicherungsrechtlicher Hinsicht eine sehr sensitive Information dar.

In Kanada wurde 2004 ein Fahrer zu einer Gefängnisstrafe verurteilt, weil er unachtsam gefahren war und so einen tödlichen Unfall verursacht hatte. Das Urteil stützte sich auf die Daten der Black Box seines Autos.

In Schweden verfügen bestimmte Saab-Modelle über eine Black Box. Nach einem Unfall gibt sie Auskunft über Geschwindigkeit, eingelegten Gang, Radwinkel, Bremsbetätigung, Anlegen des Sicherheitsgurts, Beleuchtung usw. Die Firma Saab behauptet, dass nur ihre Techniker Zugang zu diesen Informationen hätten. Bei einem Unfall hat jedoch die Polizei das Recht, die Informationen einzusehen.

In Europa gehört eine Black Box mehr und mehr zur Standardausrüstung von Autos verschiedener Hersteller. In wenigen Jahren schon werden sie in jedem neuen Auto zu finden sein.

In den USA kann man sich solche fremden Informationen bereits für 2.500 Dollar beschaffen; dies sind Daten, die in der Black Box der jüngeren Modelle von Ford und GM gespeichert sind. Der genannte Preis bezieht sich auf ein Lesegerät, das von der Firma Vetronix* hergestellt wird. Bis zum Sommer 2003 wurden nach Angaben der *Washington Times* ca. 1.000 Lesegeräte verkauft.

In Irland hat man mit der Einführung eines Systems begonnen, bei dem die Black Box automatisch die Fahrdaten der letzten zehn bis 20 Sekunden vor einem Unfall des betroffenen Wagens via Mobilfunknetz an die Polizei und die Versicherungsgesellschaft des Fahrers funkt. Das System hat das Interesse der Europäischen Union geweckt und könnte in das geplante gesamteuropäische Verkehrsunfall-Meldesystem (genannt E-Call) integriert werden.

Hauptziel des irischen Systems ist die Erhöhung der Verkehrssicherheit. Allerdings soll es nach Angaben des irischen Verkehrsministers Seamus Brennan auch „der Bekämpfung von Kriminalität, der höheren Effizienz der Versicherungsgesellschaften sowie der Senkung der Versicherungsprämien" dienen. Die irische Regierung steht voll hinter diesem System und scheint zu beabsichtigen, es in die Kraftfahrzeuge des Landes einzubauen; unklar ist nur, ob und wann es für sämtliche Kfz obligatorisch sein wird.

Das System wurde gemeinsam von zwei Unternehmen entwickelt, nämlich IBM und SIS (Safety Intelligence Systems), einer kleineren amerikanischen Firma, die sich auf die Erfassung von Verkehrsunfalldaten spezialisiert hat. Die beiden Unternehmen sind nun dabei, in Zusammenarbeit mit der gemeinsamen Tochterfirma Global Safety Data eine internationale Infrastruktur für das Sammeln, Speichern und Auswerten von Verkehrsunfalldaten zu schaffen. Dafür ist eine zentrale „Europäische Sicherheits-Datenbank" vorgesehen. Das System finanziert sich aus dem geplanten Verkauf der Unfalldaten an Verkehrsbehörden, Fahrzeughersteller und Transportunternehmen.

In diesem Zusammenhang stellt sich eine wichtige Frage: Wer hat eigentlich das Eigentumsrecht auf Verkehrsunfalldaten? Meine persönliche Meinung ist, dass Daten, die in einem mir gehörigen Wagen von einem ebenfalls mir gehörigen Datengerät gesammelt werden, logischerweise auch mein Eigentum sind, über das ich verfügen kann. Somit wäre eine Verwendung dieser Daten nur mit meiner Erlaubnis gestattet, da sie ja eventuell gegen mich verwendet werden könnten!

Bei der potenziellen Überwachung der Fahrten eines Pkw spielt die Telematik eine wichtige Rolle. Mittels dieser Technik kann das Fahrzeug an schnurlose Datenkommunikation angeschlossen werden, normalerweise über das Mobilfunknetz. Dabei werden die Informationen in beide Richtungen gesendet. Gegenwärtig sind nur sehr wenige Kraftfahrzeuge mit Telematik ausgerüstet, in schätzungsweise fünf Jahren werden jedoch die meisten Neuwagen über die neue Technik verfügen. Zur Telematik gehört häufig auch GPS-Navigation (via Satellit), die das Fahrzeug zur gewünschten Anschrift lenkt.

Zweifellos bietet die Telematik dem Autofahrer eine ganze Reihe neuer Dienstleistungen und Vorteile, die von großem Nutzen sein können. Bedauerlicherweise schafft sie gleichzeitig die technische Grundlage für eine umfassende Verkehrsüberwachung. Die Route jedes einzelnen Wagens kann im Minutentakt verfolgt werden, was zudem Informationen über die Geschwindigkeit verschafft. Auch die Überführung der technischen Informationen des Wagens an eine zentrale Datenbank ist leicht einzubauen, was die Fahrzeugindustrie bereits erkannt hat.

Telematik gibt es schon heute, z. B. in Gestalt des Systems OnStar*, das in einigen GM-Fahrzeugen installiert ist. OnStar ermöglicht das Ver- und Entriegeln des Wagens aus der Entfernung oder macht den Wagen fahruntauglich, z. B. wenn er gestohlen wurde. Im nächsten Zuge entwickelt man die sog. Ferndiagnose, die es der Autowerkstatt oder dem Autobesitzer ermöglicht, den technischen Zustand des Wagens aus der Ferne zu überprüfen.

In Deutschland bietet BMW das Telematikprogramm BMW Assist an, Daimler hat Tele Aid. 2003 wurde bekannt, dass die amerikanische Polizei drei Monate lang einen Telematikanbieter – Fachleute glauben, dass es sich um Daimlers Tele Aid handelt – heimlich dazu zwang, die Telematikausrüstung in eine Abhöranlage zu verwandeln. Die Änderung erfolgte mittels Fernbedienung, ohne mechanischen Eingriff in den Wagen, und ermöglichte das Abhören der Fahrzeuginsassen über das Mikrofon des Telematiksystems, das ans Mobilfunknetz angeschlossen war.

Ein ähnlicher Bereich, der sich in der Entwicklung befindet, ist das sog. Intelligente Transportsystem (ITS). Dabei handelt es sich darum, dass „intelligente Fahrzeuge" auf „intelligenten Straßen" rollen, um Staus, Abgasemissionen und Stellen, an denen sich Unfälle ereignet haben, zu vermeiden. Wie gehabt, verfügt ITS über ein großes Potenzial, um das Dasein der Menschen zu verbessern. Bei falscher Anwendung besteht jedoch ein offensichtliches Risiko, die Persönlichkeitsrechte zu verletzen.

Auf der Motormesse 2004 in Melbourne präsentierte Toyota ein Fahrzeugkonzept, bei dem der Wagen den Fahrer „ausspioniert". Zu Beginn der Fahrt steckt der Fahrer seine Fahrerlaubnis als sog. Smartcard in einen Schlitz neben der Zündung. Das bedeutet, dass der Fahrer sich bei Antritt der Fahrt stets identifizieren muss.

Während der Fahrt überwacht dann das Fahrzeug mittels Smartcard den Fahrstil des Fahrers. Entsprechende Angaben werden auf der Smartcard gespeichert. Ist der Fahrstil nach Meinung der Smartcard zu aggressiv, wird die Motorleistung gedrosselt. Das Gleiche gilt, wenn der Fahrer erst kürzlich seinen Führerschein erworben hat. Er muss erst eine bestimmte Anzahl von Fahrstunden erreichen, um voll über die Maschine verfügen zu können (wie dies z.B. bei Piloten der Fall ist).

Dies ist aber noch nicht alles. Das digitale Nummernschild des Toyota Sportivo – so heißt der Wagen – zeigt auch die Identität des Fahrers an! Dies würde die Einführung eines „automatischen Gesetzesvollzugs" (d. h. das Erteilen automatischer Bußgeldbescheide bei Verstößen gegen die Verkehrsordnung) natürlich vereinfachen; so könnte man dann ggf. den *Fahrer* statt den *Besitzer* des Wagens zur Rechenschaft ziehen.

Der Toyota Sportivo ist nur als Konzept gedacht und nicht für die Fertigung. Er erhellt jedoch, mit welchen Überlegungen sich die Ingenieure der Automobilindustrie tragen, und gewährt somit einen Einblick in das, was uns möglicherweise bei den Autos der Zukunft erwartet. Die Frage ist jedoch: Wollen wir Verbraucher wirklich, dass uns unsere eigenen Fortbewegungsmittel überwachen?

Die Entwicklung „intelligenter" Fahrzeuge und Straßen stellt zweifellos auch eine große Versuchung für Polizei, Steuerbehörden, Versicherungsgesellschaften usw. dar, das System für eigene Zwecke zu nutzen. Wir können hier wieder das gleiche Muster erkennen, nämlich dass die Verfügbarkeit umfassender Informationen schnell neue Akteure auf den Plan ruft, die plötzlich weitere „nützliche" und „wichtige" Verwendungszwecke geltend machen (ein Phänomen, das man als „gleitende Zweckbestimmung" bzw. als Zweckentfremdung bezeichnen könnte).

Sowohl in Großbritannien wie in den USA gibt es ernsthafte Pläne, sämtliche Pkw mit GPS-Navigation und Telematik auszurüsten und dann die Kfz-Steuer nach der zurückgelegten Fahrstrecke zu bemessen. Der in Großbritannien aktuelle Vorschlag bedeutet, dass Angaben über Fahrstrecke und gemessene Fahrzeit direkt an die Behörden gesendet werden (oder an eine Privatfirma, die im Auftrag der Behörden handelt). Indem sich die Kfz-Steuer nach Länge und Dauer der Fahrstrecke richtet, glaubt man, Verkehrsstaus in einem zehnjährigen Zeitraum um die Hälfte verringern zu können. Im Stoßverkehr würde z. B. das Fahren in der Londoner Innenstadt 4,5 Pence pro Kilometer kosten, während es außerhalb der Städte nur 0,1 Pence kostet.

Im August 2003 enthüllte die *Sunday Times* Überlegungen der britischen Regierung, noch einen Schritt weiter zu gehen: Sämtliche Fahrzeuge sollten mit „Spionagechips" ausgerüstet werden, die eine persönliche Identifikation des Fahrzeugbesitzers ermöglichen. Solche Chips würden die Fahrweise des Fahrers überwachen und Delikte wie Geschwindigkeitsüberschreitung, unbezahlte Kfz-Steuer und Falschparken drahtlos übermitteln.

Ein weiteres Überwachungssystem mit dem Namen „Automatische Nummernschilderkennung" („Automatic Number Plate recognition") kommt in Großbritannien bereits zur Anwendung. Es basiert auf einem Netzwerk von Kameras, die an den Straßen installiert sind. Damit werden beispielsweise unversicherte Fahrzeuge erfasst sowie Fahrzeuge, die zur Fahndung ausgeschrieben sind. Im letzteren Fall wird eine Alarmzentrale alarmiert. Der Alarm geht an die nächste Polizeiwache weiter, die eine Streife losschickt. Im Frühjahr 2004 war die erste Testphase des Systems abgeschlossen. Nach Angaben der Polizei hatte sich die Anzahl der verhafteten Personen mit Hilfe dieses Systems verzehnfacht! Vieles spricht dafür, dass das britische Innenministerium, das das Projekt betreibt, das System im ganzen Land ausbauen wird.

Automatische Bußgeldbescheide

In diesem Zusammenhang kann man bereits von einer Verletzung der Privatsphäre sprechen. Hier ein Beispiel: Eine Person hatte einen Kleinlaster der amerikanischen Leihwagenfirma Acme Car Rental gemietet und dann entdeckt, dass 450 Dollar zu viel von der Kreditkarte abgebucht waren. Der Kunde musste feststellen, dass er drei „automatische" Bußgeldbescheide wegen Geschwindigkeitsüberschreitung erhalten hatte. Die Leihwagen der Firma Acme Car Rental waren nämlich mit Telematik und GPS-Navigation ausgerüstet. Das System war darauf geeicht, dass bei einer mehr als zweiminütigen Überschreitung einer Geschwindigkeit von 105 km/h ein Alarm erfolgte. Jedes Mal wurden dann automatisch 150 Dollar von der Kreditkarte des Kunden abgebucht.

Es handelte sich dabei wohlgemerkt um einen Bußgeldbescheid, den nicht die Polizei, sondern die Firma Acme Car Rental erteilte. Die Firma überwachte also selbst die Fahrt ihrer Leihwagen, verhängte Bußgelder und kassierte das Geld ein. Vermutlich betrachtete die Firma dies als eine effiziente und kreative Art der Rentabilitätssteigerung in einer wettbewerbsintensiven Branche.

Bei genauerem Hinsehen zeigte es sich, dass das Kleingedruckte des Mietvertrages eine vage Formulierung enthielt: Die Wagen der Firma seien „mit GPS ausgerüstet" und der Kunde habe bei Geschwindigkeitsüberschreitungen ein Bußgeld zu zahlen. Dies wurde jedoch von vielen Kunden dahingehend gedeutet, dass ein eventuell *von der Polizei verhängtes Bußgeld* zur Automiete addiert würde. Nach heftiger Kritik hat die Firma Acme ihre Geschwindigkeitsgrenze hinaufgesetzt, so dass Bußgelder jetzt erst ab 125 km/h fällig werden.

Zu schnell gefahren? Die Benzinzufuhr könnte im nächsten Moment abgeschaltet werden. Ein solches System, das satellitengestützt ständig die am jeweiligen Streckenabschnitt zulässige Geschwindigkeit mit der tatsächlich gefahrenen Geschwindigkeit vergleicht, ist bereits in Frankreich getestet worden. (Quelle: Pär Ström)

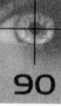

Außer der Geschwindigkeits- und Standortüberwachung ihrer Mietwagen ist es der genannten Firma auch möglich, einen bestimmten Wagen mittels Mausklick am Computer einfach „abzuschalten", so dass er unbrauchbar wird. Vermutlich ist dies für Fälle vorgesehen, in denen die Satellitenüberwachung eine unzulässige Anwendung des Wagens vermuten lässt.

Das Verhängen privater Bußgelder hat der Verbraucherverband des Bundesstaats Connecticut zum Gegenstand einer gerichtlichen Klage gemacht, da die Verbraucherschützer darin einen Übergriff sehen, der im Widerspruch zum bundesstaatlichen „Gesetz über unlauteren Wettbewerb" stehe.

Die Gesellschaft Progressive*, das viertgrößte Versicherungsunternehmen für Fahrzeuge in den USA, entwickelte eine weitere und ebenso zweifelhafte Form der Verkehrsüberwachung. Von August 1998 bis April 2000 testete die Gesellschaft im Bundesstaat Texas in Zusammenarbeit mit 1.100 ausgewählten Kunden eine Versicherungsform mit variabler Prämie, die auf Satellitenüberwachung basierte. Die Versicherungsform hieß „Autograph": Man „zahlt, wie man fährt". Jeder Wagen erhielt einen GPS-Navigator, der Position, Geschwindigkeit und Fahrtrichtung via Mobiltelefon übermittelte. Jeden Monat wurden die Daten über zurückgelegte Fahrstrecke, Fahrzeiten sowie Zielorte der Wagen zusammengestellt.

Inzwischen wurde Autograph weiterentwickelt und erhielt im Sommer 2000 ein amerikanisches Patent. Das System berücksichtigt jetzt auch den Fahrstil des Fahrers. Aus der Patentbeschreibung geht hervor, dass überwacht wird, wie gut der Fahrer die geltenden Geschwindigkeitsregeln beachtet, wie oft er bremst, wie häufig die ABS-Bremsen in Funktion treten, ob der Fahrer beim Abbiegen den Blinker betätigt, ob er den Sicherheitsgurt anlegt, welche Radiostation er hört usw.

Verfechter des Schutzes der Privatsphäre haben das geplante System scharf kritisiert, da es sensitive und äußerst detaillierte Informationen über Fahrstil und geografische Position des Fahrers liefert – Informationen, die zu einer „Flut von Klagen seitens der Polizei, des Arbeitgebers oder des Rechtsanwalts der Betroffenen" führen könnten. Maria Henderson, Firmenjuristin bei Progressive, wiegelt jedoch mit folgenden Worten ab: „Das Patent beschreibt etwas, was wir weder tun noch zu tun beabsichtigen."

Im Herbst 2004 begann die britische Versicherungsgesellschaft Norwich Union ebenfalls damit, eine Kfz-Versicherungsform mit variabler Prämie („Pay As You Drive"* – „Man zahlt, wie man fährt") versuchsweise einzuführen. Im Fahrzeug wird eine Black Box installiert, die Fahrweise und Fahrstil des Fahrers permanent registriert, wobei GPS-Navigation verwendet wird. Die Daten werden an die Versicherungsgesellschaft via Mobilfunknetz übermittelt.

Einmal monatlich erhält der Fahrzeugbesitzer eine detailliert aufgeschlüsselte Prämienrechnung, deren Höhe von den ermittelten Fahrdaten abhängt. Hinsichtlich des Schutzes der Privatsphäre drängt sich die Frage auf: Was ist, wenn der Ehepartner des Fahrers von der Rechnung ablesen kann, dass der Wagen regelmäßig für den Besuch einer bestimmten Adresse benutzt wurde? Wenn eine solche Versi-

Nachdem dieses Kästchen im Auto installiert ist, werden der Versicherungsgesellschaft drahtlos permanent Daten gemeldet, auch über das Fahrziel.   *(Quelle: Norwich Union)*

cherungsform Seitensprünge eines Partners erschwert oder vereitelt – wie ist davon die Privatsphäre und die Freiheit des Einzelnen betroffen?

Am britischen Versuch nehmen 5.000 Fahrzeugbesitzer teil, die Testdauer ist auf mindestens ein Jahr geplant. Wenn der Versuch erfolgreich ausfällt, wird die neue Versicherungsform Pay As You Drive in weiteren europäischen Ländern eingeführt.

Gleichzeitig führt jetzt die oben genannte amerikanische Gesellschaft Progressive Versuche mit einer anderen Versicherungsform durch. Diese wird TripSense* genannt; dabei schließt der Fahrzeugbesitzer eine kleine Black Box am sog. diagnostischen Kontakt des Autos an (der sich normalerweise unterhalb des Lenkrads befindet). TripSense registriert lediglich die Fahrzeuggeschwindigkeit sowie die Anzahl sog. „aggressiver" Beschleunigungs- und Bremsvorgänge. In bestimmten Zeitintervallen nimmt der Fahrer die Black Box aus dem Wagen und schließt sie stattdessen an den USB-Kontakt seines Computers an, um die gespeicherten Daten an Progressive zu senden.

Dieses Gerät zeichnet die Fahrzeuggeschwindigkeit und eine Reihe weiterer Daten auf. Über einen PC werden sie danach ausgelesen und an die Versicherungsgesellschaft übermittelt.

(Quelle: Progressive)

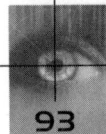
Wenn sich der Fahrer einer risikolosen, „sanften" und rücksichtsvollen Fahrweise befleißigt, winkt ihm eine um 25 Prozent ermäßigte Versicherungsprämie. Die Versicherungsgesellschaft Progressive sagt, dass die Informationen über den Fahrstil des Versicherten nur dazu dienen sollen, die Prämie zu senken. Allerdings ist auf der Website des Unternehmens zu lesen, dass diese Informationen gegebenenfalls auch der Polizei auszuliefern sind.

Man muss der neuen Versicherungsform zugute halten, dass sie aggressiven Fahrstil tatsächlich auf breiter Basis verringern könnte und somit den Verkehr sicherer machte, was Leben retten und hohe Kosten sparen würde. Gleichzeitig ist jedoch auch das Risiko einer Fremdbestimmung und somit der Verletzung der Privatsphäre des Einzelnen offenkundig. Wie so häufig bringt die neue Technologie sowohl Nutzen als auch Gefahren mit sich. Wie ist das Dilemma zu lösen?

Eine Umfrage des bekannten amerikanischen Meinungsforschungsinstituts Gartner Group ergab, dass 57 Prozent der amerikanischen Autobesitzer die Installation einer Black Box in ihrem Wagen befürworten, wenn damit die Versicherungsprämien gesenkt werden könnten. Unter dem Gesichtspunkt des Schutzes der Privatsphäre müsste man dies als ein recht enttäuschendes Ergebnis bezeichnen. Anderseits ergab die Umfrage aber auch, dass sich nur 15 Prozent der Autobesitzer keine Sorgen machten über die Möglichkeit von Behörden, mittels eines solchen Systems den Standort des Wagens zu ermitteln und zu kontrollieren. Und das heißt: 85 Prozent waren tatsächlich vom Überwachungspotenzial des Systems beunruhigt.

Bis jetzt ist die Überwachung des eigenen Pkw seitens der Versicherungsgesellschaften nur auf freiwilliger Basis möglich. Es bedarf jedoch nicht vieler Phantasie, um eine Entwicklung vorauszusehen, bei der die Fahrzeugüberwachung im Versicherungsangebot immer üblicher und der Abschluss einer herkömmlichen Kfz-Versicherung für den

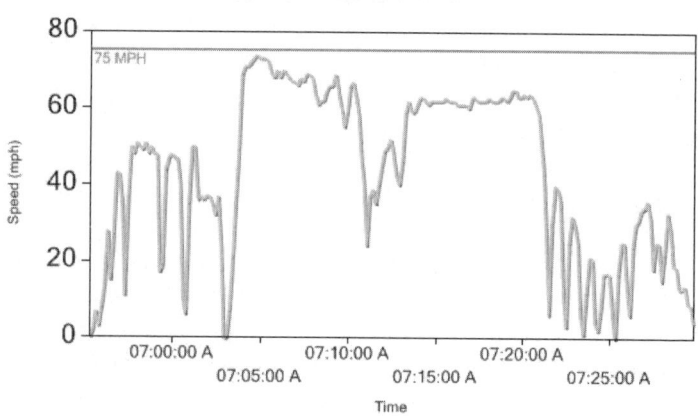

Trip Started: 7/22/2004 6:55:16 AM

Dies ist ein Protokoll der TripSense Black Box. Es zeigt die Fahrzeuggeschwindigkeit im Zeitablauf. Diese Information wird an die
Versicherungsgesellschaft gemeldet.   (Quelle: Progressive)

Trip Details Log

Start Time	Duration	Mileage	Aggressive Brakes	Aggressive Accelerations	Time Above 75mph
7/22/2004 6:55:11 AM	00:34:40	25.00	3.00	0	00:00:00
7/20/2004 4:45:32 PM	00:33:42	22.90	1.00	1.00	00:00:00
7/20/2004 4:35:45 PM	00:07:29	2.20	1.00	0	00:00:00
7/20/2004 6:49:43 AM	00:28:22	21.20	0	0	00:00:00
7/20/2004 6:38:26 AM	00:07:42	4.30	1.00	0	00:00:00
7/19/2004 5:02:13 PM	00:05:40	2.80	1.00	0	00:00:00
7/19/2004 4:11:53 PM	00:38:29	26.30	0	0	00:00:00

1 to 7 of 7 total results

Dies ist ein weiteres Protokoll der TripSense Black Box. Es zeigt
u. a. die Anzahl „aggressiver" Brems- und Beschleunigungsvorgänge.
                                                    (Quelle: Progressive)

Verbraucher somit umso teurer wird. Dies könnte in der Praxis – aus schlicht finanziellen Gründen – die freie Wahl des Kunden illusorisch machen und schließlich dazu führen, dass die herkömmlichen Versicherungen vom Markt verschwinden.

Mautsysteme werden Überwachungssysteme

Eine weitere potenzielle Quelle personenbezogener Daten sind die Abrechnungssysteme für Mautgebühren an Autobahnen oder an den Einfahrten in die Zentren von Großstädten. Ähnlich wie bei der Smartcard im öffentlichen Nahverkehr kann das elektronische Abrechnungssystem mit oder ohne persönliche Identifikation ausgeformt werden. Häufig werden solche Systeme mit der Kreditkarte des Kunden verbunden, was zwar die Zahlung vereinfacht, aber auch die Identität des Zahlers preisgibt.

Im Frühjahr 2003 schlug die EU-Kommission ein gemeinsames europäisches Mautsystem vor. Jedes Kraftfahrzeug soll mit Satellitennavigation und geografischer Standortbestimmung via Mobilfunknetz ausgerüstet werden. Das System soll damit sämtliche nationalen Mautlösungen der einzelnen EU-Länder ablösen. Die Einführung ist für 2008 geplant. Falls das System auf der Identifizierbarkeit des Fahrzeugs beruht, schafft man eine technische Lösung, mittels der jedes europäische Auto detailliert überwacht werden kann – und zwar im Minutentakt! Je einheitlicher die Lösung, desto leichter die Überwachung (wegen des „eindeutigen Identifikators"). Außerdem wird die Geschwindigkeitsüberwachung möglich – eine verlockende Aussicht für Landesbehörden, die ihre Kassen durch sog. „automatischen Gesetzesvollzug" (d.h. automatische Bußgeldbescheide) auffüllen wollen. Alternativ kann der Wagen bei Überschreiten der Geschwindigkeit ganz einfach ausgeschaltet werden.

Betrachten wir einmal die Lösungen, die heute bereits verwendet werden. E-ZPass* ist eines der umfassendsten elektronischen, drahtlosen Mautsysteme, das von Millionen Autofahrern in sieben Bundesstaaten an der amerikanischen Ostküste (u. a. in New York) benutzt wird. Es funktioniert folgendermaßen: Der Autobesitzer schickt seine persönlichen Angaben (einschließlich Kreditkartennummer) ein und erhält dafür einen Transponder. Dieses automatische Antwortgerät wird an der Windschutzscheibe des Wagens angebracht. Der Transponder enthält einen Funksender, der pausenlos (also nicht nur dann, wenn eine Kontrollstelle passiert wird) die Kundennummer des Fahrers sendet. Die mitgelieferte Batterie des Geräts reicht für zehn Jahre. Die Straßenkontrollstellen registrieren Uhrzeit und Datum und senden die Informationen an eine Datenbank. Einmal monatlich erhält der Autobesitzer eine Rechnung darüber, wie oft er die gebührenpflichtigen Kontrollstellen – an Autobahnen, Brücken oder in Autotunneln – passiert hat.

Technisch gesehen, ist hier also eine detaillierte geografische Überwachung der Verkehrsteilnehmer möglich, auch wenn sie gegenwärtig nicht praktiziert wird. Die damit verbundenen Risiken haben auch folgerichtig zur Bildung einer Bürgerinitiative geführt. Die Gegner des Systems stört vor allem, dass der Transponder die Kundennummer rund um die Uhr sendet, wobei das Signal also von einer anderen, technisch entsprechend ausgerüsteten Person aufgefangen werden kann. Zwar wäre damit nur die Kundennummer des Fahrers bekannt, aber ein böswilliger Nachbar – oder ein Kollege, ein eifersüchtiger Ex-Freund usw. – könnte einen Signalempfänger bauen und somit in Zukunft die Fahrten des Wagens überwachen.

Ein solches Szenario kann etwas weit hergeholt erscheinen, aber es ist durchaus realistisch. Und selbst wenn eine äußerst geringe Anzahl von Personen einer solchen Verfolgung ausgesetzt wäre, wären wohl weitaus mehr Personen von dieser Möglichkeit beunruhigt.

Ein verbotener Zugriff auf die Datenbank des E-ZPass-Systems kann ein detailliertes Bild über das Bewegungsschema einer bestimmten Person liefern. Theoretisch ist es unbefugten Personen nicht möglich, an diese Informationen heranzukommen. Dass die Praxis anders aussieht, hat im Herbst 2000 ein EDV-kundiger Teilnehmer des E-ZPass-Systems bewiesen. Ihm glückte der Zugriff auf die Datenbank. Die Firma Interagency Group, die das E-ZPass-System entwickelte, bestätigte den verbotenen Zugriff und beruhigte ihre Kunden, dass der Hacker keine Wohnadressen oder Kreditkartennummern erbeutete. Man versicherte: „Die Sicherheit wurde erhöht, der Vorfall kann sich nicht wiederholen."

Die Angst vor einer potenziellen Überwachung durch das E-ZPass-System hatte eine weitere interessante Folge: die Entwicklung eines Gegenprodukts mit dem Namen E-ZShield. Es besteht aus einem Gehäuse für den Transponder an der Windschutzscheibe. Das Gehäuse ist aus einer Spezialmischung aus Metall und Kunststoff gefertigt und schirmt die Funkwellen ab – sie verhindert somit das permanente Senden der Kundennummer. Wenn sich der Fahrer einer Kontrollstelle nähert, öffnet er einen kleinen Spalt im Gehäuse, um die Funkwellen durchzulassen. Nach Passieren der Kontrollstelle wird der Spalt wieder geschlossen.

Die Firma New Jersey Turnpike, welche die Mautstellen des Bundesstaats New Jersey verwaltet, reagierte auf die Lancierung des Gegenprodukts E-ZShield mit Empörung. Der Sprecher Joseph Orlando meinte laut *New Jersey News*, dass das Produkt „eine Lösung für ein nicht existentes Problem darstellt".

Vielleicht hat er ja Recht, vielleicht auch nicht. Der Kern der Sache ist ja eigentlich, dass ein Problem bereits dann besteht, wenn Kunden von einem Produkt beunruhigt sind, und zwar unabhängig davon, ob die Unruhe berechtigt ist oder nicht. Wie dem auch sei – der obige Fall ist ein Beispiel

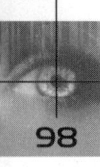

Die Angst vor einer potenziellen Überwachung durch das E-ZPass-System hatte die Entwicklung eines Gegenprodukts mit dem Namen E-ZShield zur Folge. (Quelle: E-ZShield)

für Rückschläge und Kontroversen, von denen IT-Projekte betroffen sein können, wenn Fragen des Schutzes der Privatsphäre unbeachtet bleiben.

Die von der E-ZPass-Datenbank gespeicherten Informationen sind natürlich nicht öffentlich; jedoch erhielt die Polizei bereits in Dutzenden von Fällen Zugang zu ihnen, um schwere Delikte wie Mord und Entführungen lösen zu können. Dabei haben sich die Informationen als außerordentlich nützlich erwiesen; in mehreren Fällen stellten sie das entscheidende Beweismittel dar.

Da die Datenbank Informationen darüber enthält, wo und wann ein Fahrer eine bestimmte Autobahn befahren hat, genügt eine einfache Rechenoperation (Fahrstrecke dividiert durch die Zeitdifferenz), um die Durchschnittsgeschwindigkeit des Fahrzeugs zu ermitteln. Technisch gesehen, ist es also einfach, eine Software zu entwickeln, die es der Polizei erlaubt, automatisch und ohne besonderen Personalbedarf die Geschwindigkeit der Verkehrsteilnehmer zu überwachen. Die Beweise werden ja sozusagen automatisch geliefert. Gegenwärtig wird diese Art der polizeilichen Arbeit nicht als aktuell angesehen, aber vielleicht ist hier nach dem Prinzip der „sekundären Anwendung" sowie der „gleitenden Zweckbestimmung" (sprich: Zweckentfremdung) das letzte Wort noch nicht gesprochen.

Die Verletzung der Privatsphäre ist kein Naturgesetz, wenn es um die Einführung von Mautsystemen geht – technisch gesehen, kann man sehr wohl Systeme konstruieren, bei denen detaillierte persönliche Angaben nicht in einer Datenbank landen. Man könnte z.B. den Transponder an der Windschutzscheibe mit einer unpersönlichen Karte ausrüsten, die einen gewissen Geldbetrag „getankt" hat. Beim Passieren von Kontrollstellen wird dann einfach eine bestimmte Gebühr automatisch von der Karte abgebucht. Wenn die Plastikkarten nicht personengebunden sind, bleibt auch die Anonymität ihrer Anwender gewahrt.

Das 2003 in London eingeführte Mautsystem verwendet Transponder in Kombination mit Kameras, die sämtliche Nummernschilder fotografieren. Damit ist also die Identität jedes Fahrzeugs festgestellt. Hier haben wir es tatsächlich mit einer Zweckentfremdung zu tun. Ursprünglich als System zur Verkehrsentlastung der Londoner Innenstadt gedacht, dient das System mittlerweile der Polizei und dem militärischen Nachrichtendienst zur Verbrechens- und Terrorismusbekämpfung, wobei die Kameras sogar mit digitaler Gesichtserkennung ausgerüstet sind. „Sie behaupten, dass sie einen lediglich fotografieren, um Verkehrsstaus zu vermeiden. Und dann zeigt es sich, dass sie versuchen, herauszufinden, ob man ein Terrorist ist", kommentierte Marc Rothenberg vom britischen Informationszentrum zum Schutz der Privatsphäre.

Kapitel 6:
Mikrochips im Körper und
sonstige Standortüberwachung

> Ein gestohlenes Auto kann mit Hilfe eines eingebauten Computers wiedergefunden werden. Warum sollte man das gleiche Prinzip nicht bei Kindern anwenden können?
>
> Wendy Duval, Mutter des ersten
> „gechippten" Kindes in Großbritannien

In steigendem Maße hinterlassen wir in unserem Alltag digitale Fingerabdrücke, sogar wenn wir nur spazieren gehen. Wir wollen jetzt Möglichkeiten von Standortüberwachung diskutieren, die zurzeit neben der reinen Verkehrsüberwachung entwickelt bzw. eingesetzt werden.

Das Handy verrät den Standort

Die geografische Überwachung – oder besser: die potenzielle Standortüberwachung – kann in zwei Hauptgruppen eingeteilt werden: Überwachung mittels *vorhandener* Technik (die aber eigentlich für einen anderen Zweck entwickelt wurde) oder mittels *speziell angepasster* Technik (die gezielt für Überwachungszwecke entwickelt wurde).

Die vorhandene Technik ist überall in unserem Alltag anzutreffen. Jedes Mal, wenn wir einem Bankautomaten Geld entnehmen, in einem Laden mittels Kreditkarte zahlen oder eine Tür mit der Magnetkarte oder der Smartcard öffnen, hinterlassen wir Angaben über unseren gegenwärtigen Standort. Die Effizienz dieser Überwachung kann daran gemessen werden, wie häufig Straftäter gestellt werden, wenn sie versuchen, Geld aus dem Automaten mit der Kreditkarte ihres Opfers abzuheben.

Gerade bei finanziellen Transaktionen sind digitale Fingerabdrücke besonders häufig. Das grundlegende Problem dabei (unter dem Gesichtspunkt des Schutzes der Privatsphäre) ist, dass mit dem Übergang zur bargeldlosen Zahlung auch die Anonymität des Einzelnen verschwindet.

Wie bereits erwähnt, entstehen geografische Fingerabdrücke auch bei der Anwendung von Computern, die in einem schnurlosen Netzwerk miteinander verbunden sind (sog. WLAN = schnurloses Lokalnetz). Anfangs wurde beschrieben, wie die Protokolldateien schnurloser Computer Aufschluss darüber geben können, mit welchen Menschen eine Person Umgang pflegt, oder sogar, welch ein Persönlichkeitstyp die betreffende Person ist.

Mobiltelefone sind eine weitere Quelle von Standortangaben. Ein eingeschaltetes Handy liefert laufend „Fingerabdrücke", auch wenn nicht telefoniert wird. Der Mobilnetzbetreiber speichert Angaben über den Standort der Funkzelle, in der sich das betreffende Handy befindet. Dadurch erhalten auch die Polizei und andere Behörden Möglichkeiten zur Kontrolle, wo sich eine bestimmte Person zu einem bestimmten Zeitpunkt befunden hat. Die technische Möglichkeit wird bereits heute als Beweismittel vor Gerichten verwendet.

Wie genau ist nun eine solche Standortangabe? Die Genauigkeit ist relativ: In Großstädten sind die Funkzellen des Mobilnetzes kleiner, was also eine höhere Genauigkeit (bis auf einige hundert Meter) ergibt; auf dem Lande sind sie weitaus größer, und die Genauigkeit der Standortangabe kann hier um mehrere Kilometer schwanken. Handys mit (satellitengestütztem) GPS gibt es bereits, sie können bis auf ca. zehn Meter genau geortet werden. In fünf bis zehn Jahren werden voraussichtlich alle Handys mit GPS ausgerüstet sein.

Dabei ist zu beachten, dass es sich hier um eine rein technische, automatische Speicherung geografischer Daten handelt, nicht um eine absichtliche Standortbestimmung, die man z. B. als Dienstleistung abonnieren kann. Solche Dienstleistungen gibt es ebenfalls, z. B. für Mitarbeiter im Außendienst einer Firma, die sich ihre Standorte untereinander mitteilen wollen.

Die Diskussion über den Schutz der Privatsphäre angesichts der Standortbestimmung via Mobilfunknetz hat sich vielfach um solche Dienstleistungsabonnements gedreht. Die EU-Datenschutzrichtlinie für elektronische Kommunikation vom Jahre 2002 fordert zwar, dass es für Standortangaben der Einwilligung der betroffenen Person bedarf und dass die geografische Überwachung vom Betroffenen jederzeit deaktiviert werden kann. Diese zum Schutz der Privatsphäre formulierten Vorschriften gelten jedoch nicht für das automatische Speichern der Standortangaben in den Protokolldateien der Mobilnetzbetreiber.

Auch elektronische Schlösser können geografische Standortangaben sammeln. In Santa Monica in Kalifornien installierte ein Hausbesitzer elektronische Schlösser in die Türen des Hauses und konnte dann ablesen, wann ein Mieter seine Wohnung oder die Garage betritt. Die Angaben werden in einer Datenbank gespeichert. Der Hausbesitzer meint, dies diene der Sicherheit der Mieter. Diese fühlen sich allerdings eher in ihrer Privatsphäre verletzt und ahnen andere Motive des Hausbesitzers. Nach Angaben der Zeitung *Santa Monica Mirror* gestand ein Vertreter des Hausbesitzers unter vier Augen, dass die technische Ausrüstung ermitteln solle, wie häufig die Wohnungen tatsächlich bewohnt werden.

Dabei ist zu erwähnen, dass das aktuelle Wohnviertel (Santa Monica Shores Apartment Buildings) unter sog. Mieterkontrolle steht. Das bedeutet, dass die Miete nur dann erhöht werden darf, wenn ein Mieter auszieht. Die Miete für gleichartige Wohnungen variiert daher stark. Weiterhin ist zu erwähnen, dass ein Vermieter einem Mieter kündigen kann, wenn sich herausstellt, dass der Mieter die Wohnung nicht permanent in Anspruch nimmt. Es bestand also ein finanzieller Anreiz für den Hausbesitzer, herauszufinden, ob eine Wohnung permanent genutzt wird oder nicht.

Ein anderer Fall geografischer Standortüberwachung ist die Schaffung einer besonderen Infrastruktur. BluePosition* ist ein Beispiel dieser Technologie. Das System basiert darauf, dass jeder Mensch (beispielsweise am Arbeitsplatz) eine Karte mit einem kleinen Transponder mit sich herumträgt. Der Transponder kommuniziert mit den Sensoren, die in jedem Raum installiert sind. Eine Softwarezentrale erkennt, wo im Gebäude sich die betreffende Person gerade befindet. Zweck des Systems ist es, auswärtige Anrufer an das gerade günstig gelegene Telefon zu vermitteln oder Computer automatisch zu sperren, wenn ein Mitarbeiter seinen Arbeitsplatz zeitweilig verlässt.

Im dänischen Parlament wurde ein BluePosition-System installiert. Das System aktualisiert z. B. automatisch die elektronische Abstimmungsanlage, wenn ein Parlamentsabgeordneter in den Plenarsaal geht; dabei wird auch das Mobiltelefon des Abgeordneten automatisch abgeschaltet. Mittels dieses Systems kann allerdings auch kontrolliert werden, wie viel Zeit ein Abgeordneter z. B. auf der Toilette oder im Parlamentsrestaurant verweilt.

Mikrochips unter der Haut und GPS-Zäune für Kinder

Um den Standort einer Person zu überwachen, kann die Verwendung einer Identitätskarte sich als unzureichend erweisen. Eine Karte kann man verlieren, oder man kann sie mit einer anderen Person tauschen. Warum nicht einfach den Mikrochip einoperieren? Tatsächlich hat eine amerikanische Firma (Applied Digital Solutions*) ein solches Produkt unter dem Namen VeriChip („der wahre Chip") auf den Markt gebracht.

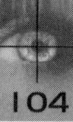
VeriChip verwendet die in Kapitel 14 ausführlich behandelte RFID-Technologie, bei der ein Leser den Chip abliest, wenn sich sein Träger in der Nähe befindet – also grundsätzlich die gleiche Technologie etwa wie bei der Maut. Der Chip ist kaum größer als ein Reiskorn und wird in einem einfachen Eingriff, der nur örtliche Betäubung erfordert, unter die Haut eingepflanzt. Nach Angaben des Herstellers sind keine äußerlichen Spuren der Operation sichtbar.

VeriChip ist vorgesehen für Personal, das in speziellen Sicherheitsbereichen arbeitet. Der Chip gewährt automatisch Zugang zu Räumen, die für Unbefugte gesperrt sind, zum Beipiel in Kernkraftwerken. Labors, Gefängnissen, auf Flugplätzen und in Häfen. Aber auch normale Flugpassagiere sollten sich offenbar den Chip einoperieren lassen, da die Firma auf ihrer Website u. a. folgendermaßen für ihr Produkt wirbt: „Mittels unserer Produkte VeriPass™ und VeriTag™ kann das Sicherheitspersonal auf Flugplätzen und in Seehäfen ein VeriChip-Abonnement mit dem Gepäck des betreffenden Passagiers (bei der Abfertigung wie auch direkt im Flugzeug bzw. auf dem Schiff) sowie mit den Daten verknüpfen, die bei Fluggesellschaften, Polizei, Zoll, Immigrationsbehörden usw. über den Passagier gespeichert sind."

Die Formulierung deutet darauf hin, wie umfassend Kontrolle und Datenabgleich nach den Vorstellungen der Firma Applied Digital Solutions beabsichtigt sind. Der einoperierte Chip soll dabei die Basis für die Kontrolle darstellen (er ist also als sog. „eindeutiger Identifikator" gedacht).

Offensichtlich baut die Firma darauf, dass sich die Leute freiwillig „chippen" lassen. Mit frisch-fröhlichen Worten bietet sie auf ihrer Website 50 Dollar Rabatt für die ersten 100.000 Personen, die sich den Chip einoperieren lassen (eine Operation kostet 200 Dollar, und die jährliche Verwaltungsgebühr für die vom Chip gelieferten Daten beträgt 40 Dollar). Die amerikanische Nahrungs- und Arzneimittelbehörde (Federal Food & Drug Administration) hat mittler-

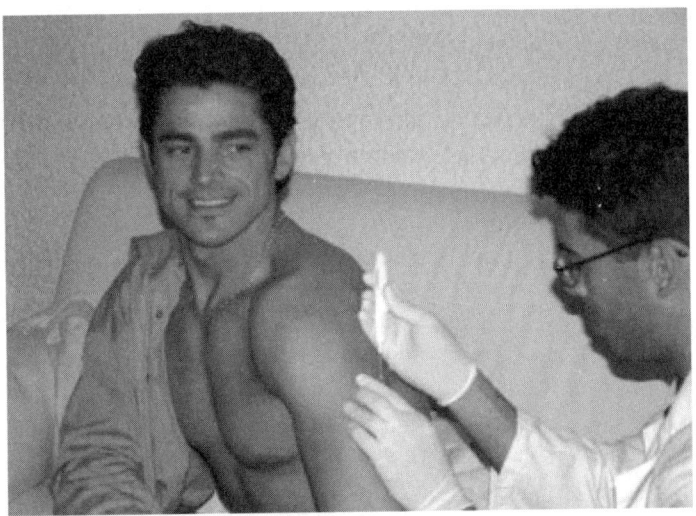

Ein VIP-Mitglied des Baja Beach Club in Barcelona wird soeben gechippt. Der RFID-Chip wird dabei unter die Haut „geschossen".
(Quelle: Baja Beach Club)

weile die Verwendung von VeriChip im menschlichen Körper genehmigt unter der Voraussetzung, dass der Chip nur Standortangaben der identifizierten Person liefert, jedoch keine medizinischen Angaben.

„Gechippt" zu sein soll offenbar das Leben einfacher machen – nicht nur bei der Reise, sondern auch beim Geldabheben oder beim Einloggen in den Computer. Beispielsweise empfiehlt man die Installation von Geldautomaten, die das Geldabheben nur nach Ablesen des VeriChips des Kunden erlauben, sowie die Konstruktion von Autos, die erst dann starten, wenn eine korrekt „gechippte" Person hinter dem Steuer sitzt.

2004 ließ der Baja Beach Club* in Barcelona als erste Privatfirma der Welt den VeriChip in Kunden einpflanzen. Einige VIP-Mitglieder des Nachtclubs nahmen das Angebot an, den Chip in ihren Arm einoperieren zu lassen – fortan brauchen sie nur noch mit dem Arm in der Nähe eines

RFID-Lesegeräts zu wedeln, wenn sie einen neuen Drink bezahlen wollen, und sie haben automatisch Zutritt zum VIP-Bereich des Clubs.

Ebenfalls 2004 regte der Generalstaatsanwalt von Mexiko seine 160 Untergebenen dazu an, sich einen solchen Chip einpflanzen zu lassen. Dafür wurden Sicherheitsgründe angegeben. Die Chips garantieren den Zugang zu bestimmten Teilen der Behörde und zu den betreffenden Computersystemen.

Ein anderes Überwachungsprodukt stammt von der amerikanischen Firma Wherify*. Die Firma verkauft eine Armbanduhr mit integrierter GPS-Navigation. Das Armband ist für Kinder gedacht, die es Eltern (oder, korrekter gesprochen, denjenigen, die das Passwort für das betreffende Kind auf der Website von Wherify besitzen) ermöglichen sollen, ihre Kleinen ständig zu überwachen. Der Standort wird mit einer Genauigkeit zwischen einem und 30 Metern angegeben, und zwar auf dreierlei Weise: als Standortangabe des Breiten- und Längengrads, als roter Kreis auf einer Luftaufnahme sowie als roter Kreis auf einer Landkarte.

Das Armband heißt „persönlicher Lokalisator". Falls jemand versuchen sollte (das Kind selbst oder ein Fremder), es gewaltsam vom Handgelenk zu entfernen, erfolgt ein Alarm.

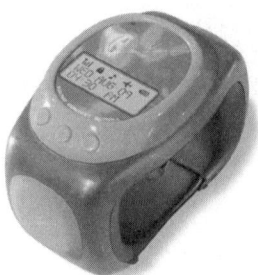

Armbanduhr mit integrierter GPS-Navigation. Das Gerät übermittelt den Eltern laufend den aktuellen Standort ihres Kindes.

(Quelle: Wherify)

Die Eltern können das Gebiet, in dem das Kind sich bewegen darf, auch selbst definieren, indem sie die Positionen der betreffenden GPS-Punkte (die dann als ein unsichtbarer „Zaun" fungieren) eingeben. Bei Übertretung des unsichtbaren Zaunes erfolgt dann ebenfalls Alarm. Der GPS-Zaun kann auch variabel für bestimmte Tageszeiten definiert werden: Beispielsweise darf sich das Kind bis 19 Uhr in einem größeren Gebiet bewegen, ab 19 Uhr jedoch nur noch in der Nähe der Wohnung, während es zwischen 21 und sieben Uhr die Wohnung gar nicht verlassen darf. Damit können die Eltern getrost in den Wochenendurlaub fahren und trotzdem ihre daheim gelassenen Teenager überwachen.

Ein ähnliches Produkt wurde auch von der Firma Applied Digital Solutions entwickelt. Es heißt Digital Angel* und ist in verschiedenen Versionen erhältlich. Speziell für den lateinamerikanischen Markt ist eine Version gedacht, die entführungsbedrohten Personen helfen soll. Das Pro-

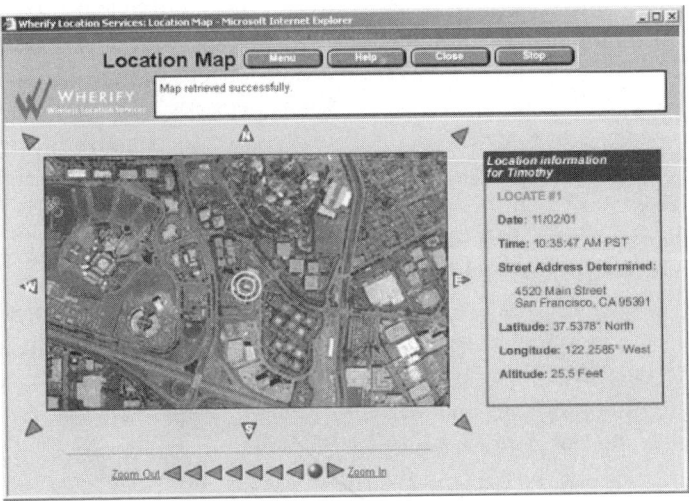

Die mit GPS ausgerüstete Armbanduhr von Wherify ermöglicht es Eltern, ihre Kinder geographisch zu lokalisieren – in Echtzeit.
(Quelle: Wherify)

dukt besteht zurzeit aus zwei miteinander kommunizieren-
den Teilen – einer Armbanduhr und einer Dose, die z. B. am
Gürtel befestigt wird.

Digital Angel gibt es auch in einer Spezialversion für die
medizinische Überwachung. Hier ergänzen sog. Biosenso-
ren die Standortangaben mit Informationen über Puls,
Herztätigkeit, Blutdruck, Sauerstoffgehalt des Bluts, Kör-
pertemperatur und Umgebungstemperatur. Wie bei Wherify
erfolgt der Zugang zu diesen Daten mittels Passwort über
die entsprechende Website.

Nun ist ja das ständige Tragen einer Dose am Hosengür-
tel etwas umständlich, und eventuelle Entführer können das
Gerät ja einfach abreißen. Aber auch daran hat die Firma
Applied Digital Solutions gedacht. Im Frühjahr 2003 wurde
erfolgreich der Prototyp eines Modells erprobt, das einfach
eingepflanzt wird. Dieses Modell von der Größe eines Pace-
makers wird von einer Lithiumbatterie betrieben, die induk-
tiv durch die Haut aufgeladen werden kann – ohne Kabel.
Es verfügt auch über eine Antenne, die Funkwellen durch
die Haut sendet. Nach einer Pressemitteilung der Firma
wird das Produkt „in naher Zukunft" beträchtlich kleiner
werden (bis zu einem Zehntel seiner heutigen Größe).

Für einen Patienten mit Herzbeschwerden kann es natürlich beruhigend sein, zu wissen, dass man im Krankenhaus oder beim Hausarzt die Daten seiner Herztätigkeit
rund um die Uhr kontrollieren kann. Das verringert die
Sterblichkeit von Herzpatienten und erhöht ihre Lebensqualität. Ein Risiko dabei ist jedoch, dass die Daten in unrechte Hände geraten. Versicherungsgesellschaften könnten
an solchen Informationen interessiert sein, um eine Risiko-
einschätzung vorzunehmen, bevor sie z. B. eine Lebensversi-
cherung mit dem Kunden abschließen.

Eine solche Gefahr ist nicht aus der Luft gegriffen. Es
gibt Beispiele, wo DNA-Informationen eines Menschen,
also Informationen über die Erbmasse, die in bestimmten
Fällen auch in Datenbanken gespeichert sind, in die Hände

von Versicherungsgesellschaften und Arbeitgebern gerieten, die dem Betroffenen dann eine Versicherung bzw. eine Anstellung verweigerten, weil sie Träger eines Gens mit einem bestimmten Krankheitsrisiko waren. So führte die britische Versicherungsgesellschaft Norwich Union Life im Jahre 2001 genetische Tests an Kunden durch, um eine eventuelle Anlage zu Brust- oder Eierstockkrebs zu entdecken. Wurden solche Anlagen konstatiert, führte dies zu einer Erhöhung der Versicherungsprämie.

In Großbritannien erregte der Fall zweier Mädchen, die entführt und ermordet wurden, die Öffentlichkeit dermaßen, dass Eltern ihre Kinder zunehmend mit einem Implantat für die Standortüberwachung „chippen" lassen wollten. Der Forscher Kevin Warwick* – Kybernetik-Professor an der Reading University – erhielt zahlreiche Anfragen besorgter Eltern. Paul und Wendy Duval waren die ersten Eltern, die ihr Kind, ihre elfjährige Tochter Danielle, „chippen" ließen. „Ein gestohlenes Auto kann mit Hilfe eines eingebauten Computers wiedergefunden werden. Warum sollte man das gleiche Prinzip nicht bei Kindern anwenden können?", fragte Wendy Duval laut BBC.

Kevin Warwick meint, dass noch einige technische Fragen zu lösen seien, u. a. wie die Batterie des Chips zu laden ist und ob der Chip nur in einer Notsituation aktiviert werden oder aber ständig Standortangaben senden soll. Er fordert eine breite politische Diskussion über diese Fragen und meint, dass alle Kinder bereits ab Geburt „gechippt" werden sollten. Das Armband der Firma Wherify taugt seiner Meinung nach nicht viel – einem Gewalttäter würde es leicht fallen, es zu entfernen.

Kapitel 7:
Kameraüberwachung
mit Gesichtserkennung und
Verhaltensdeutung

> Das hier hat nichts mit Big Brother zu tun. Es ist eher ein netter
> Onkel oder eine nette Tante, die sich um dich kümmern.
>
> Bob Lack, Sprecher des Londoner Stadtteils Newham,
> in einem Kommentar zur Einführung von
> Überwachungskameras mit Gesichtserkennung

Überwachungskameras im öffentlichen Raum gibt es seit
Jahrzehnten. Ihre Anzahl ist in den letzten Jahren gestiegen.
Ursprünglich konnten sie keine Bilder speichern, sondern
dienten nur der Übermittlung von Bildern auf große Monitore, vor denen ein Angestellter der Überwachungszentrale
saß. Die vorbeirollenden Bilder verschwanden für immer.
Das Ganze lief ab wie eine Livesendung im Fernsehen. Die
Gefahr einer Verletzung der Privatsphäre war dabei weniger
gegeben, als es jetzt bei den neuen, digitalen Überwachungskameras der Fall ist.

Aber auch gegenüber herkömmlichen Überwachungskameras verspürten viele Menschen ein Unbehagen, was
möglicherweise nicht ganz unberechtigt ist. Viele Kameras
verfügen über eine ausgezeichnete Bildschärfe, und sie können sowohl gesteuert wie auch gezoomt werden. Forscher
der Universität von Hull in Großbritannien konstatierten
einen häufigen Missbrauch der Kameras durch die Angestellten von Überwachungsgesellschaften.

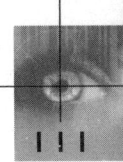

Vorschriftsgemäß sollen die Kameras der Aufdeckung von Delikten dienen. Sie werden jedoch nach Angaben der Forscher häufig benutzt, um Frauen eingehend zu mustern. Auch die Vorliebe für die Bewachung von Personen mit dunkler Hautfarbe war auffällig, ebenso die Aufmerksamkeit, die „politisch Abweichenden" geschenkt wurde. Verschiedentlich wurden Angestellte wegen Missbrauchs der Überwachungskameras entlassen.

Aus menschlichem Leid wurde Unterhaltung

Der nächste Schritt in der technischen Entwicklung kam mit der Speicherung der Bilder, entweder als Videofilm oder als eine Folge von Einzelbildern. Dabei ergab sich ein neues Problem: Was geschieht mit diesen Bildern oder Filmsequenzen? Kann man darauf vertrauen, dass die Bilder nur von denen eingesehen werden, die beruflich damit betraut sind?

Die Antwort auf diese Fragen ist keinesfalls eindeutig. Folgendes Beispiel veranschaulicht dies: Im englischen Ort Brentwood gab es einen Mann namens Geoff Peck, der an Depressionen litt und Selbstmord begehen wollte. Als er sich die Pulsader aufschnitt, befand er sich zufällig in der Nähe einer Überwachungskamera. Ein Angestellter beobachtete ihn und alarmierte den Rettungsdienst. Geoff Pecks Leben konnte gerettet werden. Soweit endete die Geschichte also glücklich.

Weniger glücklich verlief die Fortsetzung. Acht Monate später wurde die Freundin von Geoff Peck auf der Straße von Nachbarn darauf angesprochen, dass sie Geoff im Fernsehen gesehen hätten. Die Videosequenz vom Selbstmordversuch war nämlich von der städtischen Gemeinde an die örtliche Fernsehstation Anglia verkauft worden. Später wurde der Film sogar von BBC im ganzen Land ausgestrahlt. Zeitungen druckten Bilder aus dem Film ab. Geoff Peck, der mittlerweile seine Depressionen überwunden hatte, erlitt einen Schock.

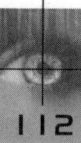

Die seelischen Wunden wurden wieder aufgerissen, sein Innenleben war den neugierigen Blicken des ganzen Landes ausgesetzt. Sein höchst privates Leid diente plötzlich der allgemeinen Unterhaltung.

Ein weiteres Beispiel ist ein Videofilm, der im Internet unter dem Titel *Caught in the act* (zu Deutsch etwa: „Auf frischer Tat gefilmt") verbreitet wird. Er besteht aus einem Zusammenschnitt von erotischen Szenen und kriminellen Handlungen, die von verschiedenen Überwachungskameras gefilmt waren. Der „Regisseur" hatte die Szenen von privaten Firmen und örtlichen Polizeistellen erstanden.

Großbritannien ist weltweit führend in der Anwendung von Überwachungskameras. 1,5 bis zwei Millionen Kameras sind schätzungsweise im Lande in Betrieb – Tendenz steigend. „Die Gewissheit, dass es zusätzliche Augen gibt, die auf die Nachbarschaft blicken, gibt den Menschen ein Gefühl der Sicherheit", sagte John Denham laut Nachrichtenagentur MSNBC; er ist verantwortlich für die Verbrechensbekämpfung unter Tony Blairs Labour-Regierung.

Dazu meint John Wadham von der Bürgerrechtsbewegung Liberty*: „Man würde sich noch sicherer fühlen, wenn man wüsste, wessen Augen das sind, was diese Augen kontrollieren und was mit den gespeicherten Informationen geschieht; und wenn wir wüssten, dass es Gesetze gibt, die die Überwachungstätigkeit regulieren. Zurzeit ist dies nicht der Fall."

In Großbritannien, wo man die meisten Erfahrungen in dieser Hinsicht gesammelt hat, gehen die Ansichten über den Nutzen der Kameraüberwachung auseinander. „Die Kameras sind meist nur dazu da, um ihren Betreibern Geld einzubringen und um die allgemeine Ordnung aufrechtzuerhalten. Sie helfen nur gegen kleine Delikte", sagt Simon Davies von der Bürgerrechtsbewegung Privacy International*.

Einige machen geltend, dass die Kameras nur äußerst selten schwere Delikte verhindern, jedoch bei der späteren Aufklärung von Verbrechen behilflich sein können. Andere

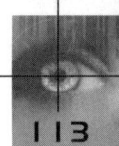

behaupten, dass die Bildqualität meist nicht ausreicht, um die Bilder als Beweismittel vor Gericht verwenden zu können. Wieder andere halten dagegen, dass die Anzahl der Delikte seit Installierung der Kameras deutlich gesunken ist, während die Kameragegner sagen, dass die Kriminalität nur den Ort gewechselt hat.

Auch Privatpersonen verwenden Videoüberwachung

Interessanterweise verwenden auch Privatpersonen in steigendem Maße Videokameras zu Überwachungszwecken. Das hängt damit zusammen, dass die erforderliche Ausrüstung billiger und kompakter wird sowie neue Möglichkeiten bietet, um Bildsequenzen auf einem beliebigen Computer via Internet empfangen zu können. Laut der Marktforschungsfirma Frost & Sullivan hat sich 2004 der Verkauf von Ausrüstung für digitale Videoüberwachung gegenüber dem Jahre 2000 verzehnfacht.

Auch in diesem Bereich sind die USA führend. Dort ist es üblich, dass Privatpersonen ihren Garten, ihr Haus, ihr Kindermädchen, die Kindertagesstätte usw. per Videokamera überwachen. Häufig ist die Videokamera ans Breitband-Telefonnetz angeschlossen, was eine Überwachung via Internet möglich macht, und zwar gleichgültig, ob man sich im Büro oder irgendwo auf Reisen – auch im Ausland – befindet. So kann kontrolliert werden, ob die Blumen im Haus Wasser haben müssen oder ob das Kindermädchen seinen Pflichten nachkommt. Das Kamerasystem kann auch mit Sensoren verbunden werden, die ein Videoband aktivieren oder eine SMS-Nachricht verschicken, falls sich jemand im Garten bewegt oder im Wohnzimmer ungewöhnliche Geräusche zu hören sind. Die Firma Xanboo* ist einer der zahlreichen Hersteller solcher Systeme.

Zur Branche gehören auch Firmen, die sich auf die Überwachung von Babysittern spezialisiert haben. Beispiels-

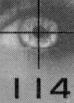
weise vertreibt Nanny Check* kabellos kommunizierende Videokameras, die unsichtbar in Uhren, Radioapparaten, Videobandspielern, Lampen, Luftreinigern und ähnlichen Geräten untergebracht sind.

Überwachungskameras der neuesten Generation erkennen Gesichter

Die hier beschriebene Ausrüstung ist die erste und zweite Generation von Produkten für Kameraüberwachung. Die digitale Revolution hat jetzt die dritte Generation hervorgebracht – die Generation mit automatischer Gesichtserkennung. Hier wird eine wichtige Grenzlinie überschritten: Solange die Überwachung von Menschenhand gesteuert ist (z. B. durch eine Zentrale, in der Angestellte vor Monitoren sitzen), sorgt die Kostenfrage für eine natürliche Begrenzung der Überwachungsmaßnahmen. Eine solche Begrenzung verschwindet allerdings mit dem Auftauchen vollautomatischer Überwachungsmöglichkeiten.

Größter Hersteller von gesichtserkennender Software ist die Firma Identix*, die das Produkt FaceIt vertreibt. Andere Firmen sind Viisage* und Biometrica Systems*.

Das von Identix entwickelte System analysiert ein mittels Digitalkamera oder Videokamera fotografiertes Gesicht anhand eines mathematischen Algorithmus, der 80 Kontrollpunkte misst (diese können variieren): z. B. Größe und Form von Augen, Nase, Mund, Ohren, Kinn usw. sowie deren Verhältnis zueinander. Das Resultat dieser Analyse ist eine mathematische Formel, die einen sog. „Gesichtsabdruck" darstellt („faceprint" im Englischen, ein Wort, das analog zu „fingerprint", d. h. „Fingerabdruck", gebildet ist). Die Formel wird in einer Datenbank gespeichert bzw. mit anderen, bereits gespeicherten „Gesichtsabdrücken" verglichen. Das System ist darauf geeicht, bei zwölf übereinstimmenden Merkmalen (von insgesamt 80 Merkmalen) Alarm zu geben.

Nach Angaben der Firma spielt es grundsätzlich keine Rolle, ob die betreffende Person ihre Frisur ändert, eine Brille trägt, den Kopf bedeckt oder einen falschen Bart benutzt, vorausgesetzt, dass die Augen deutlich zu erkennen sind. Auch die Bildqualität spielt angeblich keine Rolle – es reicht, dass die Person in einer sich bewegenden Menschenmenge sichtbar wird. Auch Hintergrund und Lichtverhältnisse sind unwichtig. Jedenfalls verheißt dies die Firma.

Automatische Gesichtserkennung bedroht in allerhöchstem Maße die Privatsphäre, da sie zwei bereits an sich sensitive Technologien kombiniert, nämlich Kameraüberwachung in der Öffentlichkeit und Biometrie (digitale Vermessung des menschlichen Körpers). Außerdem erfordert sie nicht – wie z.B. beim Fingerabdruck oder bei der Messung der Iris – die aktive Mitwirkung des Betroffenen; sie lässt sich ja anwenden, ohne dass wir etwas bemerken.

Automatische Gesichtserkennung wird bereits vielerorts benutzt, auch wenn es Hinweise darauf gibt, dass die Sys-

Digitale Gesichtserkennung durch Überwachungskameras mit Hilfe der Software FaceIt.   *(Quelle: Identix)*

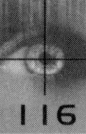
teme nicht völlig ausgereift sind. Dabei kommt meist die Software FaceIt zur Anwendung, u. a. an folgenden Orten bzw. für folgende Vorgänge:

- die Flugplätze Keflavik auf Island und Sidney Airport in Australien sowie Flugplätze in den USA wie Palm Beach, Dallas Fort-Worth und Boston Logan;
- Grenzübergänge, die vom amerikanischen INS (Immigration & Naturalization Service) kontrolliert werden;
- die Grenze zwischen Israel und dem Gaza-Streifen;
- der Zugang zur Freiheitsstatue in New York;
- Antrag auf Führerschein oder Besuch des Sozialamts in den amerikanischen Bundesstaaten West Virginia und Illinois;
- Besuch von 860 neuen Geldautomaten der Wells Fargo Bank in Dallas;
- der „Super Bowl" des Jahres 2001 in der Stadt Tampa in Florida (dort passierten 100.000 Besucher des Stadions die Kameras mit automatischer Gesichtserkennung);
- die Wahlen 2000 in Mexiko, um doppelt registrierte Wähler zu ermitteln;
- 1.400 Automaten des inzwischen aufgelösten Unternehmens InnoVentry in den USA, die mittels Gesichtserkennung kontrollierten, ob ein Kunde auf der schwarzen Liste für Scheckbetrüger stand;
- das amerikanische FBI, das an der neuen Technik sehr interessiert ist und im „National Crime Information Center" damit begonnen hat, 40 Millionen Fotos von Kriminellen zu digitalisieren.

Die Anwendung automatischer Gesichtserkennung, die den Schutz der Privatsphäre am meisten bedroht, ist wohl die Überwachung öffentlicher Straßen und Plätze. Sie wurde erstmals in London benutzt, wo sie – im Stadtteil Newham – seit 1998 in Betrieb ist. 2001 baute man das System weiter aus; es besteht jetzt aus 300 Kameras, die an eine Zentrale der Londoner Polizei angeschlossen sind. Dafür erhielt Newham von der Bürgerrechtsorganisation Privacy International die „Anti-Auszeichnung" „Big Brother Award".

Bob Lack, Sprecher des Stadtteils Newham, sieht das anders:

> Das hier hat nichts mit Big Brother zu tun. Es ist eher ein netter Onkel oder eine nette Tante, die sich um dich kümmern.

Und auch Großbritanniens Premierminister Tony Blair gab dem System seinen Segen, als er Newham im Jahre 2000 besuchte.

Ein Jahr später ergänzte die Stadt Birmingham ihre vorhandene Kameraüberwachung mit einem Gesichtserkennungssystem. Auch hier verwendet man FaceIt. Die amerikanische Stadt Tampa ergänzte im gleichen Jahr die Überwachungskameras des Vergnügungsviertels des Stadtteils Ybor City mit FaceIt. Das Gleiche gilt für die amerikanische Stadt Virginia Beach. In den genannten Städten werden die von den Kameras erfassten Gesichter mit den gespeicherten Bildern von Personen verglichen, nach denen gefahndet wird.

Der Versuch in Tampa wurde mittlerweile eingestellt. Er funktionierte folgendermaßen: 36 ferngesteuerte, bewegliche Kameras waren an eine Zentrale der Software FaceIt angeschlossen. Die von den Kameras Erfassten wurden mit einer Datenbank verglichen, in der 30.000 Gesichter von Kriminellen, Vermissten, jugendlichen Ausreißern usw. gespeichert waren. Die Überwachung erfolgte rund um die Uhr. Die festgestellte Ähnlichkeit war auf einer Skala von 1 bis 10 unterteilt. Bei einer Ähnlichkeitsstufe von 8,5 ging der Alarm an die Polizei. Die betreffende Person wurde auf der Straße kontrolliert bzw. festgenommen.

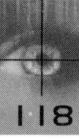

Gesichtserkennung in Läden

Die automatische Gesichtserkennung hält auch in Einkaufsläden ihren Einzug. Die britische Tochtergesellschaft der
amerikanischen Buchhandelskette Border Books gab 2001
bekannt, dass die Eingänge ihrer elf Filialen in Großbritannien mit Kameras für digitale Gesichtserkennung ausgerüstet werden. Damit sollen in einer Datenbank erfasste Ladendiebe wiedererkannt werden. Die Bekanntgabe verursachte
jedoch einen Sturm der Entrüstung.

„Ich kann ja verstehen, dass man Ladendiebe fernhalten
will, bezweifle jedoch, dass diese Maßnahme im richtigen
Verhältnis zum Problem steht", sagte nach Angaben der
Zeitung *Sunday Herald* Rosemarie McIlwhan vom schot-
tischen Menschenrechtszentrum (Scottish Human Rights
Centre*). Der Sprecher von Border Books meinte jedoch:
„Unsere Maßnahme ist nicht übertrieben. Für das menschliche Auge ist es äußerst schwierig, ein Gesicht von einem
anderen zu unterscheiden." Später lenkte die Firma jedoch ein und teilte mit, dass die Einführung der Gesichtserkennungstechnologie „bis auf weiteres" aufgeschoben
war. Einige Zeit später kam eine neue Pressemitteilung: Das
Unternehmen hätte nie die Absicht zur Einführung dieser
Technik gehabt. „Es handelte sich um einen Irrtum eines
unserer Angestellten."

Die amerikanische Firma Brickstream* hat ein komplettes System entwickelt, das mit Hilfe strategisch platzierter
Videokameras das Verhalten der Kunden im Laden studiert
und analysiert. Die Geschäftsleitung kann erkennen, wie
sich die Kunden zwischen den Regalen bewegen, wie schnell
sie gehen, wo sie stehen bleiben und verweilen, wie lange sie
sich an einer Kasse anstellen, ob sie die Schlange vor dem
Bezahlen verlassen, wie schnell das Personal Ratschläge und
Auskünfte erteilt, welche Werbeslogans anziehend wirken
usw. Eine Gesichtserkennung kommt dabei nicht vor. In einem Interview mit der Zeitschrift *Wired* meint jedoch ein

Brickstream-Vertreter, das System könne auch mit Gesichtserkennung ergänzt werden, „um unseren treuen Kunden einen noch besseren Service zu bieten".

Eine Branche, bei der automatische Gesichtserkennung zum Standard gehört, sind die Spielkasinos. Sie dient hier der Früherkennung unerwünschter Kunden (z. B. Falschspielern). Die Firma Biometrica Systems hat sich mit ihren Gesichtserkennungssystemen auf den Kasinobereich spezialisiert. Zu den Dienstleistungen gehört auch ein Datennetz, in dem die 120 angeschlossenen Kasinos verschiedener Städte und Länder Informationen über unerwünschte Kunden austauschen können.

Im kanadischen Bundesstaat Ontario installierte die Polizei heimlich Ausrüstung der Firma Biometrica Systems in sämtlichen Kasinos. Die Gesichter der Kasinobesucher werden dabei mit den Fotos bekannter Krimineller, die in einer Datenbank gespeichert sind, verglichen. Ein Polizeisprecher sagte nach Angaben des *Toronto Star*, dass es für diese Art der Überwachung keiner besonderen Erlaubnis bedarf, da ja „in einem Kasino sowieso kein Schutz der Privatsphäre erwartet werden kann". Das System ist an das Netzwerk von Biometrica Systems mit den Datenbanken von weiteren 120 Kasinos angeschlossen.

Zahlreiche Fehlschläge

Kann die Technik der Gesichtserkennung als erfolgreich bezeichnet werden? Kaum. Es sei denn, man verbucht das System im Londoner Stadtteil Newham als Erfolg. Dort gibt die Polizei an, dass es dank Gesichtserkennung 100 Festnahmen in drei Jahren gegeben hat und dass die Kriminalität im Bewachungsbereich beträchtlich gesunken ist.

Ansonsten häufen sich die Berichte über Mängel des Systems – in einigen Fällen kann man sogar bezweifeln, ob die Technik überhaupt funktioniert. Während eines vierwöchigen Tests am Flughafen Palm Beach konnte die Software

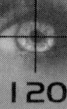
FaceIt nur in 53 Prozent der Fälle die 15 am Versuch beteiligten Flugplatzangestellten identifizieren (von 958 möglichen „Treffern" glückten nur 455). Offenbar ist das System häufig überfordert, wenn es um die Qualität der gespeicherten Bilder oder um Probleme wie Bewegungsschnelligkeit, Beleuchtung, das Tragen von Brillen bzw. Sonnenbrillen usw. geht.

Wie erwähnt, stellte man in der Stadt Tampa die Versuche mit Gesichtserkennung wieder ein. Nach Angaben der Zeitschrift *Wired* motivierte die Polizei ihren Entschluss damit, dass das System zu schlecht funktionierte. Das Fotografieren der 100.000 Besucher des Stadions beim „Super Bowl" führte zu keiner einzigen Festnahme. Und das System am Flugplatz Keflavik auf Island hatte nach einer Laufzeit von sechs Monaten noch zu keinem Treffer in der Datenbank über steckbrieflich gesuchte Personen geführt.

Bedeuten diese Fehlschläge nun, dass die Tage der Gesichtserkennungstechnologie gezählt sind? Möglicherweise. Es ist normal, dass Technologien, die sich als unbrauchbar erweisen, früher oder später wieder in der Versenkung verschwinden. In diesem Fall wäre eine solche Annahme jedoch verfrüht. Schwachpunkte und die begrenzte Berechnungskapazität der Software könnten technisch mit der Zeit gelöst werden.

Nächster Schritt: Kameras, die Delikte vorhersehen

Man kann bereits die Konturen des nächsten Schritts der Entwicklung erkennen. Wenn wir die Gesichtserkennung als Schritt drei dieser Entwicklung bezeichnen, so scheint Schritt vier ein System zu sein, das bereits interpretieren kann, was es erblickt, und somit Delikte verhindert, bevor sie überhaupt verübt werden. Vielleicht vermutet jetzt der geneigte Leser, dass ich hier Wirklichkeit und Fiktion durcheinander bringe, z.B. die Fiktion, wie sie im Film *Minority Report* mit Tom Cruise geschildert wird. Dies ist jedoch nicht der Fall. Forschung und Entwicklung von Technologien für die Präventivbekämpfung von Kriminalität finden an mehreren Universitäten und Hochschulen statt.

An der Universität Sussex in Großbritannien hat ein Forscherteam 10.000 Filmsequenzen analysiert, um ein gemeinsames Bewegungsmuster von Tätern zu finden, *bevor* diese ihre Tat begehen. Die dabei studierten Delikte waren: Autodiebstähle in Parkhäusern, Schlägereien vor Vergnügungslokalen und Wandalismus auf der Straße.

Dabei fand man heraus, dass sich z. B. Autoknacker vor der Tat nervös, unsicher und unregelmäßig bewegen sowie in Richtungen blicken, die nicht mit der Bewegungsrichtung übereinstimmen. Bevor sie sich dem gewünschten Objekt nähern, gehen sie langsamer oder bleiben stehen, um zu kontrollieren, ob sie beobachtet werden.

Schlägertypen dagegen weisen eine völlig andere Körpersprache auf. Sie bewegen sich aggressiv, mit langen und zielbewussten Schritten, während die Arme unbeweglich herunterhängen. Wenn sie sich ihrem Opfer nähern, beschleunigen sie ihre Schritte noch mehr, ohne aber zu laufen. Die Bewegung zum Opfer hin ist schnurgerade.

Über das Bewegungsmuster von Wandalen liegen noch keine Angaben vor. Professor Tom Trosciano von der Schule für kognitive und Computerwissenschaften in Großbritannien, der die Forschungsarbeit leitet, sucht weitere Sponsoren für sein Projekt, um ein Programm für Überwachungskameras zu entwickeln.

Ein weiteres Projekt läuft an der Kingston University in London. Nach Angaben der BBC entwickelte eine Forschergruppe in zehnjähriger Arbeit ein Programm namens Cromatica, das Delikte im öffentlichen Nahverkehr entdecken und teilweise auch voraussehen soll. Das System soll den Bewachern vor den Monitoren die Analyse von Situationen erleichtern, so dass mehrere Monitore gleichzeitig bedient werden können. In Großbritannien ist ja die Anzahl der

Überwachungskameras besonders groß und weiter steigend, so dass es schwierig wird, die recht monotonen Arbeitsplätze zu bemannen.

Das Cromatica-Programm – auch genannt „modulare intelligente Fußgängerüberwachungsarchitektur" – registriert Unterschiede zwischen einzelnen Bildern, die an einem festgelegten Grundmuster gemessen werden. Die „Module" bestehen dabei hauptsächlich aus Bewegungsmuster und Intensität einer Person bzw. eines Vorgangs. Das System soll der Entdeckung und Verhütung von Problemen wie unnormale Menschenansammlungen, Schlägereien, Stadtstreicher, Fundsachen (die ja eine Bombe enthalten könnten), Taschendiebe und Selbstmörder (die sich vor einen Zug werfen wollen) dienen. Veränderungen im Bildhintergrund können z. B. eine sich bildende Menschenansammlung signalisieren. Heftige Bewegungen im Bereich einer Kamera können eine Schlägerei bedeuten. Eine Bewegung, die entgegen dem allgemeinen Bewegungsstrom verläuft, kann auf einen Taschendieb hindeuten usw.

Nach Angaben des Forscherteams kann das System zurzeit 90 Prozent sämtlicher Vorgänge erfassen, die auch ein menschliches Auge entdecken würde, und nur zwei bis vier Prozent aller Alarme sollen falsch sein. Das System wurde auf dem Bahnhof Liverpool Street in der Londoner U-Bahn getestet sowie in einem Bahnhof der Pariser Metro. Das System kann in einigen Jahren in der Londoner und Pariser U-Bahn betriebsbereit sein. Laut *Christian Science Monitor* interessieren sich bereits die Verkehrsbetriebe zahlreicher Städte Europas für das System.

Das EU-Projekt Prismatica bezweckt größere Sicherheit, Kostensenkung und Attraktivität des öffentlichen Nahverkehrs in den Mitgliedsstaaten. Innerhalb dieses Projekts wird der Softwareentwicklung der Forscher von der Kingston University große Bedeutung zugemessen.

Bürgerrechtsorganisationen warnen vor den Folgen einer Kameraüberwachung, die „normales" und „unnormales"

Verhalten definieren soll. Aus dem Rahmen fallende Menschen – wie harmlos sie auch sein mögen – riskieren, ständig kontrolliert zu werden. Der verantwortliche Leiter des Kingston-Projekts meint zwar, dass es sich hier nicht „um ein Big-Brother-Problem" handelt, gibt aber zu, dass das System politisch umstritten sein könnte. „Es müssen politische Entscheidungen gefällt werden, die für Verhältnismäßigkeit und Ausgewogenheit sorgen. Die Polizei darf nur einschreiten, wenn dafür gute Gründe vorliegen", sagt er.

In Reihe geschaltete Kameras verfolgen Menschen und Autos

Flächendeckende Überwachung ist eine weitere Kamerafunktion, die zurzeit entwickelt wird. Dabei werden Kameras zu einem System vernetzt, um einer einzelnen Person oder einem Kraftwagen über ein großes Gebiet hinweg folgen zu können. Die Universität von San Diego in Kalifornien entwickelt ein solches System unter dem Kürzel DIVA (Distributed Digital Video Array), das vom Pentagon finanziert wird. DIVA soll Straßen und Plätze permanent überwachen, Delikte entdecken und analysieren und anschließend dem Fluchtweg des Täters folgen. Die ersten Tests fanden im Sommer 2004 statt.

Das gleiche Konzept liegt auch dem Projekt Combat Zones That See* (CTS – auf Deutsch: „sehende Kampfzonen") der amerikanischen Forschungsbehörde DARPA zu Grunde. Dieses militärische Projekt, das dem Schutz amerikanischer Truppen im Ausland dienen soll, verfolgt die Bewegung jedes einzelnen Fahrzeugs in einer Stadt, analysiert die Informationen und speichert sie. Dabei sind Computer mit Tausenden von Digitalkameras verbunden. Die Nachrichtenagentur AP schreibt jedoch, dass die Technologie nicht geheim sein wird, weshalb man annimmt, dass CTS auch für den zivilen Gebrauch vorgesehen ist.

Das CTS-System identifiziert Fahrzeuge anhand ihrer Größe, Farbe, Form und Fahrzeugnummer, während Fahrer und Passagiere mittels Gesichtserkennung erfasst werden. Die Software interpretiert das Gesehene, identifiziert verdächtige Bewegungen und „schafft Verbindungen zwischen Orten, Objekten und zeitlich bestimmten Vorgängen", wie es in den Ausschreibungsunterlagen der DARPA-Behörde heißt. Beispielsweise sollen zwei Fahrzeuge, die den gleichen Startpunkt haben, aber unterschiedliche Fahrwege benutzen, um dann am gleichen Zielpunkt zusammenzutreffen, als verdächtig erfasst werden können – und zwar auch dann, wenn der Vorgang sich erst nach mehreren Monaten als interessant erweist.

Bürgerrechtsorganisationen warnen in diesem Fall davor, dass das CTS-System auch zivil genutzt werden könnte, z. B. in Stadtteilen mit hoher Kriminalität. John Pike ist Verteidigungsanalytiker und schreibt auf der Website von Global Security: „Wenn die DARPA-Behörde die Realisierbarkeit des Projekts unter Beweis gestellt hat, werden die Firmen natürlich auch eigene Versionen entwickeln und sie der Polizei, AKW-Betreibern und den Betreibern von Einkaufsmalls anbieten."

Dies bestätigt auch James Fyfe, Polizeichef in New York, der laut AP meint, dass Entscheidungsträger die Systeme sicherlich anschaffen werden, sobald sie verfügbar sind. Die DARPA-Behörde beschreibt in ihren Ausschreibungsunterlagen ein Szenario, das sich in Sarajewo abspielt. Dabei soll mit Hilfe gespeicherter Fahrzeugbewegungen ein Zusammenhang zwischen einer angenommenen Schießerei an einer Bushaltestelle und einem – ebenso hypothetischen, aber einen Monat später stattfindenden – Bombenanschlag auf eine Diskothek hergestellt werden. Aufgabe: Identifizieren Sie die Täter!

Die DARPA-Behörde weist jedoch scharf alle Vermutungen zurück, dass CTS auch zivil verwendet werden soll. Pressesprecherin Jane Walker sagt, dass das System nicht

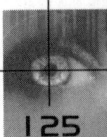

für den zivilen Gebrauch bestimmt ist und dass es von der Polizei erst nach umfangreichen Änderungen benutzt werden kann.

Der Geldautomat erkennt deine Laune

Wie bei den meisten Dingen der angewandten Wissenschaft und Technik entwickelt sich auch die Kameratechnologie ständig weiter, und es tauchen immer neue Anwendungsbereiche auf. So hat die kalifornische Firma Eye Dynamics* ein System namens SaftetyScope entwickelt, welches das menschliche Auge scannt und dabei herausfindet, ob die Person unter Alkohol- oder Drogeneinfluss steht oder ob die geröteten Augen nur eine Ermüdungserscheinung sind.

Ein weiteres Beispiel künftiger Verfeinerung der Kameraüberwachung wird zurzeit von Teradata entwickelt. Die Firma, die dem Geldautomatenhersteller NCR gehört, arbeitet gemeinsam mit Forschern der University of Southern California an der Entwicklung eines Geldautomaten, der mittels integrierter Digitalkamera – die bereits in vielen Automaten installiert ist – die Gefühlslage des Kunden ermittelt. Dabei analysiert eine Software die Gesichtszüge und errechnet, ob der Kunde fröhlich, besorgt, verärgert oder müde aussieht.

„Wir lehren den Computern menschliches Verhalten", sagte Dave Schrader, Ingenieur bei Teradata laut Angaben von ABC News. Der Geldautomat ist z. B. darauf programmiert, den Displaytext in einem größeren Schriftgrad zu zeigen, wenn der Kunde, der normalerweise mit Brille vor dem Automaten erscheint, offenbar seine Brille vergessen hat. Die Technik kann auch als eine Art Lügendetektor benutzt werden, indem Spuren von Nervosität des Kunden registriert werden, wenn er auf bestimmte Fragen antwortet. Anscheinend können wir hier einem kleinen Routineverhör des Automaten entgegensehen, bevor er geruht, die Geldabhebung zu gestatten.

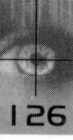

Dr. Skip Rizzo, der dem Forscherteam der University of Southern California als klinischer Psychologe angehört, sieht hier auch Anwendungsmöglichkeiten für Therapeuten. Er glaubt, mittels dieser Technik Selbstmordkandidaten erkennen zu können, bevor es zu spät ist. Unter Psychologen ist das „Selbstmördergesicht" ein bekannter Begriff: eine Art leerer Gesichtsausdruck, der sich häufig am Tage vor dem Selbstmord einfindet. „Eine Person kann einen charakteristischen Gesichtsausdruck haben, der auf ein Gefühl tiefster Hoffnungslosigkeit hinweist, eine Hoffnungslosigkeit, die schwerer ist als eine normale Depression und Suizidgefährdung anzeigt", sagt Skip Rizzo.

Was geschieht, wenn die Banken sich künftig mittels ihrer Geldautomaten über die Gemütslage ihrer Kunden auf dem Laufenden halten? Eine Software zu konstruieren, die Abweichungen vom „Normalzustand" registriert, wäre wohl nicht allzu schwer. Und vielleicht folgen dann andere Unternehmen mit ihren Automaten nach, etwa beim Einchecken auf Flughäfen, an Informationstafeln in der Stadt und an sonstigen Geräten, die wir im Alltag benutzen. Es gehört nicht viel Phantasie dazu, sich vorzustellen, dass solche Informationen die Privatsphäre verletzen können. Die Versuchung ist groß, dass weitere Akteure den Trend nutzen wollen: Versicherungsgesellschaften, um aktuelle Listen über Selbstmordkandidaten zu erstellen, Fluggesellschaften, um Informationen über auffällige und nervöse Passagiere zu sammeln, und nicht zuletzt die Polizei, um die Gefühlsentwicklung einer verdächtigen Person zu studieren, bevor sie die Tat begeht.

Ein Ministerium für komische Gangarten?

Die Identifikation von Personen durch digitale Kameras braucht nicht mittels Gesichtserkennung zu erfolgen. Auch die Gangart eines Menschen oder seine Art zu gestikulieren kann erfasst werden. Bei der oben genannten DARPA-Behörde läuft vorrangig ein Forschungsprojekt unter dem Namen Human Identification at a Distance (HID – Menschliche Identifikation aus der Entfernung), das auch die menschliche Gangart analysieren soll.

Die Forschung am Georgia Institute of Technology bewegt sich in zwei Richtungen: Die Gangart soll teils mittels digitaler Kameratechnik, teils mittels Radar erfasst werden. Ziel dabei ist es, eine Person in 150 Meter Entfernung auf Anhieb identifizieren zu können. Die seit dem Jahre 2000 betriebene Forschung soll frühestens 2007 kommerziell anwendbar sein. An den Universitäten von Maryland (USA) und Southampton (Großbritannien) laufen gleichartige Projekte.

Man könnte meinen, hier würde ein „Ministerium für komische Gangarten" ins Leben gerufen. John Cleese von

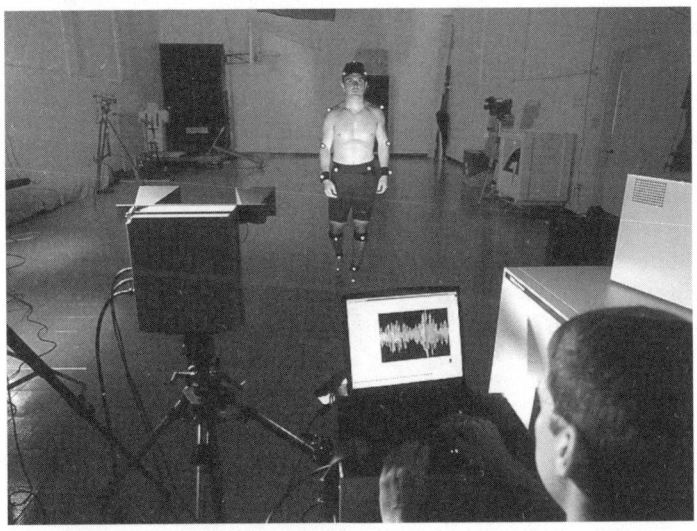

Forschung zur Erkennung der Gangart eines Menschen beim Georgia Institute of Technology in den USA. Sie ist Bestandteil des HID-Projekts der DARPA-Behörde.
(Quelle: Georgia Tech Research News, Stanley Leary)

den Monty Pythons ist jedoch nicht an diesen Projekten beteiligt. Seit dem 11. September 2001 wird die Erforschung charakteristischer Gangarten nicht mehr als lächerlich angesehen, sondern ernsthaft studiert.

Der Gang eines Menschen ist aber nicht so unverwechselbar wie sein Gesicht. Zwar hat unter zehn Menschen wohl jeder eine eigene Gangart, aber unter 10.000 Menschen gibt es wahrscheinlich einige, die sich identisch bewegen. Daher wird die Gangarterkennung wohl nicht als einzige Identifikationsmethode benutzt werden, sondern nur in Kombination mit weiteren biometrischen Methoden, z. B. der Gesichtserkennung.

Ein weiteres interessantes Zukunftsprojekt läuft an der amerikanischen Princeton University. Das Smart Camera Project entwickelt billige Kameras in Briefmarkengröße, die man direkt auf Mikrochips installieren kann. Diese mit Minilinsen versehenen Mikrochips können dann überall verteilt werden, um z. B. ein ganzes Gebäude bis in den letzten Winkel überwachen zu können. Dazu gehört auch eine Software, die das Gesehene interpretieren soll (daher die Bezeichnung „smart" im Projektnamen), z. B. Bewegungen, Gebärden und anderes menschliches Verhalten.

Folgendermaßen beschreibt der Projektleiter den beabsichtigten Nutzen des Projekts: „Die Kameras sind überall bequem zu installieren, und dann weiß man *genau* darüber Bescheid, was im Raum passiert. Viele würden dies sicherlich nützlich finden." In diesem Punkte müssen wir ihm Recht geben.

Ein ähnliches Konzept wurde im Herbst 2003 an einer Schule der Stadt Biloxi im amerikanischen Bundesstaat Mississippi verwirklicht. An die 500 Kameras mit Internetanschluss, sog. Webcams, wurden auf sämtliche Räume verteilt. Sie sind ständig in Betrieb, die Bildinformationen werden auf Festplatten gespeichert. Schulleitung und Polizei verfügen über Passwörter, die Zugang zu den Informationen über einen beliebigen Computer mit Internetanschluss gewähren. Larry Drawdy von der Schulleitung meint laut Zeitung *USA Today*, die Kameras trügen dazu bei, „dass die Leute ehrlicher sind". Er betont, dass die Kameras nur aus Sicherheitsgründen installiert wurden. Es könne aber „nicht ausgeschlossen" werden, auch den von den Lehrern betriebenen Unterricht „auszuwerten".

Kapitel 8:
Biometrische Personen-
erkennung

> Wie bei jeder anderen Datenbank können auch die im Laden
> gespeicherten digitalen Fingerabdrücke an Stellen auftauchen,
> wo sie der Kunde nicht erwartet.
>
> Stephen Keating von der Privacy Foundation
> (Stiftung Privatsphäre)

Biometrie bedeutet die Identifizierung von Menschen mittels
körperlicher Kennzeichen. Gesichtserkennung und Gangidentifizierung sind zwei Methoden, auf die wir im vorigen
Kapitel eingingen. Andere Mittel zur Personenerkennung
sind Fingerabdrücke, Abdrücke der Hand, Erkennung der
Iris oder Retina des Auges, Analyse der Stimme oder der
Schrift, Analyse des Eingaberhythmus an Tastaturen sowie
DNA-Informationen aus menschlichem Gewebe. Dies sind
die üblichsten Methoden. Eine weitere Methode ist die Erkennung von Blutgefäßmustern am Handgelenk bzw. am
Ohr.

Die genannten Methoden unterscheiden sich in verschiedener Hinsicht:

- Einige Methoden werden aus der Entfernung benutzt
  (z.B. Stimmenanalyse via Telefonleitung), andere erfordern die Gegenwart des Menschen und eines erkennen-
  den Geräts (z.B. bei der Iriserkennung).
- Einige Methoden erfordern die aktive Mitwirkung des
  Betroffenen (z.B. beim Ablesen des Fingerabdrucks und

bei der Iriserkennung), andere können ohne Wissen des Betroffenen zur Anwendung kommen (z. B. Gesichtserkennung und Stimmenanalyse).

■ Einige Methoden gelten als außerordentlich sicher (z. B. Iris- und Retinaerkennung), während andere ziemlich unsicher sind (z. B. Gesichtserkennung).

■ Einige Methoden erfordern erst die Eingabe anderer Informationen, bevor das biometrische Verfahren einsetzen kann (z. B. bei der Iris- oder Retinaerkennung), während andere Methoden unverzüglich anhand bereits vorhandener Informationen (z. B. Passfotos bei der Gesichtserkennung) erfolgen können.

Biometrie bietet zwei große Vorteile bei der Identifizierung von Menschen:

■ Sie ist bequemer und schneller als andere Methoden (z. B. erspart man sich in vielen Fällen die Handhabung von Passwörtern);

■ die Sicherheit ist – so wird jedenfalls angenommen – außerordentlich hoch.

Anwenderfreundlichkeit und hohe Sicherheit sind natürlich starke Triebfedern für Unternehmen und Organisationen, die biometrische Methoden nutzen wollen. Dieser Bereich konnte daher ein starkes wirtschaftliches Wachstum verzeichnen, was durch sinkende Preise der biometrischen Ausrüstung und den steigenden Sicherheitsbedarf nach dem 11. September noch beschleunigt wurde.

Es gibt Menschen, die bereits die bloße Verwendung biometrischer Methoden als entwürdigend empfinden. Mir scheint das Problem vielschichtiger zu sein. Sicherlich kann eine Personenerkennung unter entwürdigenden Formen erfolgen. Wenn man sich vorstellt, dass die biometrische Methode das völlige Entkleiden des oder der Betroffenen erfordert, wobei er oder sie sich mit gespreizten Beinen und ausgestreckten Armen an die Wand lehnen und vielleicht dreimal in ein Mikrofon sprechen muss, dann würde eine solche Behandlung sicherlich als demütigend empfunden werden, vor allem dann, wenn sie aus relativ nichtigem Anlass erfolgen würde, z. B. wenn man mit der Fähre einen Abstecher nach Dänemark oder Schweden machen wollte.

Ist aber die Abnahme eines Fingerabdrucks mittels digitalen Leseräts vor dem Geldautomaten eine Verletzung der Menschenwürde? Sicherlich stellen sich hierbei Assoziationen zu den Fingerabdrücken ein, die Straftätern abverlangt werden. Aber bei jedem Geldabheben muss man sich ja sowieso ausweisen, und liegt es nicht im Interesse des Kunden, dass die Sicherheit möglichst groß ist, damit kein Unbefugter an das Geld kommt?

Ich meine, dass hierbei der springende Punkt der echte Identifizierungsbedarf ist. Solange die Biometrie für Vorgänge verwendet wird, die seit je eine in der Sache begründete Identifikation des Einzelnen erforderten, kann sie kaum als Verletzung der Privatsphäre aufgefasst werden. Dies gilt z. B. für die Nutzung von Geldautomaten.

Völlig anders wird die Lage, wenn biometrische Methoden dort eingesetzt werden, wo wir uns früher anonym bewegen konnten, z. B. beim Betreten eines Vergnügungsparks. Dann handelt es sich um den Aufbau einer digitalen Infrastruktur, welche die Menge an Informationen über unsere Aktivitäten schlagartig vermehrt, was dazu führt, dass wir in Situationen identifiziert werden können, die früher anonym waren.

Aber auch im ersten Fall – der begründeten Identifikation – gibt es ein Risiko: Mit der Zeit gewöhnen sich die Menschen so sehr an biometrische Methoden, dass diese immer zahlreicher und ohne öffentlichen Widerspruch in allen möglichen Situationen eingeführt werden – was dann in der Folge ebenfalls zu unnötigem Biometriegebrauch führen würde. Eine einmal vorhandene Infrastruktur kann leicht „ausgebaut" werden.

Biometrie in Vergnügungsparks, beim Autoverleih usw.

In zahlreichen gesellschaftlichen Bereichen werden heute biometrische Methoden getestet und eingeführt. Hier einige Beispiele:

Flugverkehr

Hier dient Biometrie der bevorzugten Abfertigung von Passagieren, die häufig reisen. Auf dem Amsterdamer Flughafen Schiphol erfolgt z.B. die automatische Passkontrolle mittels der biometrischen Software Privium. Wer Teilnehmer des Systems werden will, lässt am Flughafen seine Iris fotografieren; das Bild wird auf einer sog. Smartcard gespeichert. Fortan braucht der Teilnehmer seine Plastikkarte bei Betreten des Landes nur durch den Leser zu ziehen. Für

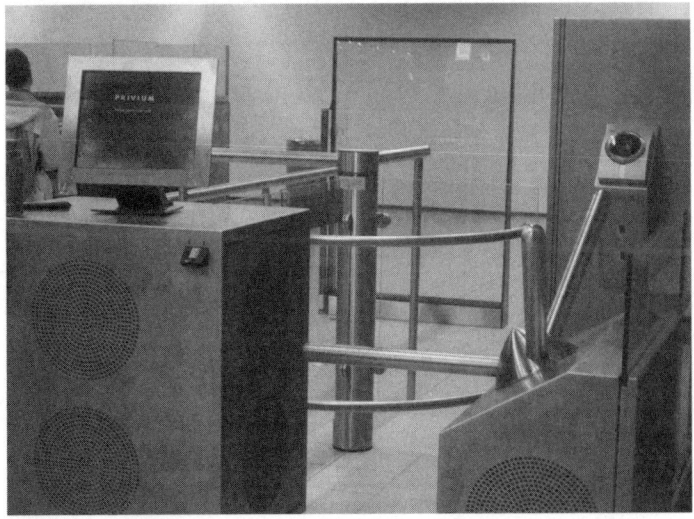

Am Amsterdamer Flughafen Schiphol wird das biometrische System Privium mit Iriserkennung verwendet.   *(Quelle: Pär Ström)*

diese Dienstleistung sind 86 Dollar pro Jahr zu entrichten. In der Folge soll das System sämtliche Flugpassagiere wie auch das Flugpersonal umfassen.

Ein ähnlicher Versuch wird am Londoner Flughafen Heathrow unternommen. Der dortige Softwarehersteller, die Firma EyeTicket*, will ihre Lösung auch auf andere Anwendungsbereiche ausdehnen, zurzeit vor allem auf das Einchecken im Hotel oder das Mieten eines Leihwagens.

Pass

Vor kurzem hat die EU sich entschieden, für EU-Bürger biometrische Pässe einzuführen. Diese Pässe werden Daten über charakteristische Gesichtsmerkmale enthalten und auch Daten über Fingerabdrücke. Die Daten sind in einem winzigen Mikrochip gespeichert, der berührungslos ausgelesen werden kann.

Um an das oben diskutierte Risiko der Verletzung der Privatsphäre anzuknüpfen, kann man konstatieren, dass biometrische Passkontrollen weitere digitale Fingerabdrücke schaffen. Früher war es Behörden nicht möglich, Grenzgänger systematisch zu registrieren, da die Kontrolle manuell war. Mit biometrischen Pässen wird dies möglich. Dies gilt besonders für den Fall der Einführung eines internationalen Standards für die Biometrie bei Passkontrollen, was den Informationsaustausch zwischen Staaten vereinfacht. Da die in den neuen Pässen enthaltenen Informationen in RFID-Chips gespeichert sind, besteht die Gefahr, dass persönliche Daten unbefugt aufgefangen werden können – von Menschen, die dafür nichts weiter benötigen als eine Antenne und ein RFID-Lesegerät. Die mit der RFID-Technologie verbundenen Risiken werden in Kapitel 14 ausführlich behandelt.

Geschäfte

Die amerikanische Ladenkette Kroger Co. testet die biometrische Zahlungsweise in drei ihrer Läden im Bundesstaat Texas. Die ca. 10.000 Kunden zahlen ihre Einkäufe, indem sie den Zeigefinger in ein Lesegerät an der Kasse stecken. Bargeld, Kredit- oder Kundenkarten bzw. Ausweise sind nicht mehr erforderlich. Die Dienstleistung heißt Secure Touch-n-Pay und stammt vom Unternehmen Biometric Access Corp.*. Nach erfolgreichem Test soll das System in sämtlichen Läden der Kroger Co. eingeführt werden.

Zahlungssysteme mit Fingerabdruck gibt es auch im Washingtoner Supermarkt West Seattle Thriftway und bei McDonald's im kalifornischen Fresno. Dort heißt das System Pay by Touch und kommt von der Firma Indivos. Für den Schutz der Privatsphäre ist dieses System ungünstiger als das bei Kroger Co., da es zentral beim Systemhersteller gespeichert wird und nicht – wie bei Kroger – in der jeweiligen Filiale. Zweck der Zentralspeicherung ist es, dass der Fingerabdruck nur einmal gescannt zu werden braucht, um dann in allen möglichen angeschlossenen Großmärkten, Restaurants, Videoverleihfirmen, Fluggesellschaften, Hotels, Apotheken usw. gültig zu sein. Damit wäre ein „eindeutiger Identifikator" geschaffen, der Zugang zu einem großen Bereich an Dienstleistungen verschafft.

Hier folgen einige weitere Beispiele, die zeigen, in welchem Ausmaß die Biometrie im Kommen ist:

- In Großbritannien wurden die Fingerabdrücke von 200.000 Schulkindern in den Datenbanken der jeweiligen Schulen gespeichert, um das Entleihen von Büchern aus der Schulbibliothek zu rationalisieren.
- In Deutschland ist es mit dem Terrorismusbekämpfungsgesetz vom 9. Januar 2002 erlaubt, weitere biometrische Merkmale in Pass und Personalausweis aufzunehmen. Verschiedene Machbarkeitsstudien wurden bereits in

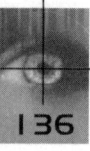

Auftrag gegeben und Pilotprojekte durchgeführt. Es gibt aber bisher noch kein genaues Datum für die Einführung der biometrischen Ausweise und der damit verbundenen biometriegestützten Grenzkontrollen. In Großbritannien wird die Entscheidung zur Einführung eines Personalausweises mit biometrischen Angaben ebenfalls vorbereitet.

- In den USA ist ein nationaler Standardführerschein in Arbeit, der biometrische Angaben enthalten soll.

- Banken in 30 amerikanischen Bundesstaaten betreiben ein „Daumenabdruck-Programm": Wer einen Scheck einlösen will, ohne sein Konto in der betreffenden Bank zu haben, muss einen Daumenabdruck hinterlassen, der in einer Datenbank gespeichert wird.

- Der Geldautomatenhersteller Hyosung in Südkorea teilte mit, dass Geldautomaten jetzt mit integrierter Fingerabdruckanalyse geliefert werden. Die Firma BioPay* fertigt Automaten für das Einlösen von Schecks, wobei die Kunden ihre beiden Zeigefinger einscannen müssen.

- Im Disney-Vergnügungspark in Florida weisen sich die Besitzer von Jahreskarten aus, indem sie zwei Finger in einen sog. Handgeometrieleser stecken.

- Amerikanische Behörden setzen sich vorrangig für biometrische Lösungen ein. Nach Angaben der Zeitschrift *Computerworld* planen die Bundesbehörden der USA, in den nächsten Jahren (ab 2002) „zig Millionen von biometrisch ausgerüsteten Smartcards" auszustellen. So soll die Transportsicherheitsbehörde (die selbst eine direkte Folge des 11. September ist) zehn bis 15 Millionen biometrische Plastikkarten für das Personal der Luftfahrt, der Eisenbahnen, der Seefahrt sowie der Straßenämter anfertigen. Auch bei Empfängern von Sozialhilfe in den USA hat man damit begonnen, biometrische Identifizierung zu verlangen.

- Die Leihwagenfirma Dollar Rent A Car unternahm einen biometrischen Test an 13 amerikanischen Flughäfen, wobei die Kunden ihren Leihwagen nur mit Hilfe eines Daumenabdrucks abholen konnten. Die Abdrücke bleiben sieben Jahre lang am Hauptsitz der Firma gespeichert.

■ Weltweit sind die Türen von Firmen und Behörden durch biometrische Schlösser zur Identifizierung des Personals gesichert.

■ Auch Computer und Handhelds tauchen bereits auf, bei denen sich der Anwender mittels Fingerabdruck identifizieren muss. Damit soll eine Identifizierung auch via Internet ermöglicht werden.

Gelatine überlistete „absolut sichere" Biometrie

Bestimmte biometrische Methoden wie der Abgleich von Fingerabdrücken und die Iriserkennung werden der Öffentlichkeit als „absolut sicher" präsentiert. So wird es jedenfalls im Brustton der Überzeugung verkündet. „Biometrische Identifizierung erweist sich als einzig sichere Methode der Personenerkennung", schreibt beispielsweise die angesehene Analysefirma Gartner Group in einem Bericht. „Ein Passwort identifiziert keinen Menschen. Die Biometrie dagegen bist du selbst!", sagt Philippe Loranger, Leiter des Biometriesicherheitsbüros der US-Armee.

Vielleicht ist dies auch einer der Gründe, weshalb die Biometrie allgemein akzeptiert wird, zumindest wenn man amerikanischen Meinungsumfragen Glauben schenken darf. Dort erklärten zwischen 70 und 80 Prozent der Befragten, dass sie biometrische Identifizierung positiv fänden. Auch der „11.-September-Effekt" dürfte bei dieser Einschätzung eine Rolle gespielt haben.

Wenn die Biometriebranche versichert: „Die Biometrie bist du selbst!" – dann könnte man allerdings hinzufügen: „...oder Gelatine". Es hat sich nämlich gezeigt, dass die Lesegeräte für Fingerabdrücke überlistet werden können, und zwar durch den einfachen Abguss eines Fingers mittels normaler Gelatine (die z. B. in Süßigkeiten vorkommt). Der japanische Chiffrierfachmann Tsutomu Matsumoto konnte das Lesegerät auf diese Weise bei einem Test in vier von fünf Fällen täuschen.

Für einen Betrüger stellt sich natürlich zusätzlich das Problem, wie man das Opfer überlisten könnte, einen Fingerabdruck zu liefern. Tsutomu Matsumoto löste laut Angaben auf der Website The Register* auch dieses Problem erfolgreich:

> Er nahm ein Trinkglas, das vorher eine andere Person in der Hand gehalten (und damit einen unsichtbaren Fingerabdruck geliefert) hatte. Er konnte den Fingerabdruck mittels Zyanacrylatkleber hervorheben und fotografierte den Abdruck mit einer Digitalkamera. Mit Hilfe der Software Photoshop erhöhte er den fotografischen Kontrast und druckte dann den Abdruck mit einem normalen Drucker auf einer durchsichtigen Kunststofffolie aus. Er kaufte in einem Heimwerkerladen eine lichtempfindliche Kupferplatte, die auch für elektronische Platinen verwendet wird, legte die Kunststofffolie mit dem Fingerabdruck auf die Platte, exponierte die Platte dem Licht und ätzte sie anschließend in einer Chemikalie (erhältlich in Läden für Elektronikkomponenten).
>
> Matsumoto hatte jetzt eine Kupferplatte, die den fremden Fingerabdruck eingeätzt enthielt, d. h. im Kupfer befanden sich jetzt vertiefte Rillen wie bei einem richtigen Finger. Jetzt brauchte er nur die Gelatine hervorzuholen und gegen die Platte zu drücken – damit hatte er eine Kopie des fremden Fingerabdrucks. Und dieser neue „Finger" konnte also in vier von fünf Fällen das Lesegerät täuschen.

Das hier geschilderte Verfahren ist zwar etwas umständlich, erfordert jedoch keine hochtechnologische Ausrüstung, keine technische Ausbildung und keine nennenswerten Kosten. Die Kopie eines menschlichen Fingers ist also nicht allzu schwer herzustellen – ein Finger, der zu einem Menschen gehört, den man zufällig in einer Bar oder im Flugzeug getroffen hat. Und das Opfer kann in ungeahnte Schwierigkeiten geraten, wenn es die Polizei oder die Bank davon überzeugen will, nicht an einer bestimmten Stelle gewesen zu sein bzw. nicht eine bestimmte Transaktion durchgeführt zu haben, da Fingerabdrücke nach allgemeiner Auffassung „absolut sicher" sind. Gerade dieser übertriebene Glaube an die Sicherheit der Biometrie ist es, der die neuen Methoden der Identitätskontrolle so fragwürdig erscheinen lässt.

Sekundäre Verwendung der Biometrie

Menschenrechtsorganisationen äußern ebenfalls ihre Besorgnis über den Vormarsch der Biometrie. Stephen Keating von der Privacy Foundation in Denver (USA) sagt nach Angaben der Zeitung *Fresno Bee*:

Wie bei anderen Datenbanken können auch die Angaben über Fingerabdrücke an Stellen auftauchen, wo der Kunde sie nicht erwartet. Wenn unsere physischen Eigenschaften mit unseren kommerziellen Handlungen verknüpft werden, bieten sich unvorhergesehene Anwendungsbereiche für diese Informationen. Teilnehmer eines solchen Systems müssen darüber informiert werden, welche Möglichkeiten existieren. Nehmen wir einmal an, dass Sie Ihre Pommes frites bei McDonald's bezahlen. Einige Zeit später wird das Hamburgerrestaurant überfallen und ausgeraubt. Die Polizei kommt und sichert Fingerabdrücke. Dabei besteht das Risiko, dass Ihr Fingerabdruck, den Sie bei der Bestellung einer Portion Pommes frites hinterließen, neben dem Abdruck der Täter liegt und also gleichermaßen verdächtig ist. Die Biometrie ist eine neue Methode, jedoch gibt es bereits jetzt zahlreiche Beispiele, wie neue Technologie nicht bestimmungsgemäß verwendet wird und wie diese Zweckentfremdung sich dann allmählich einbürgert.

Und Beth Givens von der Organisation Privacy Rights Clearinghouse* in San Diego sagt:

> Biometrie lässt sich für eine Menge guter Zwecke verwenden, z. B. um Betrügereien zu verhindern oder den Grenzverkehr zu vereinfachen. Bei einer Änderung des politisch-gesellschaftlichen Klimas kann sich jedoch die Biometrie aus einem nützlichen Werkzeug in ein Instrument der Unterdrückung verwandeln. [...] Plötzlich kann diese Technologie – anstatt Betrügereien zu verhindern – dazu dienen, politisch Andersdenkende aufzuspüren und staatliche Kontrolle auszuüben.

Vertreter der Biometriebranche verteidigen jedoch die neue Technik. Michael Thieme erklärt auf der Website der International Biometric Group* zum Thema Fingerabdruckanalyse: „Nicht der Fingerabdruck wird gespeichert, sondern eine Datei, die einen Fingerabdruck mittels ca. 30 Messpunkten beschreibt. Unter dem Gesichtspunkt des Schutzes der Privatsphäre ist es entscheidend, dass der Fingerabdruck nicht aus der Datei wiederhergestellt werden kann. Biometrie ist also keinesfalls eine Verletzung der Privatsphäre. Sie ist ganz einfach eine Methode, Informationen zu sichern und die Privatsphäre zu schützen."

Ich meine, wie gesagt, dass die Abschaffung der Anonymität in immer mehr Bereichen das größte Risiko der Biometrie darstellt. Auch wenn die biometrischen Verfahren in Bereichen, wo wir uns bereits früher identifizieren mussten, an sich keine Gefahr bedeuten, kann das schließlich erreichte *massenhafte* Anwenden zur allgemeinen Akzeptanz der Biometrie führen und auch Bereiche erfassen, in denen wir früher – und völlig zu Recht – anonym waren. Die Beispiele oben zeigen teilweise, dass diese Befürchtungen nicht aus der Luft gegriffen sind.

Wenn nun eine allgemein ausgebaute Infrastruktur für biometrische Identifizierung geschaffen wird, ist das Ausmaß der Bedrohung der Privatsphäre von der jeweils gewählten technischen Lösung abhängig. Hierbei gilt die Regel, dass die Privatsphäre umso weniger bedroht ist, je verschiedenartiger die dabei verwendeten technischen Systeme sind, da sie es erschweren, ein Gesamtbild der Bewegungen und Handlungen eines Menschen zu erstellen. Technische Vielfalt ist also dem Schutz der Privatsphäre förderlich. Eine Vereinheitlichung der technischen Lösungen dagegen fördert die Überwachungs- und Kontrollmöglichkeiten von Staat, Unternehmen und Einzelnen.

Vor diesem Hintergrund ist es interessant festzustellen, dass die Biometriebranche bereits vom Bedarf einer gemeinsamen Infrastruktur mit einheitlichem Standard für verschiedene Bereiche spricht. Oliver Tattan, Geschäftsführer der Biometriefirma Daon*, sagt dazu laut Nachrichtenagentur ZDNet: „Das wirkliche Potenzial der Technologie liegt darin, eine ‚Infrastruktur für biometrische Befugniskontrolle' zu schaffen, bei der die Sicherheitsanforderungen für wiederholte Identifizierung von Personen erfüllt werden können. Eine solche Infrastruktur würde die freie Beweglichkeit von Menschen überall auf der Erde ermöglichen, ohne dass der Zugang zur betreffenden Befugnisstufe gefährdet wäre."

Eine solche Lösung scheint bequem für den Einzelnen zu sein und praktisch für Firmen und Behörden, die für den Aufenthalt in ihren Räumen eine Identifizierung fordern. Sie scheint auch ideal zu sein für die genaue Überwachung von Menschen, da die Biometrie in diesem Fall die Rolle des eindeutigen Identifikators spielt, der in allen denkbaren Situationen verwendbar ist.

Als idealer eindeutiger Identifikator würde übrigens die menschliche DNA fungieren können, die dann in einem globalen DNA-Register der gesamten Menschheit gespeichert werden könnte. Jedenfalls werden bereits Stimmen laut, die in diese Richtung zielen. In Großbritannien forderten mehrere prominente Wissenschaftler, unter ihnen Professor Sir Alec Jeffreys, der Vater der DNA-Technologie, dass allen

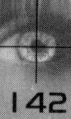
Neugeborenen DNA-Gewebeproben entnommen und künftig gespeichert werden. In Australien kam der gleiche Vorschlag, hier jedoch von Politikern. Der Gedanke ist jedoch umstritten, da er eine beträchtliche Verletzung der Privatsphäre bedeutet. Beispielsweise braucht jemand, der Zugang zum DNA-Register hat, nur ein Trinkglas mit dem Lippenabdruck einer anderen Person zu nehmen, um die Identität dieser Person festzustellen. Außerdem erhält man gleichzeitig Zugang zu den Erbanlagen dieser Person, z. B. den Anlagen für bestimmte Krankheiten. Ein anderer führender DNA-Forscher in England – Nobelpreisträger Sir Paul Nurse – warnt bereits vor „genetischer Apartheid", d. h. der Diskriminierung von Menschen auf Grund ihrer Erbanlagen.

Software als telefonischer Lügendetektor

Das Intimste und Privateste, das wir Menschen besitzen, sind wohl unsere Gedanken. Bezüglich des Schutzes der Privatsphäre wäre es deshalb interessant, zu wissen, was im Bereich der Entwicklung der Lügendetektorsoftware vor sich geht. Die israelische Firma Nemesysco* entwickelte eine solche Software. Ihr System analysiert in Echtzeit eine große Anzahl von Variablen, u. a. sog. Frequenzvariationen, und kann noch während des Gesprächs eine Beurteilung der Glaubwürdigkeit der getesteten Person liefern. Außerdem wird eine Reihe weiterer Einschätzungen geliefert, z. B. ob die Person unsicher oder erregt ist.

Die Software funktioniert unabhängig von der Sprache, in der das Gespräch geführt wird, und kann ohne Wissen des Betroffenen sogar via Telefon oder Bandaufnahme angewendet werden. Die Firma Nemesysco nennt Polizei, Geheimdienste, Versicherungsgesellschaften und Personalbeschaffungsunternehmen als potenzielle Kunden. Aus einem Artikel im Wall Street Journal geht hervor, dass die britische

Versicherungsgesellschaft Highway Insurance die Software
18 Monate lang bei den Schadensmeldungen ihrer Kunden getestet hat, was dazu führte, dass die ausgezahlten
Entschädigungssummen um 15,8 Prozent gesenkt werden
konnten. Demselben Artikel zufolge wurden Tests mit diesem System im Frühjahr 2004 von der Allianz AG in
Deutschland und Zürich Financial Services in der Schweiz
durchgeführt.

Es wäre ein Szenario denkbar, bei dem eine derartige
Software regelmäßig bei Behörden wie der Krankenkasse
oder dem Finanzamt sowie allgemein in der Wirtschaft zur
Anwendung kommt. Man braucht sich nur vorzustellen,
wie bequem es für den Einkaufsleiter einer Firma wäre,
wenn er gleich überprüfen könnte, ob es der Vertriebsleiter
der anderen Firma wirklich ernst gemeint hat mit seiner
Versicherung, die gewünschte Ware pünktlich innerhalb einer Woche zu liefern. Wenn dann auch noch Privatpersonen

No.	Issue		Type	Start P.	End P.	Analysis	SPT	SPJ	JQ	AVJ
1			<Auto>	13681	18419	TRUTH	280	342	28	6.31
2			<Auto>	76624	80978	EXCITED	207	298	30	8
3			<Auto>	116913	121834	High Anticipation	270	286	30	7.29
4	3 REL		3 REL	170075	174751	PROBABLE FALSE	111	340	34	6.4
5			<Auto>	219616	223594	TRUTH	281	295	22	5.75
6	3 REL		3 REL	278263	283225	PROBABLE FALSE	153	311	23	4.16
7			<Auto>	314649	320281	TRUTH	283	304	25	5.76
8			<Auto>	377897	382512	EXTREME TENSION	249	333	30	6.04
9			<Auto>	409585	414034	PROBABLE FALSE	336	236	19	4.79
10	3 REL		3 REL	469337	473426	NOT SURE	264	260	27	6.32
11			<Auto>	510730	517477	TRUTH	286	300	21	4.91
12	3 REL		3 REL	578754	583231	PROBABLE FALSE	129	356	18	3.57
13			<Auto>	610083	615640	TRUTH	277	305	23	4.69

CAL:(1/0) SPT-(C:274 ,R:1.4 ,W:6.7) SPJ-(C:299 ,R:1.3 ,W:9.1) JQ-(C:25 ,R:1.3, W:8.3) AVJ-(C:06)
SOS-(C:.78) Fmain-(C:31 ,R:2.1 ,W:6.6), AV.SubEMO:15.8, AV.subCOG:6.2

*Eine Software, die die Stimme des Gesprächspartners am Telefon
analysiert und ermittelt, ob die Person lügt oder die Wahrheit spricht.*
(Quelle: Nemesysco)

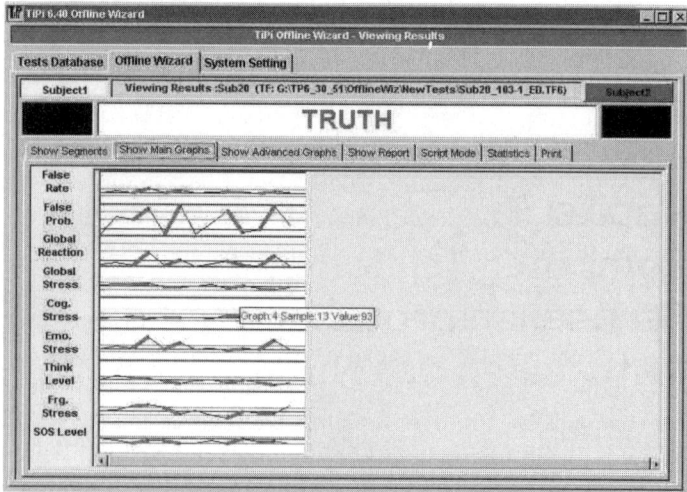

Verschiedene Parameter der Stimme werden analysiert. So lässt sich bestimmen, mit wie hoher Wahrscheinlichkeit gelogen wird.
(Quelle: Nemesysco)

die Software an ihr Telefon anschließen (Nemesysco bietet eine Softwareversion für „Normalverbraucher" an), so könnten die alltäglichen Gespräche zwischen Freunden und Verwandten ungeahnte Überraschungen zeitigen.

Der amerikanische Vertragshändler für Nemesyscos Produkte (eine Firma mit dem kurzen Namen V*) entwickelt nach Angaben der *Washington Post* Brillen, in denen die Software von Nemesysco integriert ist: Die Stimme des Gesprächspartners wird daraufhin „abgetastet", ob diese Person eine gefühlsmäßige Beziehung zum Gegenüber hat, und zeigt dies auch unmittelbar an. Dies kommentierte die *Washington Post* mit den trockenen Worten: „Möglicherweise stehen jetzt die Single-Bars vor einer Revolution."

Kapitel 9:
Computer, Telefon und Fernsehen protokollieren die Aktivitäten der Nutzer

> Unser Produkt E-Direct liefert Kundeninformationen, die in einer der fortgeschrittensten Datenbanken gespeichert sind. Hier erfährt man nicht nur, wer die Kunden sind, sondern auch, was sie kaufen, worauf sie ihre Blicke werfen, was sie lesen und was sie haben wollen.
>
> Medienmogul Rupert Murdoch 1999

Richard Smith, ein kritisch denkender IT-Techniker aus Massachusetts in den USA, wollte eine neue Dienstleistung der Internetfirma Amazon erproben. Die Software – zBubbles genannt – sollte den Austausch von Empfehlungen und Kauftipps mit anderen Kunden ermöglichen. Die Software musste von einer Anschlussseite der Website von Amazon heruntergeladen werden; diese Seite gehörte einem Unternehmen namens Alexa.

Da Richard Smith von Natur aus misstrauisch ist, schaltete er eine andere Software ein, die herausfindet, welche Angaben zwischen seinem Computer und dem Internet während des Herunterladens gesendet werden. Und siehe da: Es zeigte sich, dass die Software von Alexa seine persönlichen Angaben wie Name, Anschrift, Telefonnummer und E-Mail-Anschrift „stahl" und weitersendete.

Wie konnte dies geschehen? Hatte er ein Spionageprogramm heruntergeladen? Dies war nicht der Fall. Aber die

Software von Alexa hatte registriert, welche Website er vorher besucht hatte. Und bei diesem Besuch hatte Richard Smith seine Angaben hinterlassen. Das Internet ist nämlich so konstruiert, dass persönliche Angaben, die man z.B. für den Kauf einer Ware oder die Bestellung von Fahrkarten hinterlässt, häufig erneut im Anschriftenfeld wiederholt werden. Das Gleiche gilt, wenn man ein Stichwort in die Suchmaschine eingibt. Sie können es selbst ausprobieren. Stellen Sie sich vor, Sie wären ein militanter Veganer und wollten an einer Aktion gegen Fleischtransporte teilnehmen. Sie geben die Stichwörter „vegan" und „Aktion" in die Suchmaschine Google* ein. Wenn Sie dann auf „Suchen" klicken, antwortet Ihr Browser mit dem Aufruf einer Website, die folgende Anschrift hat:

http://www.google.com/search?q=vegan+aktion&ie=
UTF-8&oe=UTF-8&hl=sv&btnG=Google-s%C3%B6
kning&lr=.

Die Website, die Sie danach besuchen, erhält automatisch Zugang zu dieser Adresse, die dann in einer beliebigen Datenbank gespeichert werden kann. Die Firma oder die Person, der diese Website gehört, kann somit den Eindruck gewinnen, Sie seien ein militanter Veganer, ohne dass Sie davon eine Ahnung haben.

Internet – ein Eldorado für „Schnüffler"

Während der Arbeit an diesem Buch begann ich einzusehen, dass im Umgang mit dem Internet – und mit dem Computer überhaupt – große Vorsicht angeraten ist. Im Cyberspace spielen sich im Geheimen ununterbrochene Lausch- und Schnüffelaktionen ab. Ohne es zu wissen oder zu bemerken, setzt sich der unschuldige Surfer fremden Blicken aus. Was der Surfer während seines Internetausfluges besucht und was er in die Tastatur eingibt, wird häufig in Protokolldateien und Datenbanken langfristig gespeichert.

Diese Schnüffeleien gehen auf unterschiedliche Weise vor sich. Die meisten Webplätze registrieren, welche Webseiten besucht werden, wie häufig und wie lange sie besucht werden, welche Suchbegriffe oder sonstige Angaben eingegeben werden sowie welche Internetadresse man zuletzt besucht hat. Die Angaben werden entweder in einer Datenbank des Webplatzes gespeichert oder – was üblicher ist – in einer kleinen Datei (einem sog. „Cookie") auf der eigenen Festplatte. Wenn der gleiche Webplatz erneut besucht wird, ist die Bildschirmanzeige bereits dem früheren Besuch angepasst; und nach dem Besuch wird das Cookie erneut aktualisiert.

Dies ist die Ausgangslage. Man wird also als Surfer registriert, bleibt aber noch anonym. Man ist eine Nummer mit einem bestimmten „Surfverhalten", d.h. einem bestimmten Profil, wobei jedoch Name, E-Mail-Anschrift oder sonstige Identifizierungsangaben nicht zugänglich sind.

Bei dieser Ausgangslage bleibt es jedoch nicht. Jetzt kommen nämlich die Tricks. Wenn Sie z.B. eine Broschüre bestellen, müssen Sie ja Ihren Namen und Ihre Anschrift angeben – und diese Angaben können dann mit dem Cookie, der ja bereits auf Ihrer Festplatte gespeichert ist, verknüpft werden. Eine weitere Möglichkeit, die Identität des Surfers zu ermitteln, ist die Suche nach entsprechenden Angaben auf Webseiten, die *früher* besucht wurden (wie im obigen Beispiel des Robert Smith). Mit dieser Methode lässt sich zwar nicht die Identität sämtlicher Besucher eines Webplatzes auf Anhieb ermitteln, aber langfristig können anonyme Besucher immer mehr mit ihrer Identität verknüpft werden.

Dagegen könnte man einwenden: „Was spielt es denn für eine Rolle, ob der Inhaber eines Webplatzes meine Identität erfährt? Ich lasse mir ja nichts zu Schulden kommen, also kann mir auch nichts passieren." Das mag ja stimmen, aber Informationen über den Besuch von Websites bzw. über die Eingabe von Suchbegriffen können sehr persönlich oder vertraulich sein. Solche Informationen können Krankheiten, Interessen, Pläne, Reisen, Beziehungen oder andere intime Einzelheiten des Surfers verraten. Wie erbaulich ist es, mit der Post eine Broschüre über die Behandlung von Geschlechtskrankheiten zu erhalten, nachdem man zuvor eine entsprechende Website besucht hatte (oder nur versehentlich auf eine solche Seite gestoßen war)? Genau dies aber ist es, was einige Werbefachleute der Wirtschaft erreichen wollen.

Es gibt weitere Methoden, die Surfaktivitäten im Internet mit der Identität des Surfers zu verknüpfen. Eine ziemlich unerfreuliche Erscheinung sind die sog. Web Bugs („Webwanzen"), manchmal auch „Clear GIF" oder „Web Beacons" genannt („beacons" sind eigentlich übermittelte Fehlersignale). Es handelt sich hier um kleine „Bilder", die sich zu Spionagezwecken unter HTML-Codes verstecken können, z. B. auf Websites und in E-Mail-Mitteilungen, aber auch in Word-Dokumenten, Excel-Dateien sowie Power Point-Präsentationen. Normalerweise hat ein solches „Bild" nur die Größe eines einzigen Pixels (Bildpunktes) und ist daher kaum zu entdecken.

Die Anwendung von Web Bugs auf Websites ist in den letzten Jahren explosionsartig gestiegen. Neuerdings tauchen diese kleinen Spione auch in E-Mail-Sendungen auf (dies hängt mit dem häufigeren Gebrauch von HTML-Mail – die dafür erforderlich ist – zusammen). Eine Webwanze kann Daten über den Surfer an einen Dritten senden, z. B. an eine Firma, welche die entsprechende Website betreibt. Dies erfolgt auch in großem Umfang über sog. Werbenetzwerke. Eine Website, die ihren Platz für sog. Bannerwerbung zur Verfügung stellt, ist sich vielleicht gar nicht bewusst, dass der Banner eine Webwanze enthält.

Was sind Werbenetzwerke? Die im Internet betriebene Bannerwerbung hat – rein technisch gesehen – ihren Ursprung nicht beim Inhaber einer Website, sondern stammt von Firmen, die sich auf die Produktion solcher Banner spezialisiert haben – die Werbenetzwerke. Einige dieser Netzwerkfirmen beherrschen den Weltmarkt, wobei Double-Click* die größte Firma ist.

Die Werbenetzwerke können von den Inserenten einen höheren Preis für E-Werbung im Internet verlangen, wenn sie die Anzeigen (Banner) dem jeweiligen Surfer anpassen können, anstatt die gleiche Anzeige sämtlichen Surfern zu präsentieren. Beispielsweise sollen Anzeigen für Motorräder vorwiegend Motorradfans, Anzeigen für Strumpfhosen vorwiegend Frauen usw. präsentiert werden. Eine Anzeige für Strumpfhosen, die einem Mitglied der Hell's Angels präsentiert wird, wäre vermutlich ziemlich überflüssig.

Die Absicht mit dieser gezielten Internetwerbung ist ja im Grunde nicht schlecht – in einer idealen Welt würde ein solches Verfahren dem Konsumenten tatsächlich helfen. Die Kehrseite ist jedoch, dass die Werbenetzwerke erst eine umfangreiche Profilerstellung des Surfers durchführen, ihn also auskundschaften. Abgesehen davon, dass viele Menschen vor einer solchen Möglichkeit Unbehagen empfinden, sind damit auch reale Risiken verbunden, da man sich nicht sicher sein kann, dass die Informationen nicht in unrechte Hände geraten.

Die Profilerstellung bedeutet, dass das Netzwerk den Weg jedes Surfers von Webplatz zu Webplatz verfolgt und dabei registriert, was der Betroffene sich ansieht oder eingibt, und dann daraus die geeigneten (werbewirksamen) Schlüsse zieht. Da die Informationen aus dem Besuch zahlreicher Websites gewonnen werden (die alle an das jeweilige Werbenetzwerk angeschlossen sind), ergibt sich mit der Zeit ein detailliertes und ziemlich vollständiges Bild der Gewohnheiten und des Persönlichkeitstyps des Surfers. Man hat ein „digitales Schattenbild" der Person entworfen.

Dieses detaillierte Bild einer Person könnte dann auch außerhalb des Internets zu Werbezwecken genutzt werden, z.B. für Direktwerbung mittels postalischer Drucksachen oder in der telefonischen Werbung. Damit würde auch der

Wert der in der Datenbank des Werbenetzwerkes gespeicherten Informationen beträchtlich steigen. Die Versuchung ist daher groß, Anstrengungen zu unternehmen, um die Besitzer der „digitalen Schattenbilder" auch namentlich zu identifizieren.

Im Jahre 1999 gab DoubleClick den Kauf der amerikanischen Firma Abacus bekannt, die im Besitz einer umfassenden Datenbank mit detaillierten Personenangaben war. Zweck der Übernahme war es, diese Datenbank in die eigene Datenbank zu integrieren. Dagegen gab es jedoch starke Reaktionen und Proteste. Beispielsweise erklärte die Bürgerrechtsorganisation EPIC (Informationszentrum zum Schutz der elektronischen Privatsphäre) in den USA: „Ein Abgleich der Online-Profile der Datenbank von DoubleClick mit den gespeicherten Offline-Verbraucherprofilen von Abacus verstößt gegen das frühere Gelöbnis der Firma, dass die erstellten Informationen anonym verbleiben. Daher ist die Datensammlung rechtlich anfechtbar sowie irreführend."

DoubleClick geriet somit ins Blickfeld der Gerichte und sah sich mit einem Proteststurm und zahlreichen Verbraucherklagen konfrontiert. Die Firma war schließlich gezwungen, von ihren Plänen Abstand zu nehmen, und versuchte in ganzseitigen Anzeigen in der Tagespresse, das erschütterte Vertrauen wiederherzustellen. Außerdem wurden 1,8 Millionen Dollar an die auf Schadenersatz klagenden Verbraucher gezahlt. Hierbei ist zu beachten, dass DoubleClick eine große, seriöse Aktiengesellschaft ist. Wie hätte eine kleinere und vielleicht nicht so gewissenhafte Firma reagiert? Wie würde eine Firma handeln, der das Wasser bis zum Halse steht und die nichts zu verlieren hat? Und was geht alles im Cyberspace vor sich, ohne dass wir eine Ahnung davon haben?

In den USA erregte im Jahre 2000 ein Unternehmen namens Pharmatrak Aufsehen. Die Firma hatte elf großen pharmazeutischen Unternehmen geholfen, mittels Cookies und Webwanzen medizinische Profile von Personen zu erstellen, die die Websites dieser Unternehmen besuchten (um z. B. Näheres über bestimmte Krankheiten und Arzneimittel zu erfahren). Die Pharmafirmen planten, die ihnen zur Verfügung gestellten Kundeninformationen gemeinsam zu verwalten, um ein detailliertes, ganzheitliches Bild des betreffenden Kunden zu schaffen. Da die Pharmafirmen Arzneimittel verkaufen wollen, war der Zweck der Aktion offensichtlich eine Erfassung vorhandener Krankheiten und medizinischer Beschwerden.

Ein weiterer Trick zur Beschaffung persönlicher Angaben, die mit anonymen Profilen verknüpft werden können, ist die Versendung von E-Mail-Mitteilungen, die Webwanzen enthalten. Nehmen wir einmal an, der Betreiber einer Astrologie-Website kennt nur die Geburtsdaten seiner Kunden (um Horoskope zu erstellen), nicht aber ihre E-Mail-Adressen. Wenn die Firma dann eine „verwanzte" Spamwerbung via E-Mail verschickt, meldet die Webwanze beim nächsten Besuch des Kunden auf der Astrologie-Website die genaue E-Mail-Anschrift, und die Horoskopfirma kann nach und nach ein Register der Internetaktivitäten der Kunden sowie ihrer E-Mail-Anschriften anlegen, während die Kunden selbst ahnungslos sind.

Mit der Kenntnis einer E-Mail-Adresse ist man der Identität eines Menschen bereits recht nahe gekommen. Damit ist es möglich, persönliche Mitteilungen zu verschicken – Mitteilungen, die der Empfänger eventuell vor seiner eigenen Familie geheim halten will. Manchmal ist es auch nicht allzu schwer, die E-Mail-Anschrift der betreffenden Person zu erraten und sich dann die vollständigen Angaben zu beschaffen. Eine E-Mail-Anschrift wie hans.schulze@rothenburg-mietwagen.de bereitet ja keine größeren Schwierigkeiten.

Eine weitere Methode zur Überwachung von Internetsurfern bietet Microsofts .Net Passport. Dieses Programm ermöglicht das Einloggen in sämtliche dem System angeschlossene Websites mittels eines einzigen Passworts. .NET

Passport hat bereits 250 Millionen Anwender. Nachdem die EU-Kommission .NET Passport im Jahre 2003 wegen des unzureichenden Schutzes der Privatsphäre kritisiert hatte, modifizierte Microsoft das System. Anwender können jetzt selbst darüber entscheiden, welche persönlichen Angaben sie auf der jeweiligen Website hinterlassen wollen, und via Mausklick können sie Hinweise des europäischen Datenschutzes abrufen.

Die angesehene Beraterfirma Gartner Group führte 2001 eine Untersuchung durch, bei der sich zeigte, dass nur elf Prozent der befragten Internetanwender mit .NET Passport zufrieden waren. Auch zeigte es sich, dass 90 Prozent der Befragten nicht gewillt waren, persönliche Angaben preiszugeben, um angepasste Webseiten, Banner usw. einsehen zu können.

Microsoft ist nicht die einzige Firma, die zu Zugeständnissen gezwungen wurde. Die starke Kritik am mangelhaften Schutz der Privatsphäre im Internet hat offenbar einige Wirkung gezeigt. Die Organisation Privacy Online veröffentlichte 2002 einen Bericht, nach dem sich der Schutz der Privatsphäre auf kommerziellen Webseiten etwas verbessert hatte. Beispielsweise sank der Anteil großer Websites, die persönliche Angaben sammeln, von 96 Prozent im Jahre 2000 auf 84 Prozent, während der Anteil großer Websites, die Cookies oder Webwanzen zur Auskundschaftung der Internetsurfer verwenden, von 79 Prozent auf 48 Prozent gefallen war.

In einigen kritisierten Bereichen hat sich die Lage also verbessert. Leider muss man sagen, dass sich die Lage in anderen Bereichen, die nicht im Mittelpunkt der Aufmerksamkeit standen, sogar noch verschlechtert hat. Darauf werden wir weiter unten eingehen.

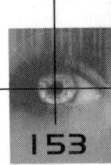

„Neugierige" Software

Manchmal zeigt es sich, dass eine Software, die man im Computer installiert hat, unangenehme Eigenschaften entwickelt – sie ist „neugierig". Sie „schnüffelt" und sendet Informationen nach außen. Ein Beispiel dafür war ein Produkt der Firma RealNetworks*, eines führenden Unternehmens im Bereich der Mediaplayer (für das Abspielen von Ton- und Videodateien). 1999 wurde bekannt, dass die Shareware Real-Jukebox heimlich Informationen über die Musikwünsche der Anwender an die Firma sendete. Die Aufregung war groß, es hagelte Klagen gegen die Firma. Das Unternehmen behauptete, dass man gar nicht am Musikgeschmack des einzelnen Verbrauchers interessiert wäre, sondern sich nur ein übergreifendes Bild der musikalischen Gewohnheiten verschaffen wollte. Heute versichert RealNetworks, dass ihr Mediaplayer keine Informationen mehr „leckt".

2002 wurde bekannt, dass Windows Mediaplayer 8 von Microsoft, der Bestandteil des Betriebssystems Windows XP ist, den gleichen Fehler aufweist. Das Programm wählt sich automatisch bei Microsoft ein und sendet Informationen über die gerade gespielte Musik. Der gleiche Vorgang erfolgt beim Abspielen einer Film-DVD, d. h. es werden Angaben zum Titel des betreffenden Werks sowie die Identitätsnummer des betreffenden Computers gesendet. Angeblicher Zweck dabei ist es, dem Computer zusätzliche Informationen zum gespielten Musikstück bzw. Film anzubieten. Das führt jedoch dazu, dass Microsoft genaue Kenntnis darüber erlangt, welche Musik und welcher Film im Augenblick auf welchem Computer läuft.

Dabei stellt sich die Überlegung ein, dass die Kenntnis von Filmtiteln, die eine Person wählt, beträchtlich mehr über diese Person aussagt als die Wahl von Musikstücken. Wenn der Mediaplayer beginnt, Angaben über Filme statt über Musik an Außenstehende zu senden, verschärft sich also die Problematik. Windows Mediaplayer erstellt sogar eine Protokolldatei in jedem angeschlossenen Computer, also ein Verzeichnis sämtlicher abgespielten Filme und Musikstücke. Datenschutzexperten in den USA befürchten, dass die Informationen für viele Individuen bzw. Behörden verlockend sein werden, z.B. für Rechtsanwälte in Scheidungsprozessen, für Familienmitglieder, Werbefirmen, Polizei usw.

Der Computer des Anwenders ist bei Microsoft mit der Identitätsnummer des Mediaplayers registriert, also nicht mit Name, Anschrift usw. des Anwenders. Der oben erwähnte Datenschutzfachmann Richard Smith meint jedoch, dass Microsoft eine solche Verbindung (zur „richtigen" Identität des Anwenders) leicht herstellen kann, falls der betreffende Anwender z.B. Abonnent des E-Mail-Rundbriefs von Microsoft ist.

Langfristig könnte dies dazu führen, dass z.B. die Einhaltung der urheberrechtlichen Vorschriften für Software überwacht wird – also eine Art automatische Kontrolle, um zu verhindern, dass jemand illegal Musik- oder Filmdateien kopiert. (Falls man Microsofts neue Computerarchitektur „Palladium" verwendet, ist dies jedoch nicht mehr erforderlich – mehr darüber weiter unten in diesem Kapitel.)

Zu Beginn des Jahres 2003 wurde bekannt, dass die Fehlermeldungen von Microsoft-Software, die an das Unternehmen gesendet werden, auch Teile derjenigen Dokumente senden, die bei Eintreffen des Fehlers gerade geöffnet waren – und manchmal sogar das gesamte Dokument! Dies ist vermutlich ein rein technisches Problem, das jedoch bei vielen Menschen angesichts der Tatsache, dass Dokumente von ihrer Festplatte zu Microsoft in den USA gesendet werden, Unbehagen hervorruft. Es kann sich ja um äußerst sensitive Informationen handeln. Die Funktion, Fehlermeldungen automatisch an Microsoft zu senden, kann jedoch ein kundiger Anwender selbst ausschalten.

In diesem Zusammenhang kann erwähnt werden, dass Microsofts Vorsitzender Bill Gates seine Mitarbeiter kürzlich darauf aufmerksam machte, Fragen der Sicherheit und des Schutzes der Privatsphäre vorrangig vor der Einführung neuer Softwarefunktionen zu behandeln. „Die Anwender müssen selbst entscheiden können, wie ihre persönlichen Angaben gehandhabt werden", schrieb er in seinem Rundbrief. Es bleibt allerdings abzuwarten, inwieweit diese Absichtserklärung in die Praxis umgesetzt wird.

Der Browser Netscape 6 sammelt ebenfalls Informationen, falls dessen integrierte Suchmaschinenfunktion benutzt wird. Suchbegriff und IP-Adresse werden zu einer gemeinsamen ID-Nummer kombiniert.

Auch die Suchmaschine Google speichert Informationen über verwendete Suchbegriffe. Bei rund 170 Millionen Suchvorgängen täglich können gewaltige Informationsmengen gesammelt werden. Da die IP-Adressen der Surfer häufig ihre Firmenzugehörigkeit verraten, hat Google rein technisch die Möglichkeit zu erfahren, woran Unternehmen und übrige Teilnehmer besonders interessiert sind. Das wäre natürlich eine Fundgrube für Industriespione. Es ist behauptet worden – allerdings ohne dafür einen Beweis zu erbringen –, dass Google mit dem amerikanischen Geheimdienst zusammenarbeitet. Tatsache ist, dass zwei Haupteigentümer von Google der amerikanischen Regierung nahe stehen. Ich möchte betonen, dass es keine konkreten Beweise in dieser Hinsicht gibt. Ich nenne diese Anklagen nur, um dem Leser ein Bild davon zu geben, welche technischen Möglichkeiten die Informationstechnologie bereitstellt.

Protokolldateien als Beweise gegen Bill Gates

Digitale Fingerabdrücke entstehen allerdings nicht nur, wenn wir im Internet surfen, Websites besuchen, Suchmaschinen benutzen, E-Mail-Mitteilungen schicken oder in ein Werbenetzwerk (mit sog. Bannern) geraten. Auch im Computer (zu Hause oder bei unserem Arbeitgeber) sowie beim

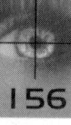

Internetanbieter bzw. Telekomunternehmen hinterlassen wir nämlich Spuren. Beginnen wir mit dem Computer.

Auf der Festplatte des Computers werden die Adressen der besuchten Websites sowie die in die Suchmaschine eingegebenen Stichwörter gespeichert. Vereint können diese Angaben bereits viel über unsere Interessen, Pläne und Aktivitäten aussagen. Jeder, der Zugang zum Computer hat, bzw. ein eventueller Hacker kann diese Informationen einsehen. Der Besuch einer Website mit Stellenangeboten ist z. B. ein Indiz dafür, dass der Betreffende einen Arbeitsplatzwechsel erwägt, was sich für diese Person – wenn die Absicht bekannt wird – in bestimmten Situationen zum Nachteil auswirken kann. Ebenso werden natürlich die gesendeten und empfangenen E-Mail-Briefe im Computer gespeichert.

Glücklicherweise lässt sich das Verzeichnis der beim Surfen angelaufenen Websites als auch die gesammelte E-Mail wieder einfach löschen. Damit sind die digitalen Fingerabdrücke beseitigt – zumindest an der Oberfläche. Jedoch sind, wie gesagt, die digitalen Informationen „klebrig" – sie bleiben haften. Das Problem dabei ist nämlich, dass eine Information, die von der Festplatte „gelöscht" wird, eigentlich gar nicht verschwunden ist. Das Einzige, was verschwindet, ist die Anzeige dieser Information. Wird sie entfernt, erfolgt also eine *scheinbare* Löschung der dazugehörigen Information, d. h., die Information wird unsichtbar, ist aber gleichwohl vorhanden.

Mit etwas mehr Computerkenntnis und einer speziellen Software (z. B. EnCase von der Firma Guidance Software*) können gelöschte Dateien wiederhergestellt werden. Der Vorgang ist übrigens aus vielen Gerichtsverfahren bekannt, bei denen prominente Politiker und Unternehmer verdächtigt wurden, Gelder und Steuern usw. hinterzogen zu haben – als Beweise dienten die „gelöschten" und wiederhergestellten Dateien ihrer Computer. Beispielsweise bestanden die Beweismittel im Prozess gegen das amerikanische Unternehmen Enron hauptsächlich aus gelöschten Dateien, die mit Hilfe der IT-Spezialisten der Staatsanwaltschaft gerettet werden konnten.

Auf der Festplatte gespeicherte Informationen können jedoch auch unwiderruflich gelöscht werden. Dafür gibt es bestimmte Softwareprodukte (z.B. von der Firma Ibas*), die die gesamte Festplatte mit Leerraum überschreiben.

Die allgemeine Unkenntnis über das Fortbestehen digitaler Informationen stellt bereits an sich eine Gefahr für den Schutz der Privatsphäre oder von Firmengeheimnissen dar, wenn z.B. alte Computer entsorgt oder verkauft werden oder auch nur, wenn ein Mitarbeiter seinen Arbeitsplatz und damit seinen Computer innerhalb der Firma wechselt. Es kommt vor, dass Hacker sich die Festplatten ausrangierter Computer besorgen und sie nach Passwörtern und anderen wertvollen Informationen durchsuchen. Die schwedische Zeitschrift *Computer Sweden* interviewte 2002 einen Mitarbeiter der IT-Abteilung einer großen staatlichen Behörde, der anonym bleiben wollte. Er sagte:

> Wenn wir die Computer von Kollegen reparieren, merken wir ja, was auf deren Festplatten gespeichert ist, also ihre privaten Dateien usw. Anfangs waren wir ziemlich geschockt sowohl über das, was alles gespeichert wird, wie auch darüber, dass dies während der Arbeitszeit geschieht. Eins ist sicher: Die Mitarbeiter unserer EDV-Abteilung haben bedeutend mehr über ihre übrigen Kollegen in Erfahrung gebracht, als denen lieb ist.

Untersuchen wir nun diejenigen Spuren, die man beim Surfen im Internet oder beim Verschicken von E-Mail hinterlässt. Wenn ich bei meiner Arbeit einen Computer benutze, ist es sehr wohl möglich, dass meine Firma eine Software im Computer installiert hat, die genau registriert, welche Websites ich während der Arbeitszeit besuche. Verweile ich zu lange auf einer „unerwünschten" Website, schlägt die Software bei der Firmenleitung Alarm (dies wird eingehender im Kapitel 10 – Elektronische Überwachung am Arbeitsplatz – behandelt).

Doch auch ohne besondere Überwachungssoftware werden zahlreiche Informationen automatisch im Computer gespeichert. Im Falle von E-Mail-Sendungen ist die Wahrscheinlichkeit, dass diese registriert und gespeichert werden, nahezu 100-prozentig. Größere Firmen speichern fast immer sämtliche E-Mail-Sendungen in besonderen Backup- und Protokolldateien, um sie bei Bedarf – auch nach langer Zeit und selbst dann, wenn diese Sendungen bereits „gelöscht" (siehe oben) wurden – hervorholen zu können.

Auch die Firma Microsoft musste dies erfahren, nämlich als die amerikanische Antitrust-Behörde die interne E-Mail von Bill Gates und anderen Firmenleitern sicherte, um in ihrem Prozess Beweise für den Verdacht auf Wettbewerbsbeschränkung zu erlangen. In der Justiz gehört es jetzt zum Standardverfahren, die E-Mail-Sendungen der Gegenpartei beispielsweise bei Scheidungsprozessen um Jahre zurückzuverfolgen, um Beweismittel für die eigene Argumentation in die Hand zu bekommen.

Es besteht auch ein offensichtliches Risiko, dass Systemverwalter und sonstige eventuell neugierige Techniker – sowohl in der eigenen Firma wie an den Stellen, die von der E-Mail bei ihrem Weg durch das Internet angelaufen werden – diese E-Mail-Mitteilungen lesen. E-Mail ist überhaupt ein denkbar schlechtes Werkzeug, um vertrauliche oder geheime Informationen zu senden. E-Mail kann am besten mit der Verschickung von Ansichtskarten verglichen werden, zumindest, solange die Mitteilungen nicht chiffriert werden.

Nehmen wir einmal an, ich sitze zu Hause an meinem privaten PC und habe jede digitale Eins und jede Null auf der Festplatte gelöscht. Heißt das nun, dass jetzt sämtliche Fingerabdrücke beseitigt sind? Nein, nicht ganz. Bei meinem Internetanbieter sind nämlich meine gesendeten und erhaltenen E-Mail-Nachrichten (mit Datum und Uhrzeit für jede Mitteilung) immer noch gespeichert. Auch mein Surfen im Internet wird dort vollständig protokolliert. Das bedeutet auch, dass meine dabei gemachten Tastatureingaben – wie die Eingabe von Suchbegriffen in Suchmaschinen – gespeichert werden.

EU-Richtlinie: Kommunikationsdaten für alle EU-Bürger speichern

Die alte EU-Richtlinie von 1997 zum Schutz der Privatsphäre bei der elektronischen Kommunikation stellte grundsätzlich fest, dass Internetanbieter und Telekomfirmen die sog. Verkehrsdaten nur so lange speichern dürfen, wie es für die Ausstellung der Kundenrechnungen erforderlich ist. Danach sind diese Informationen zu löschen. Verkehrsdaten umfassen folgende Angaben:

- die vom Kunden besuchten Internetadressen,
- die Absender bzw. Empfänger der vom Kunden erhaltenen und verschickten E-Mail,
- die Absender und Empfänger von SMS-Mitteilungen,
- die Gesprächspartner im gewöhnlichen Telefon-, Handy- oder Faxbetrieb,
- Datum und Uhrzeit für jeden der obigen Vorgänge,
- die Standortangaben des Mobiltelefonanrufs des Kunden.

Diese Haltung, die die Privatsphäre der Bürger schützte, hat sich inzwischen in ihr Gegenteil verkehrt. Schon im Jahre 2002 wurde die verbindliche Speicherung von Verkehrsdaten in der EU diskutiert – mit dem Ziel, auf diese Weise Terrorismus und schwere Verbrechen zu bekämpfen. Doch diese Bemühungen stießen auf harsche Kritik. Nach dem Anschlag von Madrid im Jahre 2004 erwies sich die politische Großwetterlage jedoch als günstig für einen neuen, formellen Vorstoß: Nun wird die verbindliche Speicherung von Verkehrsdaten für die gesamte EU-Bevölkerung vorgeschlagen, und wenn nichts Unvorhergesehenes passiert, wird

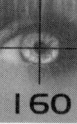

2005 eine formelle Entscheidung in diesem Sinne getroffen werden.

Der neue Vorschlag stellt jetzt fest, dass Internetanbieter und Telekomfirmen die Verkehrsdaten „eine gewisse Zeit lang" speichern müssen. Die Verkehrsdaten sind von jedem betroffenen Unternehmen in einer Datenbank zu speichern, die der Polizei und anderen Behörden auf Verlangen zugänglich zu machen ist. Welche Zeitdauer mit der Formulierung „eine gewisse Zeit" gemeint ist, bleibt unklar (obwohl von ein bis zwei Jahren die Rede war – oder auch mehr, falls ein bestimmter Staat dies wünscht). Nach der englischen Zeitung *The Guardian* hat z. B. der Mobilnetzbetreiber Virgin Mobile die Absicht, die Verkehrsdaten sieben Jahre lang zu speichern. Außerdem kann jedes EU-Land die Herausgabe der Verkehrsdaten einer Person in einem anderen EU-Land verlangen.

Allerdings gibt es keine gemeinsame EU-Liste der Delikte, die zum Zugriff auf Verkehrsdaten berechtigen. Es wurde nur eine Mindestliste über 32 Delikte erstellt – von schweren Verbrechen wie Terrorismus, Mord, sexueller Missbrauch von Kindern, Teilnahme an Bandenkriminalität bis zu Vergehen gegen den Umweltschutz, Rassismus, Betrug sowie Computer- oder Fahrzeugdelikte. Dabei steht es den Mitgliedsstaaten frei, die Liste beliebig zu erweitern. In der Praxis scheint es also so zu sein, dass elektronische Verkehrsdaten für die Aufklärung der meisten Delikte angefordert werden können.

Der Vorschlag ist auf harte Kritik der Verfechter des Schutzes der Privatsphäre gestoßen. Die Datenschutzausschüsse verschiedener EU-Länder äußerten im Herbst 2002 ihre „ernsten Zweifel an der Legitimität und Rechtmäßigkeit solcher weitreichenden Maßnahmen". Man meinte, die Speicherung der Verkehrsdaten würde „eine unrechtmäßige Verletzung der Grundrechte" darstellen und gegen die Europäische Menschenrechtskonvention verstoßen, in der es heißt (Artikel 8, Punkt 1):

Jede Person hat das Recht auf Achtung ihres Privat- und Familienlebens, ihrer Wohnung und ihrer Korrespondenz.

Die Kritik zielt konkret auf folgende Umstände:

- Die Richtlinie beachtet nicht die Verhältnismäßigkeit der Maßnahmen, d. h. das Ausmaß der Kontrollen und der Verletzung der Persönlichkeitsrechte steht in keinem ausgewogenen Verhältnis zum potenziellen Nutzen.
- Der Bereich der Delikte, die eine Auslieferung von Verkehrsdaten gestatten, ist nicht definiert, da jedes EU-Land die Liste beliebig erweitern kann.
- Eine Kontrolle findet nicht statt – es gibt niemanden, der die Überwacher überwacht.
- Es gibt keine Regeln, die den Zugang der Behörden zu den Daten begrenzen könnten. Das öffnet Tür und Tor für sog. Fischzüge, bei denen die Polizei aufs Geratewohl – ohne konkreten Tatverdacht – nach potenziellen Delikten fahndet. Und die Zahl der zum Zugriff berechtigenden Delikte kann, wie gesagt, beliebig erweitert werden.
- Ein Recht auf Berichtigung oder Löschung falscher Angaben in den Verkehrsdaten ist in der Richtlinie nicht genannt. Es besteht auch kein Anspruch auf Entschädigung bei Missbrauch der Verkehrsdaten.
- Es besteht kein Schutz vor Vervielfältigung und Verbreitung gespeicherter Daten. Dies ermöglicht es einem EU-Land, eventuelle nationale Bestimmungen zu umgehen, indem man sich einfach an ein anderes Land wendet und dieses bittet, die Angaben über die betreffende(n) Person(en) zu besorgen und dann den Behörden des eigenen Landes zu übergeben.
- Die Richtlinie sagt zwar, dass die Daten vertraulich zu behandeln sind, um den Schutz der Privatsphäre zu wahren, aber es wird nicht gesagt, wie dies geschehen soll und wo die Grenzen zu setzen sind.

Auch für die Löschung der Verkehrsdaten „nach einer gewissen Zeit" besteht keine Garantie. „Fängt man erst einmal an, Informationen zu speichern, verschwinden diese tendenziell nicht so leicht", sagt Ian Brown, Sprecher der britischen Bürgerrechtsorganisation Foundation for Information Policy Research*.

Kurz gesagt, die EU-Richtlinie weist beträchtliche Mängel hinsichtlich der Erfüllung der grundlegenden Anforderungen an den ethischen Umgang mit der Informationstechnologie auf. Darauf werden wir im zweiten Teil des Buches näher eingehen. Ilka Schröder, deutsche EU-Parlamentarierin, meint dazu: „Die Demokratien des Westens gehen in der Überwachung der Bürger weiter, als es die Stasi der ehemaligen DDR tat."

Totale Überwachung während der Olympischen Spiele in Athen

Jüngstes Beispiel für den Großeinsatz elektronischer Überwachung waren die Olympischen Spiele in Athen im Sommer 2004. Neben den öffentlichen Straßen und Plätzen wurden auch Telefone, E-Mail-Mitteilungen (mitsamt Anhängen) und das Internetsurfen überwacht. Die ermittelten Daten wurden von einer sog. Mustererkennungssoftware analysiert. Ziel war es, Meldungen bzw. ein komplettes Verhaltensmuster verdächtiger Individuen oder Gruppen zu finden, um eventuelle Terroranschläge zu vereiteln.

Die britische Firma Autonomy* entwickelte die dafür benötigte Software gleichen Namens, die mittels fortgeschrittener Technologie bestimmte Erkennungsmuster aus riesigen Mengen an Rohdaten herausfiltert. Auch das automatische Interpretieren und Zusammenfassen von Mitteilungen ist damit möglich.

Ein Sprecher der Firma kennzeichnete die Software nach Angaben der Nachrichtenagentur CNET mit folgenden Worten: „Enorme Datenmengen in sowohl englischer wie griechischer Sprache werden während der Olympiade analysiert, und zwar unabhängig von ihrer Form oder ihrem Standort. "

Über die Arbeitsweise der in Athen installierten 1.000 Überwachungskameras (die mit Mikrofonen und Nachtsichtoptik ausgerüstet waren) gibt es allerdings unterschiedliche Versionen. Die einen (darunter Associated Press) behaupten, dass sogar Gespräche von Personen auf der Straße (!) abgehört werden können; die Gespräche werden dann mittels spezieller Software in Text umgewandelt und von der Autonomy-Software analysiert. Andere wiederum meinen, dass dies ein Missverständnis sei und dass lediglich Geräusche wie Gewehrschüsse, Explosionen, Verkehrsunfälle usw. registriert würden. Die offiziellen Stellen wahrten zu diesem Thema völliges Stillschweigen.

Die Rohdaten wurden während der Olympiade auch von zwölf Patrouillenbooten, 4.000 Fahrzeugen, neun Hubschraubern und einem Zeppelin gesammelt. Die Überwachung deckte den gesamten Athener Großraum, die Flughäfen, neun Häfen und sämtliche übrigen Austragungsorte der Spiele ab. Für das System wurden 312 Millionen US-Dollar von einem Konsortium internationaler Unternehmen (darunter Siemens) unter Führung der SAIC (Science Applications International Corp.) aus San Diego aufgewendet.

„Es handelt sich um ein riesiges Netzwerk. Ein System dieser Größenordnung wurde noch nie zuvor getestet", sagte Lefteris Ikonomou, Sprecher der griechischen Polizei (laut AP).

Auch das amerikanische Ministerium für Heimatschutz erwarb die Autonomy-Software und installierte sie in ca. 200.000 Computern von 21 Behörden. Auch hier soll die Software bestimmte Erkennungsmuster, Trends, Personen und Phrasen (die Codewörter oder verborgene Mitteilungen enthalten) aufspüren. Auch werden damit Text-, Video- und Tonaufnahmen analysiert.

164 Digitale Überwachung in den USA und ihre Auswirkungen auf die Welt

Während der letzten 15 Jahre arbeiteten die Behörden der USA – vor allem das FBI – intensiv an den Möglichkeiten zum Abhören bzw. zur Überwachung des Telefonverkehrs und sonstiger elektronischer Kommunikation. Dabei ging man in zweierlei Richtung vor:

1. Integration der technischen Überwachungsmöglichkeiten in verschiedene Systeme und
2. Verhinderung des allgemeinen Gebrauchs von Chiffrierprogrammen.

Im Jahre 2000 wurde bekannt, dass das FBI ein spezielles Abhörgerät für digitale Kommunikation entwickelt hatte, im Volksmund „Carnivore" („Raubtier") genannt. Sein formeller Name ist DCS 1000. Internetanbieter in den USA sind gesetzlich verpflichtet, ein solches Gerät zu installieren.

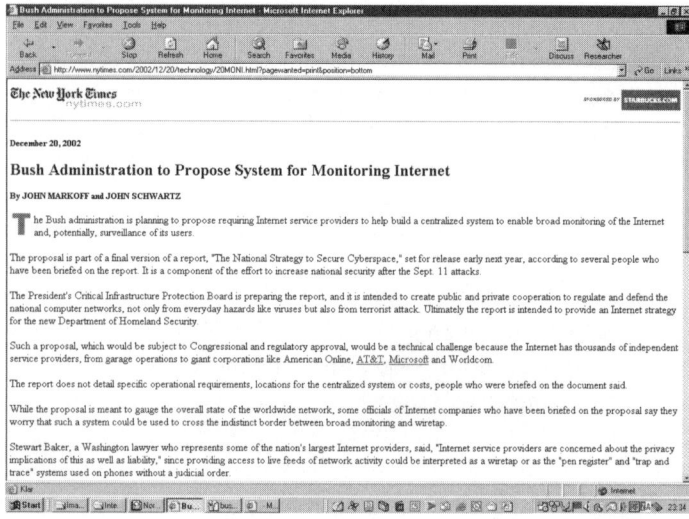

Wenn es um elektronische Überwachung geht, denkt die amerikanische Regierung global. (Quelle: New York Times)

Das „Raubtier" filtert sämtliche E-Mail-Sendungen und sortiert diejenigen aus, die in polizeilicher Hinsicht interessant erscheinen. „Carnivore" kann nach Angaben des *Wall Street Journal* mehrere Millionen E-Mail-Mitteilungen pro Sekunde scannen und ebenfalls das Surfen im Internet überwachen. Ebenso werden die über das Internet laufenden Telefongespräche abgefangen.

„Carnivore" ist in den USA auf Kritik gestoßen, da es eher als allgemeines Instrument zur Überwachung sämtlicher Bürger denn als zielgerichtetes Fahndungswerkzeug aufgefasst wird. Eine allgemeine Überwachung ist aber laut amerikanischer Verfassung verboten. Das FBI meint jedoch, dass nur die E-Mail von Personen kontrolliert werden, die eines Deliktes verdächtig sind. Dagegen erwidern die Kritiker, dass diese FBI-Behauptung nicht auf ihren Wahrheitsgehalt überprüft werden kann und dass das FBI sich bereits früher illegaler Lauschangriffe gegen politisch Andersdenkende wie Gewerkschaftsführer, afroamerikanische Organisationen, katholische Priester sowie Vertreter der feministischen und Schwulenbewegung schuldig gemacht habe.

Bei Installation der FBI-Überwachungsausrüstung werden gleichzeitig die Datenstationen – das „Nervensystem" der Telekomfirmen und Internetanbieter – umgerüstet. Im Frühjahr 2003 meldete Cisco, einer der marktführenden Hersteller von Datenaustauschstationen, dass man die eigenen Produkte modifizieren würde, um sie mit größeren Überwachungsmöglichkeiten auszustatten. Diesem Schritt werden sich vermutlich weitere Hersteller anschließen, und eine internationale Harmonisierung der Überwachungsstandards wird wohl folgen. Das schwedische Reichspolizeiamt informierte die schwedische Regierung in einem Brief vom September 2002 über folgenden Sachverhalt:

Die technische Ausrüstung der Telekomfirmen wird gegenwärtig von sieben großen Herstellern geliefert: Ericsson, Nokia, Siemens, Motorola, Cisco, Alcatel und Northel.

Im Rahmen des ETSI (European Telecommunications Standards Institute) findet eine internationale Standardisierungsarbeit statt mit dem Ziel, einen gemeinsamen Standard für technische Lösungen zur Durchführung geheimer Abhör- und Überwachungseinsätze im Telekombereich zu entwickeln.

Aber kehren wir zur Lage in den USA zurück. „Carnivore" und überwachungsangepasste Datenstationen sind natürlich nicht so effizient, wenn die zu überwachenden Personen ihre Mitteilungen verschlüsseln. Also ist auch die Chiffrierung zu einer heiklen Frage in den USA geworden. In den 80er Jahren gab es sogar einen fertigen Gesetzentwurf, der Privatpersonen die Chiffrierung verbieten wollte. Das geplante Gesetz stieß jedoch auf so viel Kritik, dass das amerikanische Justizministerium, die CIA und die NSA stattdessen ihren „Plan B" aus der Schublade holten.

Dieser Plan B umfasste den sog. Clipper Chip, d. h. einen von der NSA entwickelten Chip, der in sämtliche Telefone und Computer eingebaut werden sollte. Damit würde die Kommunikation sämtlicher Anwender chiffriert werden können – außer für die amerikanischen Behörden, die im Besitz des Chiffrierschlüssels waren.

Zu Beginn dieses Projekts wollte die NSA ein staatliches System für die Chiffrierung einführen, das über eine geheime „Hintertür" (für staatliche Behörden) verfügte. Diese Lösung erschien jedoch allzu riskant, deshalb entwickelte man den Clipper Chip, der mit einer öffentlichen „Hintertür" versehen wurde.

Die Telefongesellschaft AT&T, die gerade dabei war, ein neu entwickeltes Telefon mit integrierter Chiffrierfunktion auf den Markt zu bringen, konnte dazu veranlasst werden, ihr Produkt zurückzuziehen und stattdessen den Clipper Chip in die Telefone einzubauen. Im März 1993 beschloss Präsident Clinton, den Chip zum nationalen Standard zu erklären; gleichzeitig versuchte die NSA, auch andere Länder zur Einführung des Clipper Chip zu bewegen. Dies stieß jedoch auf nur mäßiges Interesse. Auch in den USA wuchs die Kritik. Der *Christian Science Monitor* schrieb beispielsweise in einem Leitartikel, dass es „nicht Sache der Regierung ist, die Hersteller zum Einbau geheimer Backdoors (Hintertüren) in ihrer Ausrüstung zu veranlassen, vor allem dann nicht, wenn die Regierung selbst die Schlüssel besitzt". Die Kritik begann zu wirken, und der Clipper Chip hatte ausgespielt. Dies veranlasste die amerikanischen Behörden nun, auf ihren „Plan C" zurückzugreifen: die Schlüsseldeponierung.

Dieser Plan sah die Verabschiedung eines Gesetzes vor, nach dem das Chiffrieren elektronischer Kommunikation zwar gestattet, jedoch mit der Auflage verbunden war, den Chiffrierschlüssel bei einem Dritten zu hinterlegen – dieser Dritte sollte „eine von den Behörden genehmigte Person oder Firma" sein. Die Grundidee war also die gleiche geblieben – den Behörden darf nichts verborgen bleiben. Es folgte ein jahrelanges Tauziehen in den USA um die Einführung einer solchen Schlüsseldeponierung, ein Tauziehen, das die Behörden letztlich verloren.

Zurzeit ist also der Gebrauch von Chiffrierprogrammen in den USA beliebig gestattet, auch wenn einige Bundesstaaten diesen Gebrauch gesetzlich einschränkten. Die Frage ist nun: Haben die amerikanischen Behörden auch einen „Plan D" in Bereitschaft? Möglicherweise. Die vom FBI entwickelte Spyware Magic Lantern könnte Bestandteil eines solchen Plans sein – mehr ist darüber im Kapitel 12 zu lesen, das Spionageprogramme (Spyware) behandelt.

Der Clipper Chip war nicht das einzige Gerät, das die USA auch im internationalen Maßstab einführen wollten. Auch auf andere Weise war man bemüht, eine verstärkte elektronische Überwachung in anderen Ländern durchzusetzen. 1993 begann das FBI, Seminare zur internationalen Gesetzgebung im Telekombereich durchzuführen. Zu diesen Seminaren in der Forschungsanlage des FBI in Quantico (Virginia) waren Teilnehmer der EU, Kanadas, Australiens

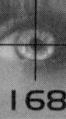
und Hongkongs eingeladen. Zweck der Konferenzen war es, einen internationalen technischen Standard für elektronische Überwachung zu schaffen, ein Standard, der auf den amerikanischen gesetzlichen Vorschriften zur Überwachungsassistenz durch Telekomfirmen und Hersteller basierte (nach dem sog. CALEA-Gesetz – Communications Assistance for Law Enforcement Act).

Das Schicksal dieses Projekts war besser als das von Clipper Chip. Die FBI-Seminare führten zu einem internationalen Standard für elektronische Überwachung – den sog. International Requirements for Interception (Internationale Anforderungen für elektronische Aufklärung). Damit ist jetzt der technische US-Standard zur Überwachung elektronischer Kommunikation in vielen Teilen der Welt gültig.

Im Sommer 2003 wurde erneut deutlich, welch heikle Frage die Überwachung des Tele- und Datenverkehrs nach wie vor ist. Das *Wall Street Journal* meldete nämlich, dass amerikanische Behörden eine große internationale Unternehmensfusion zwischen den Telekomfirmen Singapore Technologies Telemedia Pte. Ltd. und der amerikanischen Global Crossing Ltd. (die sich in finanziellen Schwierigkeiten befand) stoppten. Warum? Global Crossing verfügt über ein weltweites faseroptisches Kabelnetz von 160.900 Kilometer Länge; nach Angaben des *Wall Street Journal* befürchten die US-Behörden, dass die von den USA betriebene Überwachung bei ausländischer Beteiligung an diesem Kabelnetz gefährdet ist und dass es anderen Ländern möglich wird, den amerikanischen Tele- und Datenverkehr abzuhören.

Digitaler Verkehr ist aufschlussreicher als Telefongespräche

Beim Übergang vom herkömmlichen Abhören der Telefonleitungen zur Überwachung des digitalen, elektronischen Verkehrs wie E-Mail und Internetsurfen ergeben sich be-

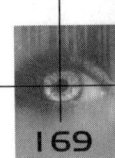
trächtlich größere Risiken für Privatsphäre und Persönlichkeitsrechte, und zwar aus zwei Gründen:

1. Der digitale Verkehr ist aufschlussreicher als Telefongespräche. Man erfährt ja nicht nur, was die Betroffenen sagen, sondern auch, was sie einkaufen, wohin sie reisen, welche Interessen sie haben usw.
2. Die Überwachung des digitalen Verkehrs ist leichter zu automatisieren, was die Voraussetzung schafft für eine Überwachung großen Stils, während die Kosten gleichzeitig geringer sind.

Außerdem verschafft eine Überwachung der Mobilfunknetze ständige Informationen über den Standort des Überwachten – Informationen, die früher nicht möglich waren. Eine weitere Vereinfachung der Kontrollmöglichkeiten ergibt sich daraus, dass die nächste Generation der sog. Kommunikationsprotokolle (welche die Kommunikation via Internet steuern) – nämlich die Version 6 von Internet Protocol – den Standort eines Internetanwenders nur mit Hilfe der betreffenden Internetadresse (der sog. IP-Nummer) ermitteln kann.

Computerfernsteuerung mittels „Palladium"

Im Einleitungskapitel wurde erwähnt, dass Microsoft angekündigt hat, sich verstärkt um die Computersicherheit zu kümmern. Der Bedarf dafür ist vorhanden. Im Sommer 2002 wurde der Plan zur Verwirklichung dieses Vorsatzes bekannt gegeben. Es handelt sich dabei um große Veränderungen. Eine völlig neue Infrastruktur aus Hard- und Software soll geschaffen werden. Die Hardware nennt sich Trusted Computing Platform Alliance (TCPA) und ist u. a. für den Einbau in Intel-Computer vorgesehen. Die Software heißt Palladium bzw. Next Generation Secure Base

(NGSCB) und wird zum Windows-Paket von Microsoft gehören.

Die neue Sicherheitsstruktur basiert auf der eindeutigen Identifikationsnummer des Computers (ID-Nummer). Bei Einschalten des Computers wählt sich die Hardware beim zentralen Server von Microsoft (oder dessen Vertreter) ein und führt eine routinemäßige automatische Kontrolle durch. Diese Kontrolle hat – vom Gesichtspunkt des Anwenders aus – ihre positiven und negativen Seiten. Man kann hoffen, dass die heutigen Probleme in Gestalt von Datenviren, Spionageprogrammen und sonstigen unerwünschten elektronischen Codes geringer werden. Auf der anderen Seite bestehen große Risiken für die Erhaltung der persönlichen Freiheit und der Privatsphäre, da Sicherheit hier gleichzeitig strenge Kontrolle und zentral gesteuerte Anwendung bedeutet. Hier einige Beispiele:

- Microsoft (oder dessen Vertreter) erhält die technische Möglichkeit, bestimmte Programme (Software) fernzusteuern. So können Softwareprogramme, die nicht lizenziert sind, auch nicht im Computer gestartet werden. Im schlimmsten Fall werden sie durch Palladium einfach zerstört. Auch Dokumente, die mittels nicht lizenzierter Software erstellt wurden, können auf Wunsch des Urheberrechtsinhabers gelöscht werden.

- Microsoft (oder dessen Vertreter) erhält außerdem die Möglichkeit, darüber zu entscheiden, welche Dokumente geöffnet werden können. Bild-, Musik- und Filmdateien, für die der Anwender nicht gezahlt hat, werden im Computer unbrauchbar gemacht. Auch Text- und Excel-Dokumente, Präsentationen und sonstige Dateien werden kontrolliert und können ggf. vom Bannstrahl getroffen werden.

- Rein technisch gesehen, kann die ferngesteuerte Kontrolle der Dokumente auch für schlichte Zensurzwecke genutzt werden. Dokumente mit „brisantem" Inhalt (gesellschaftskritische Texte oder Enthüllungen über Missstände in einer Firma) können frühzeitig entdeckt und via Fernsteuerung vernichtet werden. Eine solche Möglichkeit ist natürlich nicht vorgesehen, jedoch ist sie rein technisch vorhanden und kann daher eventuell von staatlicher oder unternehmerischer Seite missbraucht werden.

- Es liegt in der Natur der Sache, dass ein solches System einen praktisch ungehinderten Einblick in den Inhalt der Festplatte des privaten Anwenders erlaubt. Nach Angaben in der Presse, die von Microsoft bisher nicht bestätigt wurden, sollen Gespräche stattfinden, die darauf hinauslaufen, Polizei und andere Behörden mit einem „Hauptschlüssel" für Palladium auszurüsten. Dies würde die polizeiliche Überwachung der Computer von Einzelnen, Unternehmen, Organisationen und ganzen Nationen ermöglichen.

- Palladium bietet eine ausgezeichnete Basis für den sog. „automatischen Gesetzesvollzug". Ferngesteuerte Fahndung ist durch die Kontrolle des Inhalts von Computern möglich, und dann brauchen nur noch automatische Strafen gegen Individuen, Organisationen, Firmen oder Nationen verhängt zu werden.

- Palladium wirft auch die Frage auf, inwieweit die nationale Souveränität von Einzelstaaten noch gilt. Beispielsweise könnten die USA via Fernsteuerung sämtliche PCs in einem anderen, „nicht genehmen" Land abschalten lassen, falls Palladium in den Windows-Standard integriert wird.

Ross Anderson* ist Forscher an der Universität von Cambridge und ein weltweit führender Experte für IT-Sicherheit. Er ist u.a. Verfasser des Buches *Security Engineering: A Guide to Building Dependable Distributed Systems* (Konstruktion von Sicherheitslösungen: Leitfaden für den Bau zuverlässig vernetzter Systeme). Sein Kommentar zu Palla-

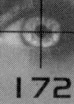
dium, d. h. zur oben beschriebenen Registrierung und Fern-
steuerung von Computern, lautet in Auszügen folgendermaßen:

> Das moderne Zeitalter begann mit der Erfindung der
> Buchdruckerkunst durch Gutenberg. Dessen beweg-
> liche Lettern machten es möglich, Informationen gegen
> den Widerstand von Fürsten und Bischöfen zu verbrei-
> ten. [...] Die alte europäische Weltordnung brach zusam-
> men, die Moderne begann. [...] Jetzt aber gefährden
> TCPA und Palladium Gutenbergs historisches Erbe. Die
> Herausgabe elektronischer Bücher ist nämlich in Frage
> gestellt: Gerichte können ihre Verbreitung verbieten, und
> die von TCPA geschaffene Infrastruktur sorgt für den Voll-
> zug dieses schmutzigen Handwerks. Die Sowjetunion ver-
> suchte einst, sämtliche Schreibmaschinen und Faxgeräte
> zu kontrollieren – heute kontrolliert TCPA sämtliche Com-
> puter. Die Folgen für Freiheit, Demokratie und Gerechtig-
> keit sind besorgniserregend.

Microsoft bezeichnet derartige Befürchtungen als Hirnge-
spinste. Zweck der neuen Infrastruktur sei die Sicherheit für
Computeranwender. Microsoft verweist auch auf die Möglichkeit, Palladium abschalten zu können, was aber bedeutet, den Computer „in unsicherer Lage" zu starten. Dabei
erhebt sich die Frage, welch realen Nutzen der Anwender
hat, da die meisten Softwareprogramme von Microsoft vermutlich nicht in „unsicherer Lage" funktionieren. Sicherlich
kann man sich in einem solchen Fall alternative Software
beschaffen, aber dabei können Probleme auftauchen, sobald ein Dokument mit einem anderen getauscht werden
soll. Auch eine Menge Dateien und Dokumente werden vermutlich nicht in „unsicherer Lage" funktionieren, wenn
Palladium als De-facto-Standard eingeführt wird. Dies wird
mit Sicherheit auf Dokumente zutreffen, die urheberrechtlich geschützt sind, wie Bild-, Musik- und Filmdateien. Betreibt man seinen Computer in „unsicherer Lage", riskiert

man also, von möglichen Kommunikationsmöglichkeiten abgeschnitten zu sein.

Möglicherweise hat Microsoft Recht, dass die negativen Auswirkungen von Palladium niemals Wirklichkeit werden. Technisch jedoch können Palladium und TCPA äußerst negative Folgen zeitigen.

Digitales Fernsehen registriert Zuschauerverhalten

Zum Abschluss dieses Kapitels wollen wir die Entwicklung im Fernsehbereich diskutieren. Im bereits klassischen Zukunftsroman *1984* von George Orwell wird geschildert, wie ein Fernsehapparat als allsehendes Auge jede Wohnung überwacht und jedes Vorkommnis an „Big Brother" – den Staat – meldet. Wird so die künftige Verwendung unserer Fernsehapparate aussehen? Wohl kaum. Auch wenn es relativ einfach und billig wäre, digitale Fernseher mit ferngesteuerten Kameras und Mikrofonen in jeder Wohnung zu installieren, würde dies wohl zu weit gehen, selbst in Ländern wie Nordkorea.

Allerdings werden unsere Fernseher relativ bald in der Lage sein, Informationen darüber zu sammeln, wie und was wir fernsehen. Mit der geplanten Einführung des digitalen, interaktiven Fernsehens (ITV) ist dies möglich. Im Unterschied zu den heutigen Geräten, die nur Signale empfangen können, verläuft die künftige Technik in beide Richtungen, damit man z. B. Filme bestellen kann. Die Digitalboxen, die für diese Zwecke entwickelt wurden, sind eigentlich kleine Computer mit Mikroprozessoren, Speichereinheit und Kommunikationsmöglichkeit. Im Unterschied zu „richtigen" Computern können sie jedoch nicht vom Anwender gesteuert werden, d. h. es können beispielsweise keine Cookies entfernt oder gelöscht werden. Die Digitalboxen verfügen auch über eine eindeutige Seriennummer, die als ID-Nummer des Abonnenten dient.

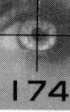

Die Digitalboxen sammeln vielfach Angaben darüber, welche TV-Programme im angeschlossenen Haushalt gesehen werden, wie lange der Fernseher insgesamt läuft, welche Werbespots gesehen werden und ob man während des Werbespots den TV-Kanal wechselt, welche Werbespots man angeklickt hat (auch dies wird im ITV möglich sein), welche Websites man via TV besucht, welche Waren man via sog. TV-Commerce bestellt oder an welchen Diskussionsgruppen man sich beteiligt usw. Es gibt sogar ein sog. SpotOn-System, das registriert, an welchem Fernsehgerät in einem Haushalt eine Aktivität (z. B. ein Einkauf) erfolgt.

Bereits heute steht eine Reihe von Systemen und Softwareprogrammen zur Verfügung, die solche Daten für die Kundenprofilerstellung nutzen, eine Analyse des Persönlichkeitstyps des Kunden erstellen und somit sein Konsumverhalten ermitteln. Der Zweck ist also in den meisten Fällen eine Optimierung beim Marketing von Waren. Die Familie Schneider erhält Reklame über das Sportangeln, die Familie Müller Reklame über Urlaubsreisen „an die Sonne", die Familie Meier über Gartenmöbel – und zwar direkt in ihren Digitalfernseher im Wohnzimmer, während der Fernseher in der Stube des Teenagers der Familie Schneider gezielt Werbung zu Mobiltelefonen sendet usw.

Der Medienmogul Rupert Murdoch, der eine Anzahl Kabel-TV-Gesellschaften und sonstige Medienunternehmen besitzt, schrieb bereits 1999 im Jahresabschlussbericht seiner Firma News Corporation:

> Unser Produkt E-Direct liefert Kundeninformationen, die in einer der fortgeschrittensten Datenbanken gespeichert sind. Hier erfährt man nicht nur, wer die Kunden sind, sondern auch, was sie kaufen, worauf sie ihre Blicke werfen, was sie lesen und was sie haben wollen.

Der Verkauf von Daten über das Verhalten von Fernsehzuschauern hat bereits begonnen. Im Sommer 2003 wurde beispielsweise bekannt, dass TiVo – führender Hersteller digitaler Aufnahmegeräte auf dem amerikanischen Markt – den TV-Stationen und Werbefirmen Daten über das im Sekundentakt registrierte Verhalten der Fernsehzuschauer anbot. Die Daten waren in diesem Falle allerdings anonym. In Schweden plant die staatliche Gesellschaft Teracom auf ähnliche Weise, Informationen über die Seh- und Surf-gewohnheiten der Anwender der Digitalbox Boxer feilzu-bieten.

Die Registrierung unserer Aktivitäten vor dem Fernseher erfolgt auch zu einem weiteren Zweck: der Verhinderung des ungesetzlichen Kopierens digitaler Filme. Das Unternehmen Thomson Multimedia entwickelte beispielsweise eine Technik namens SmartRight*, die in Europa und Asien auf großes Interesse stieß. Dies ist ein System, das in Fernsehgeräten und DVD-Recordern integriert ist und dafür sorgt, dass nur vom Copyright-Inhaber definiertes Material gesehen und kopiert werden kann. Das System kann so konfiguriert werden, dass dem Urheberrechtsinhaber das unerlaubte Abspielen oder Kopieren eines Films unverzüglich gemeldet wird. Dem Anwender stehen dann einige empfindliche Strafen via Internet ins Haus – darauf gehen wir im Kapitel 18 näher ein.

Die amerikanischen Behörden verfügen bereits heute über technische Möglichkeiten und juristische Rechtsmittel, von Firmen oder einer TV-Station Informationen darüber anzufordern, welche Fernsehprogramme eine bestimmte Person gesehen hat. Nach dem Patriot Act kann eine solche Aufforderung als Teil einer Ermittlung in Sachen Terrorismus erfolgen, und zwar selbst dann, wenn die betreffende Person selbst nicht des Terrorismus verdächtig ist. Die Fernsehgesellschaft ist auch gesetzlich daran gehindert, dem Betroffenen (oder einem Dritten) mitzuteilen, dass Angaben über seine Fernsehgewohnheiten weitergegeben wurden.

Kapitel 10:
Elektronische Überwachung am Arbeitsplatz

Man kann den Bekanntenkreis der Angestellten ermitteln, ihren Einsatz für die Firma, ihre Mitgliedschaft in Organisationen, eventuelle Vorstrafen, Vermögenswerte, Freunde und Geschäftspartner, ihre Kreditwürdigkeit und vieles mehr. Werden dann diese externen Informationen mit dem internen Programm RedAlert kombiniert, einschließlich der Daten über die Handhabung von Dateien, E-Mail und Vorschriften, erhält man eine gute Unterlage, um beurteilen zu können, inwieweit ein Angestellter ein Risiko für die Firma darstellt.

> Zitat aus der Website der Firma Savvydata über das Personalüberwachungsprogramm RedAlert

Auch an unseren Arbeitsplätzen hinterlassen wir ständig digitale Fingerabdrücke, die von hohem Informationswert sind. In den Unternehmen begann man, sich für sie zu interessieren, als man merkte, dass Mitarbeiter den freien Zugang zum Internet missbrauchten. Man installierte also Programme in den Firmencomputern, die den Zugang zu bestimmten Websites verhinderten: Pornografische Websites oder kommerzielle Websites von E-Commerce-Firmen waren künftig gesperrt.

Im nächsten Schritt begannen Unternehmensleitungen, die E-Mail ihrer Mitarbeiter zu überwachen, denn auch diese kann ja missbraucht werden. Es gibt heute eine Anzahl von Softwareprogrammen und Systemen, die als Filter für die E-Mail-Sendungen der Angestellten eingesetzt werden,

z. B. Produkte der Unternehmen Clearswift*, Tumbleweed Communications*, Symantec* und Marshal Software*. Diese Softwaresparte verzeichnet nach Angaben des Analyseunternehmens IDC ein jährliches Wirtschaftswachstum von ca. 37 Prozent.

Die Systeme scannen sämtliche E-Mail-Nachrichten auf „unzulässigen" Inhalt ab. Die herausgefilterten Mitteilungen werden dann an die Firmenleitung zur Beurteilung geschickt. Dabei gilt eine Reihe von Verbotskriterien, z. B. pornografisches Material oder vertrauliche, sensitive Firmeninformationen. Beispiele für Letzteres sind interne Berechnungen, Offerten, Kundenregister, Patentinformationen und sonstige technische Angaben, Marketingpläne sowie Strategiepläne. E-Mail-Mitteilungen dieses Inhalts an externe Empfänger, die im Namen der Firma erfolgen, können der Firma Schaden zufügen und schlimmstenfalls zu Schadenersatzklagen führen.

Die ersten Filterprogramme für E-Mail waren recht einfach: Sie arbeiteten mit einigen ausgewählten Suchbegriffen. Mit der Zeit wurden die Programme raffinierter. Die zurzeit besten Systeme arbeiten nicht nur mit bestimmten Suchbegriffen, sondern analysieren eine Nachricht in ihrer Gesamtheit. Sie können die Worte in ihrem Zusammenhang erkennen und gleichen sie mit dem Empfänger sowie dem Inhalt früherer Mitteilungen des gleichen Absenders ab. Mit diesen Informationen als Unterlage ermitteln die Systeme dann das gesamte Verhaltensmuster des überwachten Mitarbeiters: Wörter, die an sich harmlos sind, können in ihrem Zusammenhang möglicherweise ein bedeutsames und für die Firma gefährliches Muster bilden.

Da Unternehmenswerte heutzutage vielfach immateriell sind, ist es verständlich, dass eine Firma sich vor Missbrauch schützen will. In gewisser Hinsicht ähneln die Filterprogramme für E-Mail den Schlössern, Tresoren usw., die zur Sicherung materieller Werte wie Maschinen, Inventare und Geld verwendet werden. Schließlich verwahrt eine

Firma ihr Bargeld auch nicht in der Kaffeekasse des Pausen-
raumes der Mitarbeiter. Warum also sollte man Ressourcen,
die genauso wichtig sind, unbewacht lassen?

Wenn der Arbeitgeber in seine Computer einen Sperrfilter
installieren lässt, der die Mitarbeiter am Besuch bestimmter
Websites hindert und unzulässige E-Mail-Mitteilungen
stoppt, kann dies zwar vom einzelnen Angestellten als demütigend empfunden werden, ist aber nicht als eine Verletzung
der Privatsphäre anzusehen. Persönliche Mitteilungen werden ja nicht weiterbefördert. Wenn aber eine E-Mail-Nachricht persönlichen und vertraulichen Inhalts dem Chef des
betreffenden Mitarbeiters zur Beurteilung vorgelegt wird, erscheint die Sache in einem anderen Licht. Noch schlimmer
wird es, wenn das Verhaltensmuster des Mitarbeiters in einer
Datenbank gespeichert wird. Und genau dies ist der jüngste
Schritt in der Entwicklung dieses Bereichs.

Neue Software ermittelt illoyales Verhalten

Ein typisches Beispiel dafür ist die Software RedAlert des
amerikanischen Unternehmens Savvydata*. Dieses Programm sammelt, speichert und analysiert alle denkbaren
Angaben über den Gebrauch des Computers durch den betreffenden Mitarbeiter. Hier einige Beispiele, was alles registriert wird:

- besuchte Websites (Dauer und Häufigkeit),
- Inhalt der E-Mail-Sendungen,
- Inhalt und Größe der einer E-Mail-Nachricht beigefüg-
  ten Dateien,
- Empfänger der E-Mail,
- die auf der Festplatte befindlichen Dateien,
- Arbeitszeit am Computer,
- Betriebsdauer der aktivierten Programme des Compu-
  ters,

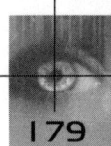

- Anzahl der Tastenanschläge pro Tag,
- Anzahl und Dauer der Arbeitspausen,
- Befolgung der in der Firma geltenden Vorschriften (soweit dies via Computer messbar ist).

Die obigen Punkte betreffen das firmeninterne Verhalten des Mitarbeiters. Dies ist jedoch nur der Anfang. RedAlert fügt seinen Informationen auch externe Angaben über den Mitarbeiter hinzu, z. B.:

- eventuelle Angaben aus dem Vorstrafenregister des Mitarbeiters,
- Angaben über die finanziellen Verhältnisse des Mitarbeiters (Bankkonto usw.),
- medizinische Angaben,
- sonstige Angaben aus verschiedenen öffentlichen und privaten Datenbanken.

Somit werden auch Informationen über das Privatleben des Mitarbeiters gesammelt, über seine finanzielle Lage, seinen Bekanntschafts- und Freundeskreis, seinen Personenstand, seine häuslichen Verhältnisse usw. Dies hat nichts mehr mit der Arbeit des Mitarbeiters zu tun. Das Programm benutzt Suchbegriffe zur Ermittlung eines bestimmten Verhaltensmusters, um eventuell negatives, nicht auf den ersten Blick erkennbares Verhalten aufzuspüren. Die Informationen werden dann von RedAlert sorgsam gewichtet und zu einer Gesamteinschätzung des Risikopotenzials jedes Mitarbeiters zusammengestellt. Die Unternehmensleitung erhält eine Liste mit dem ermittelten (vermuteten) Loyalitätsgrad der Mitarbeiter. Darauf sind die der Illoyalität verdächtigen Mitarbeiter besonders markiert – auch wenn kein konkreter Tatbestand vorliegt!

Ein weiteres hochentwickeltes Überwachungssystem für Arbeitsplätze stammt von der Firma Verint Systems*, die ein Ableger des amerikanischen Nachrichtendienstes ist.

Die Firma brachte 2003 ein Telefonüberwachungssystem namens IntelliFind auf den Markt, das Telefongespräche abhört und mittels automatischer Worterkennung diejenigen Gespräche registriert, die bestimmte Stichwörter enthalten. Solche Gespräche werden in ihrer Gesamtheit gespeichert, um sie später bei Bedarf wieder abspielen zu können.

Ein anderes Beispiel ist die Software eTrust 20/20, die von der Firma Computer Associates gemeinsam mit dem zum Securitas-Konzern gehörigen Unternehmen Pinkerton entwickelt wurde. Das System überwacht den Standortwechsel der Mitarbeiter einer Firma und gleicht diese Informationen mit einer Analyse der IT-Anwendung seitens der Mitarbeiter ab. Ziel dabei ist es, „ungewöhnliches" Verhalten aufzuspüren.

Zu einer weiteren Überwachungskategorie gehören Programme, die sowohl die Telefonate wie die persönlichen Beziehungen der Mitarbeiter untereinander überwachen und die Ergebnisse in grafischer Form darstellen. Die Unternehmensleitung erhält also eine „Karte", auf welcher der soziale Umgang des betreffenden Mitarbeiters eingezeichnet ist. Die Software Watchcall des britischen Unternehmens Harlequin gehört zu diesen – bereits heftig umstrittenen – Systemen.

Was haben Gefängniswärter und Barmixer gemeinsam?

Im vorigen Abschnitt behandelten wir die digitalen Fingerabdrücke, die von Angestellten bei der Arbeit am Computer hinterlassen werden. Aber auch der sonstige Aufenthalt in der Firma ist dem Trend zu verstärkter Überwachung unterworfen. Beispielsweise sind die Befugniszonen in Unternehmen, die mittels Plastikkarten betreten werden können, an Datenbanken angeschlossen, die Informationen über jeden ein- und ausgehenden Mitarbeiter speichern. Es gibt auch andere Systeme. Das dänische BluePosition-System basiert auf einer Karte, die jeder Angestellte bei sich trägt und die in jedem Raum drahtlos mit Empfangsgeräten kommuniziert. In den Krankenhäusern der USA werden elektronische Karten, die den Standort des Pflegepersonals melden, immer üblicher.

Lkw-Fahrer gehören zu jenen Berufskategorien, die einer weitgehenden Kontrolle durch ihren Arbeitgeber entgegensehen können. Bereits heute sind in vielen Lkw Telematiksysteme installiert, die den jeweiligen Standort des Fahrzeugs melden. Die Zeiten scheinen vorbei zu sein, wo ein Lkw-Fahrer einen kleinen Abstecher ins Heimatdorf machen konnte, um seine Familie oder seine Freundin zu besuchen. Zugleich kontrollieren diese Systeme, ob der Fahrer die Vorschriften über Geschwindigkeit, Arbeitszeit und Ruhezeiten befolgt. Auch der Fahrstil wird registriert, um Kraftstoffverbrauch, Reifen- und Bremsbackenverschleiß usw. zu senken. Es kommt vor, dass die Höhe des monatlichen Gehalts davon abhängt, wie umsichtig der Fahrer gefahren ist.

Ein etwas ungewöhnliches Beispiel für die Standortüberwachung des Personals kommt aus dem Hochsicherheitsgefängnis Caipatrie State Prison in Kalifornien. Dort wurden sämtliche Insassen sowie das Wachpersonal mit Transpondern ausgerüstet, die im Sekundentakt den Standort jeder Person mit einer Genauigkeit von einem Meter melden. Das System soll Fluchtversuche der Gefangenen vereiteln und Rädelsführer bei Aufläufen, Körperverletzungen usw. ermitteln.

Anfangs war das Personal gegen die Einführung dieses Systems. Man befürchtete, es sollte auch der Überwachung des Wachpersonals dienen, um Verstöße gegen die Arbeitsvorschriften zu ahnden. Die Gefängnisleitung versprach, das System nicht für solche Zwecke zu nutzen, und erhielt dafür die Zustimmung des Personals. Das System soll jetzt an mehreren anderen amerikanischen Gefängnissen eingeführt werden.

Ein ähnliches Beispiel liefert eine andere Berufsgruppe, nämlich die der Barmixer. Die Firma VitalLink* bietet u. a. ihr sog. Beverage Tracker System an, also ein „Getränkekontrollsystem", das dem Barbesitzer helfen soll, zu kontrollieren, wie viele Spirituosen im Laufe einer Woche oder eines Monats ausgeschenkt wurden. Die Sensoren an den jeweiligen Flaschen melden jeden ausgeschenkten Zentiliter an eine Datenbank, die ihre Angaben dann dem Firmenchef meldet. Der Alkoholumsatz kann nach den jeweils Dienst habenden Barmixern aufgeschlüsselt werden. Ein Barmixer beklagte sich nach Angaben der Zeitschrift *Wired* mit folgenden Worten: „Das ist ja wie ‚Big Brother'. Es ist, als ob der Chef selbst an der Bar sitzt und jeden Drink kontrolliert. Da kann man ja ausrasten!"

Dem könnte man sicherlich zustimmen. Anderseits hat wohl jede Firma den berechtigten Wunsch, den Warenschwund in Grenzen zu halten, um wettbewerbsfähig zu bleiben.

Dies waren einige Beispiele für den Trend unserer Zeit: Der Alltag der Menschen wird mehr und mehr digitalisiert,

Das Beverage Tracker System der Firma VitalLink zeichnet gleich am Flaschenhals die exakte Menge des Getränks auf, das der Barmixer ausgeschenkt hat. *(Quelle: VitalLink)*

häufig mittels kabelloser Technologie, was fast immer (absichtlich oder unabsichtlich) neue digitale Fingerabdrücke schafft. Wachpersonal, Lkw-Fahrer und Barmixer werden wohl kaum die einzigen Berufsgruppen sein, die von verschiedenen Datensystemen erfasst werden, ganz gleich, ob sie beruflich mit Computern zu tun haben oder nicht.

Kapitel 11: Einmal im Netz – immer im Netz

Wir erleben das Ende unserer Mühen. Es hat sich gezeigt, dass Anstrengungen ein sehr wichtiger Teil unseres Lebens waren. Wir haben es bloß nie begriffen.

Professor Siva Vaidhyanathan
von der New York University

Michael ist ein gut gekleideter Mann von 34 Jahren und arbeitet in gehobener Stellung an der Boston Medical School. Mehrmals in seinem Leben ist er auf unerklärliche Schwierigkeiten gestoßen. Als er eine Wohnung suchte, stellte er sich bei 30 Vermietern vor, aber keiner ließ wieder von sich hören. Ein anderes Mal suchte er eine neue Arbeit. Nach drei Interviews gehörte er zu den aussichtsreichsten Kandidaten und hatte mit seinem potenziellen Arbeitgeber lebhaften Kontakt via E-Mail und Telefon. Aber auch hier erstarb das Interesse schlagartig. Nach Angaben der Zeitung „Boston Globe" ist sich Michael sicher, was in beiden Fällen die Ursache war: Er war „gegoogelt" worden – d. h. sein Name war in die bekannte Internet-Suchmaschine eingegeben worden.

Der Hintergrund: Mit 17 Jahren wurde Michael einmal straffällig und saß kurze Zeit im Gefängnis. Danach schrieb er einige Artikel in einer Zeitschrift über seine Erlebnisse. Dies schien ihm wichtig zu sein – damals. Der Fehler war: Er konnte nicht voraussehen, dass er und seine Artikel jemals von Google oder einer anderen Internet-Suchmaschine erfasst werden könnten.

Die Artikel liegen jetzt im Internet aus, und sie tauchen in Sekundenschnelle auf dem Bildschirm auf, sobald jemand Michaels Name in die Suchmaschine eingegeben hat.

Eine sich immer mehr ausbreitende Angewohnheit ist es, den Namen einer neuen Bekanntschaft in eine Suchmaschine einzugeben. Dies geschieht im Arbeitsleben wie auch privat. Kollegen „googeln" einander, Männer und Frauen „googeln" ihren neuen Partner, Arbeitgeber „googeln" potenzielle Mitarbeiter. Jeder kann dies selbst ausprobieren – wählen Sie www.google.com an und geben Sie den Namen der gesuchten Person ein, möglichst in Anführungszeichen, so dass die Suchmaschine den Namen als einen eigenen Begriff deutet.

Digitale Informationen bleiben „kleben". Sind sie einmal im Internet gelandet, verbleiben sie dort häufig – für immer. Jeder kann sie abrufen, auch noch nach 30 Jahren. Dies ist eine Nebenwirkung des Internets und der digitalen Revolution: Persönliche Lebenszeugnisse sind plötzlich einsehbar wie in einem Glashaus. Alte Vereinsprotokolle, Leserbriefe, Schulaufsätze, Zeitungsartikel, Prüfungsergebnisse, politische Aufrufe, die von uns unterzeichnet wurden, Mitgliederlisten, Beiträge in Diskussionsgruppen von Chatrooms, Schriftstücke früherer Arbeitgeber – alles ist in Sekundenschnelle abrufbar.

Viele der oben genannten Beispiele waren bereits vor der Entstehung des Internets öffentlich und allgemein zugänglich. Das Neue ist nur, dass das Beschaffen dieser Informationen heutzutage geradezu mühelos erfolgen kann. Was früher Wochen an Nachforschungen erforderte, braucht jetzt einen Zeitaufwand von ein paar Minuten. Das langwierige Suchen funktionierte früher praktisch auch als ein sozialer Schutzfilter für den Einzelnen – als Schutz der Privatsphäre, den jetzt die digitale Revolution im Begriff ist zu beseitigen.

Heute sind nicht nur Website-Informationen abrufbar, sondern auch Diskussionsbeiträge in sog. Chatrooms des Internets. Google verfügt über eine besondere Suchmaschine für solche Informationen. Das führt dazu, dass eine unbedachte E-Mail-Mitteilung, die in jugendlichem Übermut an eine Diskussionsgruppe geschickt wurde, mit großer Wahrscheinlichkeit wieder auftaucht, wenn man nach dem Namen des Absenders sucht.

Je ungewöhnlicher der Name, desto leichter die Suche. Im Zeitalter der digitalen Revolution können Eltern ihren Kindern also einen großen Dienst erweisen, wenn sie ihnen ganz gewöhnliche Taufnamen geben. Sie sind dann nämlich nicht so leicht unter allen gleichlautenden Namen auffindbar (gemäß dem englischen Sprichwort: „Anonymität liebt die Menge"). Das Gleiche gilt für häufig vorkommende Familiennamen. Wer bei Google nach „Jan Jansson" sucht, erhält 3.660 Treffer, während eine Suche nach „Leo Jansson" nur 69 Treffer ergibt [die Beispiele beziehen sich auf Schweden – Anm. d. Übers.]. Und sucht man nach „Baltazar Jansson", erhält man überhaupt keinen Treffer, was bedeutet, dass eine Person dieses Namens, falls er irgendwo im Internet auftaucht, dem allgemeinen Zugriff extrem ausgesetzt wäre.

Nun ist nicht gesagt, dass die von einer Suchmaschine ermittelten Angaben auch unbedingt korrekt sind oder Missverständnisse ausschließen. In einem Artikel der *New York Times* berichtete John Doffing, Leiter einer Vermittlung für Nachwuchskünstler, dass ihn viele Kunden fragen, wie denn so die Arbeit als „schwuler" Firmenleiter in Silicon Valley sei. Die falsche Vermutung, John Doffing sei homosexuell, beruht darauf, dass er in seiner Freizeit ehrenamtliche Hilfe für Aids-Patienten leistet sowie eine Internetgalerie für homosexuelle und lesbische Künstler/innen betreibt; außerdem kommt sein Name aus diesen Gründen auf Schwulen-Websites vor.

Mangelhafte Kontrolle der von Suchmaschinen abgerufenen Informationen kann also zu Problemen führen. Damit besteht auch die Möglichkeit, anderen Menschen Schaden zuzufügen. Es kommen bereits falsche Websites vor, die unvorteilhafte Informationen über eine bestimmte Person enthalten, aus dem einfachen Grunde, weil jemand einem persönlichen Feind eins auswischen will. Bastelt man dann auch noch mehrere falsche Websites zusammen, die alle unter verschiedenen Gesichtspunkten ein und dasselbe negative Bild der Person vermitteln, kann man ernsthafte Bedenken bei allen hervorrufen, die den Namen der Person „googeln". „Nehmen wir lieber einen anderen Kandidaten", denkt der Personalchef und greift zur nächsten Bewerbung.

In einem anderen Artikel beschreibt die *New York Times*, wie Jeanne Achille, Geschäftsführerin der Werbefirma Devon Group, voller Entsetzen feststellen musste, dass jemand in ihrem Namen Diskussionsbeiträge rassistischen Inhalts an eine französische Diskussionsgruppe geschickt hatte. Sie musste sich daraufhin regelmäßig gegenüber Kunden rechtfertigen, die ihren Namen „gegoogelt" hatten. Sie hat keine Ahnung, ob es sich dabei um die Tat eines persönlichen Feindes, eines Konkurrenten oder eines rachsüchtigen ehemaligen Kollegen handelt. Dazu kommt, dass es sich als unmöglich erwies, den Diskussionsbeitrag aus dem Internet entfernen zu lassen.

Auf ähnliche Weise versuchen Scheidungskontrahenten, einander zu diskreditieren, indem sie Nacktfotos aus dem Familienalbum ins Internet stellen, um damit den Eindruck zu erwecken, die betreffende Person biete sexuelle Dienstleistungen an usw.

Was solche falschen Angaben im Internet besonders gefährlich macht, ist die Tatsache, dass es nahezu unmöglich ist, sie zu berichtigen. Die Arbeitsstelle, um die man sich beworben hat, erhält man einfach nicht. Punktum. Gründe werden nicht genannt. Oder es passiert, dass der neue Partner sich in Luft auflöst, und man erfährt ebenfalls nicht den Grund. Und so weiter.

Es gibt nur eine Möglichkeit, solchen fatalen Informationen zu entfliehen: den Namen zu wechseln und dafür zu sorgen, dass niemand den alten Namen erfährt. Dies jedoch ist vermutlich keine Lösung, falls man einen Feind hat, der einen aktiv und hartnäckig verfolgt.

Kapitel 12: Spionageprogramme auf dem Vormarsch

Er schlägt vor, die Tatsache auszunutzen, dass viele Computer mit Mikrofonen ausgerüstet sind; diese können nämlich in eine Abhöreinheit umfunktioniert werden.

Aus einem bekannt gewordenen Geheimbericht
der australischen Regierung

Spionageprogramme oder Spyware sind Programme, die insgeheim in einem Computer installiert werden und immer dann, wenn der Computer sich ins Internet einwählt, bestimmte Informationen an ihren unsichtbaren „Herrn" schicken. Spyware gibt es seit langem, und ihre Verwendung wächst stetig. Spyware fühlt sich am wohlsten bei konstantem Internetanschluss (z.B. via Breitband), aber auch eine schlichte Modemverbindung reicht aus, um geheime Informationen via Spyware zu übermitteln.

Die gefährlichsten Spionageprogramme sind ziemlich bösartig. Sie können z.B. darauf programmiert sein, Passwörter und Kreditkartennummern zu stehlen, Gespräche in einem Raum via PC-Mikrofon abzuhören oder automatische Erpresserbriefe zu versenden.

„Inseratenprogramme" dienen der Ermittlung von Kaufinteressen

Die harmlosesten Spionageprogramme, die auch am häufigsten vorkommen, sind sog. Inseratenprogramme (Adware).

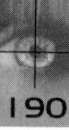

Diese senden heimlich Informationen über den Besuch von
Websites durch den PC-Anwender; gleichzeitig wird eine
zum aktuellen PC gehörige Codenummer gesendet. Daraufhin erhält der PC-Anwender nur solche Internetanzeigen
präsentiert, die auf diesen Informationen basieren. Absicht
dabei ist es, dass die Anzeigen den besonderen Interessen-
bereich des Surfers berücksichtigen, um den Verkauf einer
Ware zu fördern. Eine Person, die häufig Websites zum
Thema Auto besucht, erhält also vorwiegend sog. Popup-
Anzeigen für Pkw und Autozubehör. Bekannte Adwarepro-
gramme sind Aureate/Radiate, Conducent Timesink und
Cydoor.

Anfangs sendet das Spionageprogramm keine persönlichen Angaben, sondern nur eine bestimmte Codenummer.
Auf Wunsch kann das Programm aber schrittweise ausgebaut werden, um den Namen des Surfers sowie seine Surf-
gewohnheiten zu ermitteln. Die Inseratenprogramme stellen
daher bereits ein Risiko für die Privatsphäre dar, weil die
Wahl der abgerufenen Websites Auskunft geben kann über
höchst persönliche und sensitive Interessen oder Verhältnisse. Im günstigen Fall geht aus dem Anwendervertrag,
dem sog. End-User License Agreement (EULA), hervor, ob
das Programm persönliche Informationen sammelt, aber
häufig ist ein solcher Paragraf nur vage formuliert und im
Kleingedruckten versteckt. Häufig wird der Anwender
überhaupt nicht darüber aufgeklärt, dass das Programm
beim Hersteller „zurückruft".

Das Risiko, unwissentlich im eigenen Computer ein Spionageprogramm zu installieren, ist am größten, wenn kleine, kostenlose Programme (sog. Freeware) aus dem Internet
heruntergeladen werden. Beliebt sind Spielprogramme (wie
z. B. Elfbowl, wo ein Weihnachtsmann mit kleinen Heinzel-
männchen kegelt), elektronische Brieftaschen (wie Gator
eWallet), Programme zum Tausch von u. a. Musikdateien
(wie Kazaa und andere), Mediaplayer (wie zeitweilig Real-
Player), Programme zur Erstellung elektronischer Grußkar-

ten (wie E-Mail PI) sowie verschiedene „lustige" Computer-hilfsmittel (wie Comet Cursor, das dem Mauszeiger auf dem Bildschirm ein „lustigeres" Aussehen verleiht).

Vor dem Herunterladen solcher kostenlosen Programme sollten also die Alarmglocken läuten. Je unbekannter der Hersteller des Programms, desto größer das Risiko. Aber auch die Programme der größten und renommiertesten Firmen sind nicht vor Spionageprogrammen gefeit.

In gewisser Hinsicht kann man sagen, dass der Surfer für das Betrachten der Werbeangebote im Internet zur Kasse gebeten wird, so wie ja auch kommerzielles Fernsehen kostenpflichtig ist. Der Mythos vom „kostenlosen" Internet klingt zunehmend hohler. Selbstkritisch könnte man sagen, dass es in gewissem Sinne die Kunden selbst gewesen sind, die diese Entwicklung vorangetrieben haben – nämlich durch ihre Weigerung, für das Dargebotene zu zahlen.

Das Herunterladen von Programmen für den Tausch von Musik- und Filmdateien via Internet ist also stark mit dem Risiko verknüpft, dabei auch sog. Inseratenprogramme und Spyware zu installieren. 2002 wurde beispielsweise bekannt, dass beim Herunterladen der Tauschdienste Kazaa, LimeWire*, BearShare* und Grokster* auch ein Spionageprogramm mit inbegriffen war. Dem Hauptprogramm war ein kleines, „lustiges" Programm namens ClickTillUWin* angeschlossen, das jedem klickenden Anwender einen Gewinn versprach. Dieses Programm enthält einen sog. Trojaner (der sozusagen wie ein „trojanisches Pferd" fungiert, d. h. sich im Computer etabliert und dort Schaden anrichtet). Dieses trojanische Pferd – das die Hersteller von Antivirusprogrammen W32.Dlder.Trojan nennen – registriert, welche Websites der Anwender besucht, und speichert die Informationen auf einer anderen Website zusammen mit einer ID-Nummer. Nach Angaben der Zeitschrift *Wired* berichteten einige Anwender, dass der Trojaner sogar die Einstellungen ihrer Firewall geändert hatte, um ungehindert nach außen senden zu können.

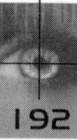

Vertreter der Tauschbörsenprogramme versichern, dass sie keine Ahnung hatten von der Existenz eines Spionageprogramms in ihrem eigenen Programm ClickTillUWin. Dies kann bezweifelt werden. Für die Tauschbörsen sind nämlich solche „Huckepack"-Programme eine wichtige Einkommensquelle. Es handelt sich dabei um zehn bis 20 Cent pro heruntergeladene Software. Auch hier könnte man selbstkritisch sagen, dass die Anwender sich selbst in die Tasche lügen, wenn sie fordern, dass die im Internet zur Verfügung gestellten Programme kostenlos sein sollen.

Fernsteuerung von Millionen von Computern

Spionageprogramme können noch weit gefährlicher sein. Vor einigen Jahren passierte es, dass man beim Herunterladen des Tauschbörsenprogramms der Firma Audiogalaxy* auch ein Spionageprogramm der Firma VX2 Corporation* im Computer installierte. Dieses Programm registrierte – wie gehabt – sämtliche besuchten Websites. Aber das war nicht alles. Im Leitfaden der Firma ist nämlich zu lesen, dass das Programm „auch bestimmte Informationen aus Webformularen sammelt".

Zwar versichert die Firma VX2 Corporation, dass „sensitive Angaben wie Kreditkartennummern nicht gesammelt werden" und dass diese – falls sie „aus Versehen" doch einmal gesammelt würden – wieder „unmittelbar aus der Datenbank gelöscht werden". Trotz dieser Einschränkung stehen hier sämtliche Türen offen für das Sammeln äußerst privater Angaben – Name, Anschrift, Telefon, E-Mail-Anschrift, gekaufte Waren (einschließlich Arzneimittel), Zeitungs- und Zeitschriftenabonnements, gebuchte Fahrkarten, vom Anwender verwendete Suchbegriffe usw. Außerdem hat der Anwender nicht die geringste Möglichkeit, zu kontrollieren, ob sensitive Daten eingesammelt wurden und ob diese – falls gesammelt – später wirklich gelöscht wurden.

Tauschbörsen wie Kazaa pflegten eine Zeit lang ihrer eigenen Software ein Begleitprogramm der Firma Brilliant Digital Entertainment* hinzuzufügen. Dieses „Huckepack"-Programm zeigte dreidimensionale Webanzeigen, die für die Surfgewohnheiten des Anwenders maßgeschneidert waren. Es brachte aber noch weit mehr zustande. Beim Herunterladen wurde man nämlich automatisch Mitglied des Netzwerks dieser Firma. Dieses Netzwerk, das weltweit aus Millionen Computern besteht, wird von Brilliant ferngesteuert. Die Absicht dabei ist – angeblich mit der Einwilligung der Anwender –, die Computer als Knotenpunkte für die Verschickung verschiedenen digitalen Materials zu verwenden, indem die Bandbreite der Mitgliedscomputer benutzt wird. Die Firma Brilliant erhält außerdem Zugang zur Prozessorkapazität und zum Speicherraum der Festplatten der angeschlossenen Computer. Das Netzwerk basiert auf einer Software namens Altnet Secureinstall.

Grundsätzlich bedeutet dies, dass Brilliant Digital Entertainment Millionen von Computern beherrscht, die sämtlich auf Kommando aktiviert werden können – fast so, wie man eine Lampe anknipst!

Wie verschaffen sich Spionageprogramme Zugang?

Eine Analyse der unwillkommenen Eindringlinge in unsere Computer wirft natürlich die Frage auf: Wie verschaffen sich diese Programme Zugang? Dies kann auf verschiedene Weise erfolgen. Am üblichsten ist das oben geschilderte „Huckepack"-Verfahren. In den meisten Fällen beruht dieses Verfahren auf einem Abkommen zwischen den beteiligten Softwarefirmen. Dies ist jedoch nicht immer der Fall. Die Nachrichtenagentur ZDNet berichtete 2002, wie Hacker in eine bekannte Website eindrangen und die dort abrufbare Software TCPdump – ein Programm für die Verkehrskontrolle eines Datennetzwerkes – ersetzten durch ein ähnliches, jedoch in Wirklichkeit heimtückisches Programm, das den Hackern volle Kontrolle über die betroffenen Computer verschaffte. Erst nach einigen Tagen wurde der Angriff entdeckt. Die Anwender, die im guten Glauben waren, TCPdump heruntergeladen zu haben, hatten ihren Computer stattdessen mit einem Trojaner infiziert, der im Sinne der Hacker handelte.

Eine andere Art der Installation von Spyware ist das Versenden von Anhängen zu E-Mail-Mitteilungen. Der Computer wird dann beim Öffnen des Anhangs infiziert. Deshalb ist vor Anhängen unbekannter Absender stets Vorsicht zu wahren. Normale Antivirusprogramme können Spyware normalerweise *nicht* entdecken und unschädlich machen. Sie entdecken nur Programme, die sich selbst vermehren (was ja das Kennzeichen eines Datenvirus ist), und Spionageprogramme vermehren sich normalerweise nicht selbsttätig.

Das E-Mail-Programm Email PI ist ein solches Spionageprogramm, das auf der Versendung von E-Mail-Anhängen basiert. Das Programm ist kommerziell, ganz offen auf dem Markt zu haben (Kosten: 89 US-Dollar) und für Ehepaare vorgesehen, die in Scheidung liegen und einander ausspionieren wollen. Der Käufer des Programms kann eine der hübschen Grußkarten wählen, die der E-Mail beigefügt werden (die Grußkarten sind in fünf Bereiche eingeteilt, von „romantisch" bis „Scherz"). Wenn das Opfer den Anhang öffnet, wird auf dem betreffenden Computer ein sog. Keylogger (Tastenregistrator) installiert, der in Echtzeit registriert, was das Opfer in den Computer eingibt. Der Text wird dann an den spionierenden Ehepartner gesendet.

Damit ist der Spionierende genauestens darüber unterrichtet, was das Lauschopfer in den Computer eingibt, welche Websites besucht werden, welche Passwörter und andere sensitive Angaben eingegeben werden usw. Sogar Telefongespräche können mit diesem Programm abgehört werden, falls ein Voicemodem an den Computer ange-

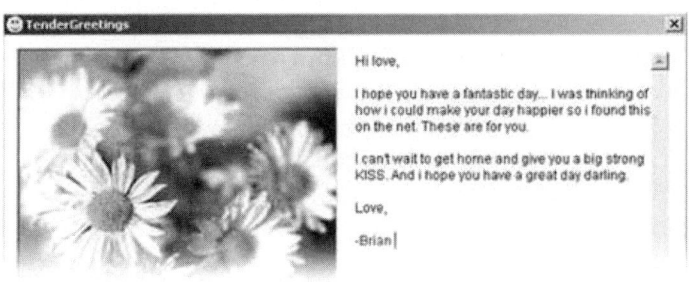

EMail PI Corp.

Sobald diese elektronische Grußkarte geöffnet wird, wird unbemerkt eine elektronische Spyware auf dem Computer installiert.
(Quelle: Email PI)

schlossen ist. Und falls der Computer des Opfers über eine Webcam verfügt, kann der Spionierende auch diese Kamerabilder betrachten. Die folgende Illustration zeigt das Anwendermenü des Spionageprogramms.

Ein Spionageprogramm kann also im eigenen Computer mittels Download eines anderen Programms oder mittels E-Mail-Anhang implantiert werden. Der Anhang kann entweder zielgerichtet an ein bestimmtes Opfer gerichtet oder in willkürlicher Streuung mit Hilfe eines Datenvirus oder eines Datenwurms verschickt werden. Ein Beispiel für das Letztgenannte ist das Virus BadTrans B, das im Dezember 2001 verbreitet wurde. Es enthielt auch einen Tastenregis-

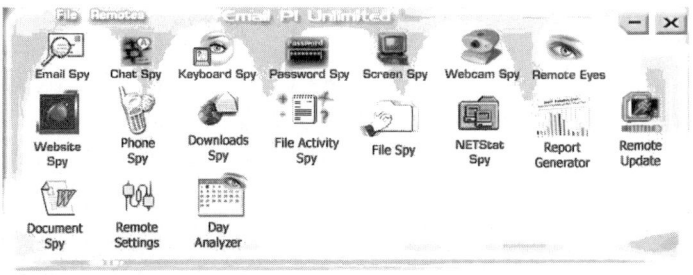

Menü des Spionageprogramms Email PI, in dem der Anwender die gewünschte Spionageart wählen kann.   *(Quelle: Email PI)*

trator, der meist auch dann nicht verschwand, wenn das Virus selbst beseitigt werden konnte. Man kann daher vermuten, dass es immer noch eine Anzahl Computer gibt, die diesen Tastenregistrator enthalten.

Eine Münze hat bekanntlich zwei Seiten – heimlich installierte Tastenregistratoren können auch im Dienste der Gerechtigkeit tätig werden. Das amerikanische FBI entwickelt zurzeit in seinem Labor für elektronische Werkzeuge – dem gleichen Labor, das auch die umstrittene „Carnivore"-Technologie (siehe Kapitel 9) entwickelte – eine eigene Spionagesoftware, die den Codenamen Magic Lantern erhielt. Beide Überwachungsprogramme sind Bestandteil des FBI-Projekts Cyber Knight.

Magic Lantern wird via Internet im Computer des Verdächtigen installiert. Die genaue Verfahrensweise ist nicht bekannt, jedoch lässt sich vermuten, dass auch hier die gebräuchlichen Methoden der Verbreitung von Spyware verwendet werden. Hauptziel ist dabei, Passwörter und Schlüssel für Chiffrierprogramme aufzuschnappen. Jede Chiffrierung kann mittels Magic Lantern leicht entschlüsselt werden.

In einem viel beachteten Artikel schrieb die Nachrichtenagentur AP im Jahre 2001, dass das FBI von zumindest einem Hersteller von Antivirusprogrammen kontaktiert wurde, der versicherte, dass dessen Software nicht die Aufklärungsarbeit des FBI behindern würde. AP nannte dabei ein führendes Antivirusunternehmen. Falls diese Angabe stimmt, könnte dies bedeuten, dass Antivirusunternehmen bewusst dazu bereit sind, eine Backdoor (Hintertür) für das FBI-Virus in ihre eigene Software einzubauen. Das wurde allerdings von führenden Herstellern der Antivirusprogramme entschieden dementiert. Der Service MSNBC schrieb in einem Kommentar, eine solche Zusammenarbeit zwischen Antivirusfirmen und amerikanischen Behörden würde das Ende der Vorherrschaft der US-Firmen in diesem Marktbereich bedeuten.

Es gibt noch eine dritte Art der Verbreitung von Spionageprogrammen. Tatsächlich kann man sich mit Spyware „infizieren", ohne überhaupt eine „Mutter"-Software herunterzuladen bzw. ohne einen E-Mail-Anhang zu öffnen: nämlich ganz einfach durch den Besuch einer bestimmten Website. Dabei kann ein ActiveX- oder Java-Code im Webbrowser aktiviert werden und einen „Spion" installieren, ohne dass der Anwender dies bemerkt. Am größten ist dieses Risiko auf Websites, die bereits an sich suspekt sind und absichtlich Spionagezwecken dienen. Aber auch ganz normale und angesehene Websites können unabsichtlich als Verbreitungsplattform für Spyware dienen, falls sie von Hackern heimgesucht und mit einem Virus oder Wurm infiziert wurden.

Durch das Abschalten der ActiveX- und Java-Codes im eigenen Webbrowser lässt sich dieses Risiko ausschalten. Dies hat jedoch zur Folge, dass viele brauchbare und beliebte Websites nicht mehr zufrieden stellend oder überhaupt nicht fungieren. Und längst nicht alle Computernutzer besitzen ausreichend Erfahrung und Kenntnisse, um eine solche Maßnahme durchzuführen.

Es ist ebenso Tatsache, dass man selbst bei abgeschalteten ActiveX- und Java-Codes unfreiwillig ein Spionageprogramm herunterladen kann – falls man nämlich die falsche Stelle anklickt. Es kommt vor, dass Websites Besucher bewusst dazu verführen, ein bestimmtes Symbol anzuklicken, das dann einen automatischen Installationsvorgang in Gang setzt. Seien Sie daher vorsichtig und horchen Sie auf Ihren Computer, falls dessen Festplatte plötzlich intensiv zu arbeiten beginnt! Beispielsweise kann eine Website als Sackgasse konstruiert sein: Dabei ist die Rücktaste des Webbrowsers nicht aktiv, so dass man, wenn man die Website verlassen will, auf das Symbol für „Beenden" oder „Zurück" klicken muss – und dieses Symbol ist dann die „Falle"!

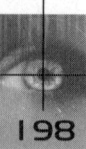

198 RAT ergreift das Kommando über Ihren Computer

Wenn man die Tastenregistratoren als die zweitschlimmste Art von Trojanern bezeichnen kann, dann besteht die schlimmste Sorte aus einer RAT (Ratte). RAT ist ein Akronym für „Remote Access Trojan", also ein Trojaner, der Ihren Computer fernsteuert. Das bedeutet, dass der Urheber von RAT Ihren Computer steuern kann, als ob er selbst vor der Tastatur säße – auch wenn er sich in einem anderen Erdteil befindet. Folgende Vorgänge sind mittels RAT möglich:

- Überwachung sämtlicher Aktivitäten am Computer sowie Einsammeln von Passwörtern usw. (wie bei einem Tastenregistrator);
- Surfen und Versenden von E-Mail im Namen des unwissentlich „gekidnappten" Anwenders;
- willkürliche Änderung von E-Mail-Mitteilungen des Anwenders;
- Erstellung, Änderung und Löschung von Dateien auf der Festplatte (und somit z. B. das „Einpflanzen" falscher Beweise);
- Führung von Telefongesprächen auf Kosten des Anwenders (falls der Computer ans Telefonnetz angeschlossen ist);
- Abhören der Wohnung oder des Büros des Anwenders (falls der Computer über ein Mikrofon verfügt, diese sind in PCs als Zubehör und in Laptops standardmäßig eingebaut);
- Kameraüberwachung des Anwenders (falls der Computer mit einer Webkamera ausgerüstet ist);
- Begehung von Straftaten im Namen des Anwenders (falls ein Hacker z. B. pädophiles oder rassistisches Material über den Computer des Anwenders vertreibt, kann der Anwender dafür belangt werden).

Das im Laptop integrierte Mikrofon kann mittels eines Spionage-programms in eine Abhöranlage umfunktioniert werden.
(Foto: Pär Ström)

Man kann also sagen, dass Computer, die mit Mikrofonen und Webkameras für Konferenzschaltungen ausgerüstet sind, ein lohnendes Objekt für Wirtschaftsspione sind. Die Schar der Hacker besteht nicht nur aus abenteuerlustigen Halbwüchsigen. Wer vorsichtig sein will, sollte seine Webkamera überkleben und sein Mikrofon ausschalten. Es ist geradezu frappierend, wie nahe wir heute dem Horrorszenario von George Orwells Roman *1984* gekommen sind – „Big Brother" kann tatsächlich mit seinem allsehenden Auge in jede Wohnung schauen.

Die amerikanische Zeitschrift *Computerworld* schilderte 1999 in einem Artikel, wie das US-Militär zu diesem Zweck Versuche anstellte. „Da die installierten Kameras und Mikrofone keine Anzeigelampen für ihren Betrieb haben, merken die Opfer gar nicht, wenn sie abgehört werden", sagte Jeff Hoffmann, Leiter der Computerabteilung einer US-Heeresstelle.

Die Anwendung von Mikrofonen in Computern zu Abhörzwecken wird auch in einem bekannt gewordenen Geheimbericht der australischen Regierung erwähnt. Über diesen „Bericht hinsichtlich der Handhabung von Chiffriertechnologien" heißt es in der britischen Zeitung *The Guar-*

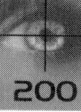
dian: „Er [der Verfasser des Berichts] schlägt vor, die Lautsprechersysteme von Computern für Abhörzwecke zu nutzen."

Sicherlich können wir davon ausgehen, dass es bald Spyware für Wirtschaftsspionage geben wird – wenn sie nicht bereits vorhanden ist. Ein solches Programm könnte darauf programmiert sein, nach bestimmten relevanten Suchbegriffen zu fahnden und dann die entsprechenden Textausschnitte oder Dateien an seinen „Herrn" zu senden. Der gesamte Inhalt des Computers – die Dateien der Festplatte, die E-Mail-Mitteilungen, die Besuche von Websites im Internet oder von geheimen Plätzen in einem Intranet – wären dem Spion und seinem Programm zugänglich.

Im Ansatz konnte dies bereits im Sommer 2003 beobachtet werden. Ein Datenvirus namens Bugbear untersuchte zuerst, ob der infizierte Computer in einem Geldinstitut untergebracht war. Wenn dies der Fall war, installierte das Virus eine „Hintertür" im Computer, um den Tätern Zugang zum System der Bank zu verschaffen.

Identifizierung von Dokumenten

Trojanische Pferde, RATs und sonstige unwillkommene Spione werden immer geschickter, um ihrer Entdeckung zu entgehen. Sie können so programmiert werden, dass die Festplatte nicht anspringt oder dass das Senden von Informationen über das Internet unmerklich vor sich geht. Ein Hersteller von Spyware prahlt im Internet sogar damit, dass seine Tastenregistratoren regelmäßig den Namen ändern und häufig den Platz auf der Festplatte des Opfers wechseln, um einer Entdeckung zu entgehen.

Für die Spionage ist jedoch nicht immer eine besondere Spyware erforderlich. Es reicht, dass ein normales Word-Dokument, eine Excel-Datei oder eine PowerPoint-Präsentation von einer „Wanze" (Web Bug) infiziert wird (siehe Kapitel 9). Die unsichtbare Wanze dient dann dazu, jedes

Mal bei Öffnen des Dokuments eine Meldung in Gestalt der IP-Adresse und des Zentralnamens des betreffenden Computers (der häufig den Namen der Firma enthält) an den Hacker zu senden.

Jedes Dokument kann dann mit Hilfe der Wanze eine eindeutige Identifikation erhalten. Der künftige Weg des Dokuments kann somit überallhin verfolgt werden. Dies erweist sich als nützlich in Fällen, in denen man undichten Stellen einer Organisation auf die Spur kommen will. Ein Bericht über den Weg eines solcherart gekennzeichneten Dokuments kann folgendermaßen aussehen:

> Dokument Nr. 327, das ursprünglich an Franz Müller ging, wurde 34-mal geöffnet [es folgen Datum und Uhrzeit für jeden Öffnungsvorgang], wobei es 21-mal außerhalb unserer Firma geöffnet wurde, u. a. wurde es dreimal in drei verschiedenen Computern unseres schärfsten Konkurrenten geöffnet.

Die eindeutige Kennzeichnung des Dokuments kann manuell oder automatisch erfolgen. Die Identität braucht nicht aus einer Nummer zu bestehen, es kann auch ein beliebiger Name sein. Wenn z. B. die Unternehmensleitung ein Dokument an ihre 10.000 Mitarbeiter via E-Mail verschickt, könnte die oben beschriebene Webwanze jedes Dokument mit dem Namen jedes einzelnen Mitarbeiters versehen, um zu kontrollieren, was dieser Mitarbeiter mit dem Dokument dann anstellt. Die Wanze folgt sogar mit, wenn nur ein bestimmter Textteil aus dem Dokument ausgeschnitten und in ein anderes Dokument eingefügt wird. Auch lose Textzitate können somit weiterverfolgt werden, was die Möglichkeit gibt, Personen zu entlarven, die urheberrechtlich geschützte Textstellen stehlen, auch wenn dabei nicht das ganze Dokument entwendet wurde.

Die ganze Problematik des Schutzes der Privatsphäre, die durch solche Webwanzen aktualisiert wird, kompliziert sich noch weiter durch die Tatsache, dass diese Wanzen auch

Cookies aktivieren können, die zum Webbrowser Internet Explorer gehören. Das macht es für den Urheber eines Dokuments möglich, die Personen, die das Dokument in ihrem Computer öffnen, mit den Personen abzugleichen, welche die Website des Dokumentenurhebers besuchen. Ein solcher Abgleich könnte in der Praxis bedeuten, dass der Dokumentenurheber Zugang zu zahlreichen persönlichen Angaben über diejenigen Personen erhält, die das Dokument öffnen.

Sämtliche Dateiformate für HTML-Codes (d.h. Codes für die Beschreibung von Websites) können entsprechend in Werkzeuge für „Wanzen"-Spionage umgewandelt werden. Beispielsweise plant man, eventuell HTML-Codes für künftige Versionen der MP3-Dateien (Musikdateien) zu verwenden, um die Musikstücke mit Textinformationen zu ergänzen. Dies würde bedeuten, dass auch Musikdateien einer „Verwanzung" offen stünden, um ihre Anwender auszuspionieren.

Hinsichtlich des Textverarbeitungsprogramms Word wurde 2001 bekannt, dass das RTF-Format – das der schnellen Überführung einer Word-Datei in ein anderes Textverarbeitungsprogramm dient – einen Trojaner enthielt. Es handelte sich dabei also nicht um eine Webwanze, sondern einen kompletten Trojaner, der in diesem Falle Passwörter aufschnappte und via Internet weiterleitete. Das Virus mit dem Namen Goga stammte aus Russland und nutzte eine Schwachstelle des RTF-Formats aus. Inzwischen hat Microsoft das Virus beseitigt, jedoch sind damit vermutlich nicht sämtliche Schwachstellen des RTF-Formats oder anderer Formate behoben. Der Vorfall veranschaulicht, wie unsicher unsere IT-Anwendung ist.

Das beste Mittel gegen Spionageprogramme ist die Installation einer Firewall im Computer. Eine solche „Brandschutzmauer" hinterfragt stets die Bestätigung des Anwenders, bevor ein Programm sich ins Internet einwählen darf. Dies bietet jedoch keinen 100-prozentigen Schutz – es scheint, wie gesagt, fortgeschrittene Trojaner zu geben, die auch eine Firewall manipulieren können. Auch der Hersteller einer Firewall kann bewusst bestimmte „Hintertüren" in seinem Programm schaffen, um einen geheimen Zugang zu ermöglichen. Normale Antivirusprogramme sind nicht für die Entdeckung von Spyware konstruiert, deshalb werden neuerdings auch Antispywareprogramme auf dem Markt angeboten.

Wie der Drucker Sie unbemerkt entlarvt

Wenn Sie glauben, dass nur elektronische Dokumente sich zurückverfolgen lassen, nicht aber Papierdokumente, liegen Sie falsch.

2004 haben Forscher in den USA eine neue Technologie vorgestellt, die es ermöglicht, den Drucker ausfindig zu machen, auf dem ein bestimmtes Papierdokument gedruckt wurde. Die Forschung wurde an der Purdue University durchgeführt und durch Spenden der National Science Foundation unterstützt, die eine Institution der amerikanischen Regierung ist. Auch der Geheimdienst arbeitet bei diesem Projekt mit und das Heimatschutzministerium interessiert sich für diese Technologie.

Und so funktioniert das Ganze: Eine Art unsichtbares „Wasserzeichen" wird automatisch auf jeden Ausdruck mit aufgedruckt. Dieses Zeichen enthält einen bestimmten Code, der einem jeden Drucker eindeutig zuzuordnen ist. Wenn man diesen Code kennt, lässt sich der Ausdruck bis zu dem Drucker zurückverfolgen, dem er entstammt. Mit dieser Methode will man Kriminelle wie z. B. Urkundenfälscher aufspüren. Bis jetzt lässt sich die Technologie nur bei Laserdruckern anwenden. Schon bald werde sie sich aber auch bei Tintenstrahldruckern anwenden lassen, so der Forschungsleiter.

Kurz vor Drucklegung dieses Buches wurde bekannt, dass zumindest einige Farblaserdrucker und möglicherweise auch Tintenstrahldrucker bereits mit dieser Codierungs-

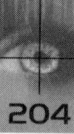
technologie ausgerüstet sind. Dem holländischen Newsletter WebWerald zufolge hat die holländische Polizei dies bestätigt und auch zugegeben, dass sie sich auf diese Technologie bei ihren Ermittlungen stützt. Der europäische PR-Manager des Drucker- und Kopiererherstellers Canon hat bestätigt, dass alle Geräte, die in Farbe drucken, mit Anti-Fälschungs-Technologie ausgerüstet seien.

Seit vielen Jahren wird bei allen Farbkopierern weltweit eine ähnliche Technologie eingesetzt. Das ursprüngliche Ziel war es, Geldfälschern das Handwerk zu legen. Nun soll diese Technologie aber auch noch zu ganz anderen Zwecken verwendet werden. Wie das schwedische Laboratorium für Kriminaltechnik mitteilt, wird sie inzwischen zur Aufklärung aller möglichen Kriminalfälle genutzt. Offizielle Vertreter geben sich jedoch sehr verschlossen und beantworten die meisten meiner Fragen mit: „Kein Kommentar." Mit Blick auf den Schutz der Privatsphäre wäre Folgendes wichtig zu wissen:

- Gibt es eine internationale Datenbank, in der alle Farbkopierer weltweit und ihre jeweiligen unsichtbaren Codes gespeichert sind, oder hat jeder Hersteller seine eigene Datenbank?
- Wie weit geht man, um die Namen von Käufern zu ermitteln?
- Wer hat Zugriff auf diese Informationen?
- Unter welchen Bedingungen wird der Zugriff gestattet? Ist z. B. ein Gerichtsbeschluss nötig?
- Gibt es einen Schutz gegen Missbrauch?

Papier war bisher der letzte Garant der Anonymität. Nun scheint sogar das Papier seine Anonymität zu verlieren. Für die Privatsphäre und die Demokratie ist sehr gefährlich, die Anonymität aufzugeben: Denn ohne diesen Schutz werden politische Opposition und Widerstand gegen ungesetzliche Praktiken innerhalb eines Unternehmens wesentlich riskanter.

Kapitel 13:
Verräterische Hintertüren

Bei Firmenleitern handelt es sich häufig darum, an den Patriotismus zu appellieren. Bei kommerziell ausgerichteten Abteilungsleitern genügt es, zu sagen: „Tun Sie dies, und Sie erhalten eine günstige Exportförderung." Bei den Technikern sagt man: „Warum wählen Sie nicht diese Lösung?" Und dann geht ihnen die Bedeutung der Vorschläge erst dann auf, wenn die Ingenieure weiß im Gesicht werden.

> Ein Informant innerhalb der NSA
> zur Zeitung *Baltimore Sun*

Im vorigen Kapitel diskutierten wir das Risiko, unseren Computer mit Spyware zu infizieren – mit unwillkommenen Besuchern, die unsere eigenen Informationen unbefugt weiterschicken. Auch derjenige, der nur Software der großen und angesehenen Hersteller kauft, kann sich nicht sicher sein, das Risiko damit ausgeschaltet zu haben. Es gibt nämlich sog. Backdoors (d. h. „Hintertüren" eines Programms), die den geheimen Zugang zum Computer – vorbei an sämtlichen Sicherheitssperren – erlauben. Eine Hintertür, die geheim und unsichtbar bleibt, außer für den, der sie eingebaut hat. Dies klingt wie eine Geschichte aus der Welt von James Bond, doch auch hier übertrifft die Wirklichkeit die Phantasie. Es gibt Anzeichen dafür, dass solche Hintertüren sogar in allgemein üblichen Programmen existieren – eingebaut auf das Betreiben mächtiger Organisationen hin.

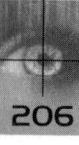
Die erstaunliche Geschichte der Crypto AG

Der in Russland geborene schwedische Chiffrierfachmann Boris Hagelin (1892–1983) konstruierte während des Zweiten Weltkriegs eine Chiffriermaschine, die in 140.000 Exemplaren an das amerikanische Verteidigungsministerium geliefert wurde. Hagelin freundete sich mit William F. Friedman an, einem anderen aus Russland stammenden Chiffrierfachmann, der damals der Chefchiffrierer der amerikanischen Armee war. Friedman wurde später Sonderassistent des NSA-Direktors.

1952 gründete Hagelin in der Schweiz das Unternehmen Crypto AG*, das bald weltweiter Marktführer im Bereich der Chiffriertechnik war. Anfangs vertrieb man mechanische Chiffriergeräte; in den 70er Jahren ging man zu softwarebasierter Chiffrierung über. Das hohe Ansehen, das die Firma während des Kalten Krieges genoss, rührte teilweise von der Tatsache her, dass sie ihren Standort in einem neutralen Land hatte. Um sicherzustellen, dass keine fremde Macht die Ausrüstung manipulieren konnte, zog man ein Unternehmen in der bündnisfreien Schweiz vor.

Wenn es galt, Informationen der höchsten Geheimhaltungsstufe zu chiffrieren, fiel die Wahl nahezu automatisch auf die Crypto AG. Seit den 50er Jahren hatte die Firma ca. 120 Staaten als Kunden, die ihre Diplomatenpost, ihre Regierungsdokumente und nicht zuletzt die militärischen Informationen mit der Ausrüstung der Crypto AG verschlüsselten. Auch viele Großkonzerne nutzten die Chiffriertechnik zum Senden vertraulicher technischer und geschäftlicher Informationen via Fernschreiber, Funk, Fax und Datennetze. Kurz gesagt: Ein Großteil der Machthaber dieser Welt verwendete während eines halben Jahrhunderts die Ausrüstung der Crypto AG für die Übermittlung geheimer und geheimster Informationen.

Es scheint sich nun herauszustellen, dass die amerikanische NSA im gleichen Zeitraum Zugang zu dieser Kommunikation hatte. Nach Angabe einer Reihe glaubwürdiger Gewährsleute wurden nämlich die Geräte (und später die Software) so manipuliert, dass jeder chiffrierten Mitteilung gleich der Schlüssel zum Dechiffrieren beilag – ein Schlüssel, der jedoch nur für die NSA sichtbar war. Das ist ungefähr so, als ob der Zweitschlüssel für einen Banktresor, der in einem gepanzerten Wagen transportiert wird, unter der Motorhaube versteckt liegt – Fahrer und Personal sind ahnungslos, der Bankräuber jedoch kann sich (im Einverständnis mit dem Bankdirektor) direkt den Schlüssel holen.

Mysteriöse Besuche amerikanischer „Berater"

Die Enthüllung begann im Jahre 1991. Bereits einen Tag, bevor der ehemalige iranische Premierminister Shapur Bakhtiar ermordet aufgefunden wurde, hatte der iranische Geheimdienst Vevak eine chiffrierte Mitteilung an die Botschaften Irans in London, Paris, Bonn und Genf mit der Frage geschickt: „Ist Bakhtiar tot?" Die Iraner merkten dann, dass die Mitteilung abgehört worden war, und der Lieferant des Chiffriersystems geriet unter Verdacht. Hans Bühler, Verkaufsrepräsentant der Crypto AG im Iran, wurde verhaftet und der Spionage angeklagt. Er wurde neun Monate lang täglich fünf Stunden verhört. Man schnallte ihn dabei auf Holzpritschen fest und bedrohte ihn mit Schlägen. „Zu dieser Zeit wusste ich nicht, dass unsere Ausrüstung manipuliert war, sonst hätten sie mich mit ihren Methoden zum Sprechen gebracht", sagte er später.

Die Crypto AG konnte ihren Mitarbeiter für eine Million Dollar freikaufen. Einige Wochen nach seiner Heimkehr wurde ihm gekündigt, und die Firma forderte die Rückzahlung des Lösegelds. Interessant ist dabei, dass einige ehemalige Mitarbeiter der Crypto AG sich auf Bühlers Seite stellten und erzählten, sie selbst seien Zeuge gewesen, wie die Chiffrierausrüstung manipuliert wurde. Ein ehemaliger Ingenieur der Firma berichtete:

> Vor 15 Jahren war ich Zeuge, wie amerikanische und deutsche Ingenieure unsere Maschinen manipulierten. Es dauerte eine Zeit lang, bevor ich wirklich begriff, dass sie manipuliert waren. Der Beweis waren technische Dokumente [...], die ich in einem Bankfach hinterlegte. Ich informierte dann die Staatsanwaltschaft in Bern. Wir hatten dort zahlreiche Gespräche. Dann brachen die Kontakte plötzlich ab, und das Ganze verlief im Sande.

Der Streit zwischen Bühler und der Crypto AG landete vor Gericht. Einige Tage, bevor die ehemaligen Mitarbeiter der Firma vor Gericht aussagen sollten, kam es jedoch zu einem Vergleich. Die Vereinbarung sah vor, dass die Parteien Stillschweigen wahren.

Die amerikanische Zeitung *Baltimore Sun* wird in einem Gebiet vertrieben, in dem sich auch der Hauptsitz der NSA befindet. Die Zeitung untersuchte 1995 in einer Artikelserie die Tätigkeit der Organisation. Darin kommt auch Juerg Spoerndli, ein ehemaliger Mitarbeiter der Crypto AG, zu Wort. Spoerndli hatte bis 1994 bei der Firma gearbeitet. Er berichtete:

> Anfangs war ich noch idealistisch eingestellt, aber ich passte mich schnell an. [...] Ziel war es, den USA dabei zu helfen, diesen Ländern über die Schulter zu blicken. Wir sagten uns: „Es ist besser, wenn die USA erfahren, was diese Diktatoren tun." [...] Trotzdem ist dies eine imperialistische Sicht der Dinge. Ich bin nicht der Meinung, dass man auf diese Weise Geschäfte machen sollte.

Spoerndli berichtete auch, dass er von älteren Ingenieuren der Crypto AG gehört hatte, mysteriöse Besuche amerikanischer „technischer Berater" wären vorgekommen. Auch erzählte er, ihm sei gegen Ende der 70er Jahre „unter myste-

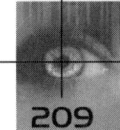

riösen Umständen befohlen worden, die Algorithmen für die Chiffrierung zu ändern", d.h. eine Abschwächung der Chiffrierung vorzunehmen.

Ruedi Hug, ein weiterer ehemaliger Angestellter, ist ebenfalls kritisch: „Ich fühle mich hintergangen", sagt er. Ein anderer Mitarbeiter berichtete, dass man gezwungen war, sämtliche Geräte und Programme an die NSA und die deutsche Sicherheitsbehörde zu schicken, um sie genehmigen zu lassen. Ein vierter Mitarbeiter sagte, dass sich Boris Hagelin junior – der Sohn des Firmengründers – in seiner Gegenwart darüber beklagte, sein Vater zwänge ihn, die Geräte zu manipulieren. Als dieser Ingenieur daraufhin den Vater ansprach, bestätigte dieser den Vorgang und begründete ihn mit einer Theorie der politischen Vormundschaft. „Er sagte, dass den einzelnen Ländern eine unterschiedlich abgestufte Sicherheit zustände", gab der Ingenieur laut *Baltimore Sun* zu Protokoll.

Es scheinen nicht nur sog. „Schurkenstaaten" gewesen zu sein, die von der NSA und ihren Bündnispartnern abgehört wurden. Beispielsweise verlautete, dass die britische Geheimdienstorganisation GCHQ die chiffrierte Kommunikation zwischen der irischen Botschaft in London und der Regierung in Dublin im Klartext lesen konnte (während der heiklen Verhandlungen zwischen Großbritannien und Irland im Jahre 1985). Zuvor hatte Irland laut Presseangaben eine Chiffrierausrüstung der Crypto AG zum Preis von mehr als einer Million irischer Pfund gekauft.

Auf ähnliche Weise konnten die Briten während des Falkland-Krieges die Mitteilungen der Argentiner im Klartext lesen; auch diese waren mittels Crypto-Ausrüstung chiffriert. Es heißt auch, die USA machten ihre Militärhilfe an Pakistan von der Bedingung abhängig, dass sich das Land eine Chiffrierausrüstung der Crypto AG anschafft.

Die *Baltimore Sun* ließ Alan T. Sherman, Chiffrierfachmann und Professor an der Universität von Maryland, die technischen Angaben der ehemaligen Ingenieure der Crypto

AG prüfen. Er kam zu dem Schluss, dass diese glaubwürdig waren.

Crypto AG weist sämtliche Beschuldigungen entschieden zurück. Obwohl das Vertrauen der Kunden in die Firma seit den Enthüllungen der 90er Jahre gesunken ist und der Verkauf zurückging, konnte sich das Unternehmen auf dem Markt halten. Das Motto seiner Website ist: „Totale Informationssicherheit".

Zu diesem Thema empfehlen wir auch folgende Lektüre: Res Strehle: *Verschlüsselt – Der Fall Hans Bühler.*

Appell an den Patriotismus

Möglicherweise ist die Crypto AG nicht der einzige Fall dieser Art. Hartnäckige Angaben verschiedener Seiten machen geltend, dass die NSA Exportvergünstigungen und andere Vorteile für amerikanische Firmen an die Bedingung knüpft, in ihre Software eine Hintertür für die NSA einzubauen. Die NSA scheint bei diesen Absichten die Methode von Zuckerbrot und Peitsche zu verwenden. Ein Gewährsmann mit langjähriger Erfahrung in diesem Bereich sagte der *Baltimore Sun* 1995: „Bei Firmenleitern handelt es sich häufig darum, an den Patriotismus zu appellieren. Bei kommerziell ausgerichteten Abteilungsleitern genügt es zu sagen: ‚Tun Sie dies, und Sie erhalten eine günstige Exportförderung.' Bei den Technikern sagt man: ‚Warum wählen Sie nicht diese Lösung?' Und dann geht ihnen die Bedeutung der Vorschläge erst dann auf, wenn die Ingenieure weiß im Gesicht werden."

Vor einigen Jahren wurden die US-Exportbegrenzungen für leistungsstarke Chiffriersysteme aufgehoben. *Computerworld*, die führende amerikanische Zeitschrift für IT-Technik, schrieb kurz vor der Änderung, dass damit eine Situation geschaffen würde, in der amerikanische Behörden die Softwarefirmen des Landes zum Einbau von „Hintertüren" in ihre Programme veranlassten. Im September 1999 schrieb die Zeitschrift: „Auch wenn das bisher übliche Lizenzverfahren für leistungsstarke Chiffrierprogramme entfällt, sind die Firmen gezwungen, ein technisches Gutachtenverfahren seitens einer nicht namentlich genannten Behörde durchlaufen zu müssen. Barry Steinhardt von der Amerikanischen Vereinigung für staatsbürgerliche Freiheiten meint, dass FBI und NSA damit Gelegenheit erhalten, die Firmen zur Schaffung von Sicherheitslücken in ihren Chiffrierprodukten zu zwingen oder Geschäftsgeheimnisse zu entlarven. Das würde den Behörden Zugang zu Daten verschaffen, die von den Produkten dieser Firmen gesammelt werden.“

CNN schreibt auf seiner Website:

> Mitarbeiter aus dem NSA-Hauptquartier in Fort Meade frequentieren die Unternehmen im Silicon Valley – von Branchenführern wie Netscape Communications und Sun Microsystems bis zu Start-up-Unternehmen wie VPNet Technologies –, um sich Produkte anzusehen, die sich noch im Entwurfsstadium befinden. NSA will die Softwarefirmen dazu veranlassen, sämtliche Produkte für leistungsstarke Chiffrierung mit Hintertüren für die Behörden auszurüsten. […] Das geht so weit, dass keine Firma mit der Produktentwicklung überhaupt anfängt, ohne sich vorher mit Fort Meade abzustimmen. Das betrifft sogar den vermeintlichen Herrscher des Softwareuniversums: Microsoft.

Ebenso interessant ist es, den bereits erwähnten australischen Regierungsbericht von 1997 zu zitieren. Dieser Bericht trägt den Namen „Übersicht über die Handhabung von Chiffriertechnologien“ und wurde von Gerard Walsh erstellt, dem früheren stellvertretenden Leiter des australischen Geheimdienstes ASIO. Nach Angaben der britischen Zeitung *The Guardian* heißt es dort folgendermaßen:

> Der Einbau einer Gruppe permanenter Datenkommandos, die im Programm des Herstellers nicht gesondert spezifiziert sind, kann zur Schaffung einer ferngesteuerten

Schaltanlage (remote switching device) beitragen, die die
Fähigkeit besitzt, Kommandos auf Wunsch zu erteilen.

Die vermutete Existenz von „Hintertüren" wird auch durch
einige Aussagen aus dem Jahre 1999 bestätigt; der republikanische Kongressabgeordnete Curt Weldon, der damals
auch das Untersuchungskomitee zur nationalen Sicherheit
leitete, sagte während einer öffentlichen Diskussion, dass
amerikanische Offiziere im Ersten Irak-Krieg (1991) eher
Zugang zu den Befehlen von Saddam Hussein an seine Offiziere hatten als die irakischen Offiziere selbst, weil die USA
die Chiffriercodes des irakischen Militärs entschlüsselt hatten. Nach Angaben der amerikanischen Nachrichtenagentur Tech Law Journal* sagte er u. a.:

> John Hamre [stellvertretender Verteidigungsminister der
> USA] versicherte mir, dass es nach Gesprächen mit Leu-
> ten wie Bill Gates und [IBM-Konzernchef] Gerstner eine –
> möglicherweise unausgesprochene – Möglichkeit geben
> sollte, bei Bedarf Zugang zu Systemen zu erhalten. Ich
> möchte wissen, ob dies ein Übereinkommen ist oder nur
> ein Versprechen. Denn wenn es eine stillschweigende
> Übereinkunft ist, möchte ich gern wissen, woraus diese
> besteht. [...]
> Als leitendes Mitglied des Sicherheitskomitees und als
> Vorsitzender des Untersuchungskomitees – wenn ich
> sehe, dass 47 Milliarden Dollar jährlich an Steuermitteln
> in die IT-Systeme des Pentagons fließen – will ich hinsicht-
> lich unserer Fähigkeit der Handhabung von Aufklärungsar-
> beit im Ausland völlig sicher sein, dass wir diesen Bereich
> im Ausland beherrschen und die von CIA und Pentagon
> benötigten Werkzeuge hinsichtlich unserer Gegner nutzen
> können; dies muss durch die neue Übereinkunft erreich-
> bar sein.
> Wir müssen dies meiner Meinung nach mit CIA und NSA
> direkt diskutieren, da sie die Fachleute stellen, um in die
> Systeme ausländischer Gegner einzudringen – sowohl der
> wirklichen wie der potenziellen Gegner.

Schwedischer Reichstag entdeckt Schwachstelle in Lotus

1997 erregte es weltweit Aufsehen, als man im schwedischen Reichstag eine „Hintertür" im System von Lotus Notes entdeckte. Lotus Notes ist ein Programm für die Handhabung von E-Mail und Dokumenten sowie für sonstige Kommunikation. Zu diesem Zeitpunkt wurde Lotus Notes von zahlreichen Unternehmen, sämtlichen Abgeordneten des schwedischen Reichstags, 15.000 Mitarbeitern des schwedischen Zentralamtes für Finanzwesen sowie von zahlreichen militärischen Einrichtungen Schwedens benutzt. „Ich wusste nicht, dass unsere Notes-Schlüssel deponiert waren, das war eine interessante Neuigkeit", sagte Jan Karlsson, Chef für Datensicherheit am Hauptquartier der schwedischen Streitkräfte nach einem Artikel des *Svenska Dagbladet* vom November 1997.

Offenbar waren die Kunden von Lotus Notes des Glaubens, dass das Programm eine 64-Bit-Chiffrierung verwendete. Dies war scheinbar auch der Fall. 24 dieser 64 Bit des Chiffrierschlüssels wurden jedoch jeder Mitteilung in verschlüsselter Form beigefügt – die nur die amerikanische NSA lesen konnte. Das bedeutet, dass die Chiffrierung für die NSA nur 40 Bit umfasste, womit eine Mitteilung sich ca. 16 Millionen Mal leichter entschlüsseln lässt. Leistungsstarke Computer in Großunternehmen und bei Geheimdiensten können eine 40-Bit-Chiffrierung in einigen Sekunden oder Minuten „knacken". Typischerweise werden die mitgelieferten 24 Bit im Jargon der Geheimdienste auch „Workfactor Reduction Field" („Arbeitsreduzierungsbereich") genannt.

Lotus ist eine Tochtergesellschaft von IBM. Sie bestätigte die Schwachstelle in den Exportversionen von Lotus Notes und gab an, diese sei eine Folge amerikanischer Exportbeschränkungen. Man versicherte, dass amerikanische Behörden ihre Möglichkeiten nicht missbrauchen würden.

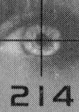

214 Eine Hintertür zu Windows?

1999 entdeckte man zufällig einen interessanten Fehler bei einer Sicherheitsaktualisierung des Betriebssystems Windows, genauer gesagt: von Windows NT4, Servicepaket 5. Andrew Fernandes, Sicherheits- und Chiffrierexperte der kanadischen Firma Cryptonom, fand nämlich einen bisher unbekannten „Schlüssel" des Microsoft-Betriebssystems Windows. Der Schlüssel, den man offenbar vergessen hatte, zu verbergen, trug den Namen NSA-KEY (an einigen Stellen auch NSA_KEY).

Ein Besitzer dieses Schlüssels kann über Fernsteuerung via Internet ohne Wissen des betreffenden Computeranwenders Änderungen im Betriebssystem vornehmen. Er kann auch eigene Programme im betroffenen Computer installieren (natürlich ebenfalls ohne Wissen des Anwenders). Damit hat er auch die Möglichkeit, sämtliche Aktivitäten von Computern, die mit diesem Windows-Betriebssystem ausgerüstet sind, zu überwachen und Informationen aus ihnen „abzuzapfen". Außerdem können eventuell installierte Chiffrierprogramme außer Kraft gesetzt werden.

Vor dieser Enthüllung glaubte man, dass es nur einen Schlüssel für Windows gab und dass dieser Schlüssel sich bei Microsoft befand, um die Aktualisierung von Sicherheitsprogrammen der Windows-Anwender durchführen zu können. Warum gab es also offenbar einen weiteren Schlüssel, und wieso trug dieser Schlüssel den Namen NSA-KEY? Andrew Fernandes behauptete, dass dieser Schlüssel eine Hintertür darstellte, die bewusst in die Windows-Versionen 95, 98, NT und 2000 eingebaut wurde, um der amerikanischen NSA vollen Einblick in sämtliche Windows-Computer der Welt zu verschaffen.

Laut Microsoft ist dies „absolut unwahr". Man versichert entschieden, dass der betreffende Schlüssel ein Microsoft-eigener Schlüssel ist, zu dem niemand sonst Zugang hat, auch nicht die amerikanische NSA. Der Name NSA-

KEY war unglücklich gewählt, jedoch bedeute das Kürzel NSA in diesem Falle lediglich, dass der Schlüssel die NSA-Anforderungen an Chiffrierprodukte mit Exportlizenz erfüllt.

Laut Nachrichtenagentur Techweb sagte Microsoft, dass der Schlüssel nur ein Reserveschlüssel des normalerweise von Microsoft verwendeten Schlüssels ist; ein Schlüssel also, der nur in Notsituationen – z.B. bei Naturkatastrophen – verwendet wird. Gaaspar Bowden von der Stiftung für Informationsforschung (FIPR) in London meint dazu in einem Kommentar: „Der Einbau eines Reserveschlüssels erfüllt nur dann eine Funktion, wenn es ein Verfahren für den Rückruf des ursprünglichen Schlüssels gibt. Ein solches Verfahren ist jedoch nicht vorhanden."

Ein weiterer Kommentar stammt von Simon Davies, Generaldirektor der Bürgerrechtsorganisation Privacy International. Er äußert sich auf der Website von Techweb wie folgt:

> Ich glaube dies nicht – von welchen Naturkatastrophen sprechen sie? Ein Meteor, der alles auf der Erde zerstört? Microsofts Argumente stimmen nicht mit den Arbeitsabläufen des Unternehmens überein – sie könnten z. B. einen Schlüssel an mehreren Stellen verwahren; dies wäre eine normale Sicherheitsmaßnahme.

Im Jahre 2000 tauchten erneut ähnliche Angaben auf – diesmal bei der Nachrichtenagentur der französischen Geheimdienste (Le Monde du Renseignement – Die Welt der Aufklärung). Dort berichtete man, dass ein geheimes Dokument des französischen militärischen Nachrichtendienstes (DAS) die Entwicklung einer Software durch Microsoft enthüllte; dieses Programm sollte es der NSA ermöglichen, internationale Überwachung durchzuführen. Microsoft wies diese Angaben als völlig unbegründet zurück.

Anzeichen dafür, dass eine solche Zusammenarbeit zwischen amerikanischen Exportunternehmen und US-Nach-

richtendiensten tatsächlich besteht, lieferte im Jahre 2000 der Skandal um die Regierungsflugzeuge, die China bei Boeing bestellt hatte. Als die Flugzeuge des Typs Boeing 767 geliefert wurden, konnten 20 im Rumpf verborgene Mikrofone entdeckt werden, die via Satellit fernzusteuern waren.

Offener Quellcode – einzige Garantie gegen Hintertüren

Es ist festzuhalten, dass „Hintertüren" vielfältig aussehen können und dass sie nicht unbedingt weit offen und allgemein zugänglich sein müssen. Häufig sieht es aus, als ob der Programmierer nur einen kleinen Fehler begangen hat. Brauchbar ist laut Sicherheitsexperten beispielsweise, dafür zu sorgen, dass Zufallsvariablen nicht ganz zufällig erzeugt werden oder dass ein Teil des geheimen Chiffrierschlüssels einer Mitteilung beigefügt wird.

Die einzige Möglichkeit sicherzugehen, dass eine bestimmte Software keine Hintertüren enthält, ist eine detaillierte Überprüfung des Quellcodes (d. h. des Programmcodes des betreffenden Programms, der in einer Programmiersprache verfasst ist, bevor er in den Maschinencode – die Einser und Nullen – umgewandelt wird). Diese Tatsache hat dazu geführt, dass das Interesse sicherheitsbewusster Kunden für Software mit offenem Quellcode – der im Internet veröffentlicht wird – zugenommen hat.

Diese Entwicklung setzt auch die herkömmlichen Softwareunternehmen unter Druck. Microsoft war bisher ein hartnäckiger Gegner der Veröffentlichung von Quellcodes. Anfang 2003 gab die Firma allerdings ein Programm bekannt (das sog. Government Security Program – ein spezielles Sicherheitsprogramm für Regierungen), nach dem Regierungen ein Abkommen über die Einsichtnahme in den Quellcode von Windows schließen können (dabei besteht aber nicht die Möglichkeit, das Programm zu ändern).

Russland schloss bereits ein solches Abkommen mit Microsoft, und eine Reihe anderer Länder sind am Verhandeln.

Bedeutet diese neue Offenheit, dass keine Hintertüren zu Windows existieren? Das ist nicht sicher. Laut Government Security Program können die Regierungen sich den Quellcode nur ansehen, ihn jedoch nicht selbst in anwendbare Software umwandeln, was möglicherweise bedeutet, dass für das wirklich installierte Windows-Programm ein anderer Quellcode zu Grunde liegt als der von der Regierung überprüfte Quellcode. Eine Überprüfung von Quellcodes funktioniert nur dann als Sicherheitsgarantie, wenn man die gesamte Kette bis zum fertigen Programm beherrscht.

Eine wesentliche Folgerung aus dem bisher Gesagten ist, dass die Beherrschung von Informationstechnologien – zumindest teilweise – von strategischer Bedeutung für ein Land ist. Man kann den Eindruck gewinnen, dass Politiker und andere Entscheidungsträger in Europa bisher nicht voll verstanden haben, wie wichtig es ist, die Informationstechnologie zu *beherrschen*, und dass es nicht reicht, sie lediglich einzukaufen. Informationen sind so grundlegend wichtig für die Funktion einer Gesellschaft, dass die Informationstechnologie nicht einfach dem Gesetz von Angebot und Nachfrage unterworfen werden kann; jedenfalls nicht sämtliche Teile dieser Technologie. Wer die IT-Infrastruktur der Welt beherrscht, verfügt über ein starkes, um nicht zu sagen: gewaltiges Machtmittel.

Kapitel 14:
Mikrochips in Waren senden
Informationen

Benetton könnte sehr einfach Ihren Namen und Ihre Kreditkartennummer mit der Seriennummer Ihres Pullis verknüpfen
und somit den Pulli auf Ihren Namen „registrieren". Sobald
Sie sich dann einem RFID-Lesegerät nähern, kann der Pulli Informationen über Sie an jeden senden, der Zugang zur Datenbank hat.

Katherine Albrecht
von der Verbrauchervereinigung CASPIAN

Was in diesem Kapitel behandelt werden soll, stellt zwar
keine unmittelbare Bedrohung der Privatsphäre dar, ist aber
eine durchaus realistische Möglichkeit der Zukunft. Stellen
wir uns folgendes Szenario vor:

Immer, wenn Sie ein Geschäft betreten, beginnen winzige
Mikrochips, die in Ihrer Kleidung angebracht sind, Informationen an unsichtbare Lesegeräte im Laden zu senden:
also Angaben über das, was Sie auf dem Körper tragen –
Hose, Hemd, Pulli, Jacke, Unterhose, Strümpfe, Schuhe,
Rock, Schal und Handschuhe, komplett mit Angabe der
Marke, des Modells, der Größe und der Farbe. Damit
kann sich das Geschäft ein Bild über Ihre Gewohnheiten
und Ihren Geschmack in Sachen Bekleidung verschaffen
und damit eine auf Sie maßgeschneiderte Werbung lan-
cieren.

Klingt dies unrealistisch? Vielleicht noch heute, aber durchaus nicht für die Zukunft. Die Technologie, die ein solches

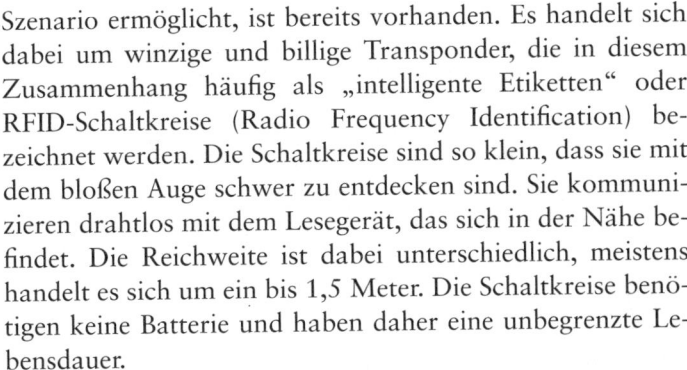

Szenario ermöglicht, ist bereits vorhanden. Es handelt sich dabei um winzige und billige Transponder, die in diesem Zusammenhang häufig als „intelligente Etiketten" oder RFID-Schaltkreise (Radio Frequency Identification) bezeichnet werden. Die Schaltkreise sind so klein, dass sie mit dem bloßen Auge schwer zu entdecken sind. Sie kommunizieren drahtlos mit dem Lesegerät, das sich in der Nähe befindet. Die Reichweite ist dabei unterschiedlich, meistens handelt es sich um ein bis 1,5 Meter. Die Schaltkreise benötigen keine Batterie und haben daher eine unbegrenzte Lebensdauer.

Es spricht viel dafür, dass die „intelligenten" Etiketten in einigen Jahren die heutigen Strichcodes des Handels ersetzen werden. Das bedeutet, dass sämtliche Waren – vom Kaugummi bis zum Fernseher – die neuen Etiketten erhalten. Eine große Anzahl führender Unternehmen hat gemeinsam den neuen Standard entwickelt, der EPC (Electronic Product Code) genannt wird.

Jede Ware wird dabei mit einem RFID-Chip versehen. Eine ganze Kette von Lesegeräten – die Infrastruktur des neuen Produktcodes – hat dann die Aufgabe, den Weg der Ware vom Produzenten via Lager, Transportfirma, Einzelladen, Warenhaus bis hin zum Verbraucher und sogar darüber hinaus bis zur Entsorgungsstation zu verfolgen. Wenn z.B. der Kühlschrank zu Hause einen RFID-Leser erhält, kann abgelesen werden, welche Speisen zu Hause vorrätig sind.

RFID versieht den Verbraucher nicht nur mit neuen Dienstleistungen – der größte Vorteil liegt in der Kostensenkung des Handels für Vertrieb, Logistik, Warenschwund, Inventur, Kassenhandhabung usw. Die leistungsfähige Technik ist potenziell äußerst nutzbringend, was auch den Verbrauchern zum Vorteil gereicht. Dies ist die positive Seite.

Die negative Seite ist, dass der Chip auch nach dem Kauf einer Ware aktiv bleibt. Dadurch ergeben sich offenbare Gefahren für den Schutz der Privatsphäre. Jeder, der über einen

RFID-Leser verfügt, kann aus geeigneter Entfernung den Warencode ablesen, z. B. den Code der Kleider, die ein Mensch auf dem Leib trägt. Wer dann außerdem Zugang zur Datenbank des Geschäftes hat, kann leicht die gespeicherten Angaben zum aktuellen Warenkauf ablesen – d. h. Name und Anschrift des Käufers, die Kreditkartennummer, das Einkaufsdatum usw. Im schlimmsten Fall könnte es sogar möglich sein, die Identität der Straßenpassanten per Funk „abzutasten".

Benetton-Waren mit RFID-Chips führten zum Kaufboykott

Es gibt deutliche Anzeichen dafür, dass die RFID-Technik, die seit Jahrzehnten bekannt ist, jetzt auch im Einzelhandel erprobt wird. Zu Beginn des Jahres 2003 teilte z. B. Gillette mit, dass man 500 Millionen RFID-Schaltkreise bestellt hatte – der genaue Verwendungszweck wurde nicht genannt. Merloni*, der große italienische Hersteller von Haushaltsgeräten, brachte 2003 einen Kühlschrank (Markenname: Ariston) mit eingebautem RFID-Leser auf den Markt. Dem Lesegerät können Speiserezepte entnommen werden, die auf den gerade im Kühlschrank vorhandenen Waren basieren. Auch ein gleichartiger Herd (der automatisch die für die Ware passende Temperatur und Kochzeit einstellt) sowie eine Waschmaschine (die den RFID-Chip der Kleider abliest und das entsprechende Waschprogramm wählt) wurden präsentiert. Keines dieser Geräte ist natürlich funktionsfähig, solange die Hersteller ihre Waren nicht mit dem RFID-Chip ausgerüstet haben. In Deutschland waren es vor allem die Läden des Metro-Konzerns, die Tests der RFID-Technik durchführten und dabei für Aufregung sorgten. Im Metro-Supermarkt von Rheinberg, einem sog. Extra Future Store*, wird die neue Einkaufstechnologie mittels RFID-Chips erprobt, was deutsche und internationale Gruppen zum Schutz der Persönlichkeitsrechte mobilisierte.

Zu den im Extra Future Store mit RFID-Chips versehenen Waren gehörten u.a. Streichkäse, Shampoo und Rasierklingen. Die Kritiker meinten, dass damit ein bestimmtes Produkt mit einem Kunden verknüpft und somit der Kunde anhand dieses Produkts überwacht werden könnte. Auch wenn dies ziemlich weit hergeholt erscheint, existiert die theoretische Möglichkeit dafür. Als Antwort auf die Proteste schuf Metro am Ausgang des Supermarkts eine Kundenstation, an der die RFID-Chips auf Wunsch wieder deaktiviert werden können. Die Bürgerinitiative CASPIAN meint jedoch, dass dabei der Inhalt des RFID-Chips nicht vollständig gelöscht werde (z.B. bleibe die ID-Nummer des betreffenden Artikels erhalten) und dass somit der Deaktivierungsvorgang nutzlos sei.

Der Metro-Konzern führte die RFID-Technologie auch bei den Bonuskarten von 10.000 Kunden des Extra Future Store ein. Das bedeutet, dass die Bonuskarten (und somit die Identität der Kunden) von den RFID-Lesegeräten des

Eine Anti-RFID-Demonstration 2004. Die Demonstranten sind beunruhigt über die Technologie, die in dem Extra Future Store des Metro-Konzerns in Rheinberg eingesetzt wird. *(Quelle: Foebud)*

Supermarkts (und potenziell auch an anderen Orten) erfasst werden. Außerdem wurden die Kunden offenbar nicht von dieser Maßnahme informiert. Die folgenden Proteste führten dazu, dass die RFID-Bonuskarten zurückgezogen wurden. Der Metro-Konzern meint jetzt, einziger Zweck dieser RFID-Karten sei es gewesen, Minderjährige daran zu hindern, sich Trailer der im Laden angebotenen DVD-Filme anzusehen.

Das größte Aufsehen erregte im Frühjahr 2003 jedoch der Philips-Konzern, der bekannt gab, die Modefirma Benetton würde sämtliche Kleidungsstücke der Marke Sisley mit eingenähten RFID-Chips von Philips ausrüsten. In den 5.000 Einzelläden von Benetton wurden gleichzeitig RFID-Lesegeräte installiert. Die Reaktion blieb nicht aus. Die bereits erwähnte amerikanische Verbraucherorganisation CASPIAN rief zu einem weltweiten Boykott von Benetton (Boycott Benetton*) auf (siehe Abbildung). Man befürchtete, die neue Technik könnte zu Überwachungszwecken ausgenutzt werden. Benetton ging daraufhin mit einer Mitteilung an die Öffentlichkeit, in der man versicherte, die

Boykottaufruf aus dem Jahre 2003 gegen die Modefirma Benetton, nachdem diese bekannt gegeben hatte, manche ihrer Kleidungsstücke mit einem Mikrochip für drahtlose Kommunikation ausrüsten zu wollen. *(Quelle: CASPIAN)*

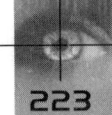

RFID-Technik werde nur „ausgewertet". Das Unternehmen war offenbar überrascht von der stark ablehnenden Haltung der Verbraucher.

Auch die Unternehmen, die den EPC-Standard gemeinsam entwickelten, nehmen die Unruhe ernst. Die Spezifikation ihres neuen Standards enthält nämlich die Möglichkeit, den RFID-Chip zu deaktivieren. Auch die RFID-Hersteller gaben im Frühjahr 2003 ihre Absicht bekannt, die Chips mit einer Abschaltfunktion auszurüsten. Vermutlich war dies ein direktes Ergebnis der Boykottandrohung durch CASPIAN. Der Kunde soll also die Möglichkeit erhalten, den RFID-Chip nach dem Kauf der Ware abschalten zu können. Über die Wirksamkeit einer solchen Maßnahme herrschen jedoch unterschiedliche Ansichten. Einige meinen, dass ein deaktivierter Chip durch ein entsprechendes Signal wieder aktiviert werden kann. Bisher scheinen jedenfalls die technischen Lösungen von Hersteller zu Hersteller zu variieren.

Ein weiteres Risiko, das laut Verbraucherorganisation CASPIAN akut wird, ist die Nutzung der RFID-Technik durch Polizei und andere Behörden zu Fahndungszwecken. Im Nachrichtenblatt von CASPIAN heißt es dazu:

> Man stelle sich folgendes Szenario vor: Ein Polizist in Zivil kommt zu einer Antikriegsdemonstration mit einem tragbaren Gerät zum Ablesen von RFID-Chips. Er mischt sich ca. zehn Minuten lang unter die Demonstranten. Während er sich in der Menge bewegt, aktiviert sein Lesegerät aus einem Abstand von einem bis drei Metern die in den Kleidern der Demonstranten verborgenen Chips. Die Behörden können sich nun ein recht gutes Bild über die Teilnehmer der Demonstration verschaffen.

Trotz der genannten Risiken sind jedoch auch die Vorteile der „intelligenten" Etiketten zu beachten. Allerdings sollte man hier säuberlich trennen zwischen einer Anwendung der Chips *vor* dem Kauf einer Ware und *nach* dem Kauf. Im letzteren Fall kann sich der Kunde zwar über eine ganze Reihe neuer Dienstleistungen freuen (wie im obigen Beispiel der Waschmaschine, die automatisch das korrekte Waschprogramm einstellt), aber zugleich nimmt er dabei die Gefährdung der eigenen Privatsphäre in Kauf.

In einem Versuch, den Widerstand der Verbraucher zu besänftigen, haben einige Vertreter der RFID-Branche einen Verhaltenskodex für die Nutzung der neuen Technik aufgestellt, der folgende Regeln enthält:

1. Dem Kunden ist mitzuteilen, dass seine Ware mit RFID-Chip ausgerüstet ist, z. B. durch einen Vermerk auf der Kaufquittung;
2. der Chip ist auf Wunsch des Kunden an der Kasse zu deaktivieren;
3. wo dies möglich ist, sind die RFID-Schaltkreise auf der Verpackung der Ware anzubringen und nicht an der Ware selbst;
4. die Chips sind sichtbar zu platzieren und müssen leicht entfernt werden können.

Diese Regeln entschärfen zwar die eventuellen Gefahren für die Persönlichkeitsrechte, verhindern aber auch neue denkbare Dienstleistungen für den Kunden. Der häufig festzustellende Gegensatz zwischen den Belangen der Privatsphäre einerseits und dem offenbaren Nutzen für Produzenten und Konsumenten anderseits ist auch hier sichtbar.

Die Ausrüstung von Waren mit RFID-Chips kann auch in anderer Hinsicht als fragwürdig bezeichnet werden. Im Sommer 2003 wurde bekannt, dass die große britische Ladenkette Tesco in ihrer Cambridge-Zweigstelle eine etwas kontroverse technische Lösung (in Zusammenarbeit mit Gillette) gefunden hatte: Jeder Kunde, der eine Packung Rasierklingen der Marke Mach 3 in den Einkaufswagen legte, wurde automatisch fotografiert. Das „intelligente" Warenregal erkannte nämlich, wann eine Verpackung ihre Lage änderte, und aktivierte die Kamera; eine zweite Kamera

Mit Hilfe eines „intelligenten Warenregals" bei Tesco wurde eine Zeit lang jeder Kunde fotografiert, der sich eine Packung Mach 3 der Gillette-Rasierklingen in den Einkaufswagen legte.

(Quelle: Pär Ström)

fotografierte dann den Kunden ein zweites Mal an der Kasse (auch hier war es der Chip, der die Kamera aktivierte). Danach konnte das Sicherheitspersonal des Ladens bei Bedarf die zwei Kundenfotos miteinander vergleichen, um sicherzustellen, dass die Packung Rasierklingen wirklich bezahlt wurde.

Ein Sprecher von Tesco meinte dazu, die Kunden waren „sich bewusst, dass der Laden von Kameras überwacht" wurde. Er unterstrich aber, dass die RFID-Chips keine Maßnahme gegen Diebstähle waren, sondern lediglich der besseren Lagerhaltung der betreffenden Ware dienten. Nach Angaben des *Guardian* stellte jedoch der Cambridger Tesco-Ladenchef der Polizei Fotos von Kunden zur Verfügung, die des Diebstahls verdächtig waren. Daraufhin rief die Verbraucherorganisation CASPIAN im August 2003 auch zum Boykott von Gillette auf (Boycott Gillette*).

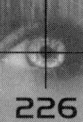

Meldung durch „intelligente" Geldscheine?

In diesem Zusammenhang muss auch das Projekt der Europäischen Zentralbank erwähnt werden, Euroscheine mit „intelligenten Etiketten" zu versehen. Die Etiketten sind in den Geldschein integriert und ermöglichen es, in Kombination mit einer Infrastruktur aus Lesegeräten in Geschäften und Banken, den Weg jedes Scheins genauestens zu verfolgen – von Person zu Person. Die Vorteile liegen auf der Hand: Banküberfälle sowie Geldwäsche der organisierten Kriminalität können schneller aufgeklärt werden. Die Kassengeräte des Handels könnten am Tagesende selbst die Kassenabrechnung vornehmen usw.

Gleichzeitig ergeben sich natürlich auch mehr Überwachungsmöglichkeiten, wobei es passieren könnte, dass unschuldige Menschen verdächtigt werden. Folgendes Szenario ist denkbar:

> Es ist ein sonniger Sonntag. Sie haben früher am Tag entdeckt, dass Ihre Brieftasche verschwunden ist, und deshalb umgehend Ihre Kreditkarte sperren lassen. Sie planen nun, mit Ihrer Frau zu einem Picknick ins Freie zu fahren, und bereiten in aller Ruhe das Essen vor. Da klingelt es an der Tür. Als Sie öffnen, stehen dort zwei Polizeibeamte. Der eine sagt: „Heute früh wurde eine Prostituierte ermordet aufgefunden. In einer Datenbank fanden wir, dass mehrere Geldscheine der Prostituierten von Ihnen im Geldautomaten der XY-Bank am Gänsemarkt gestern Nachmittag um 17.08 Uhr abgehoben wurden. Wir möchten Ihnen einige Fragen stellen, kommen Sie bitte mit."

Die Proteste und Boykottaufrufe, von denen die Firma Benetton betroffen war, sind ein anschauliches Beispiel für die Gedankenlosigkeit, mit der die neue Technik bisweilen geplant bzw. installiert wird, ohne dass die Konsequenzen vorher untersucht werden. Solche Fehler führen dann zu Protesten, die die im Grunde vorteilhafte neue Technik unnötigerweise verzögern oder vereiteln. Auch die dadurch verursachten Kosten sind groß. Für die Wirtschaft wie für Behörden würde es sich lohnen, diesen Konsequenzen etwas mehr Beachtung zu schenken.

Kapitel 15:
Kann die Elektrizitätsgesellschaft Gäste in der Wohnung erkennen?

Eine Familie benutzt jeden Morgen ihren Mikrowellenherd. Und siehe da, plötzlich tauchen mit der Post kostenlose Probebeutel für das Mikrowellenfrühstück auf.

Rick Crawford, Forscher an der University of California

Auch dieses Kapitel behandelt keine Technologie, die eine unmittelbare Gefahr für die Privatsphäre darstellt. Da es aber diese Technologie nun einmal gibt und für detaillierte und äußerst entwürdigende Überwachung verwendet werden *könnte*, soll auch sie hier genannt sein.

Die Stromerzeuger verfügen über eine Technologie, die es ihnen ermöglicht, mittels computergestützter Analyse des Stromverbrauchs eines Haushalts auf die dort in Betrieb befindlichen Geräte zu schließen. Das Verfahren wird „Non-Intrusive Appliance Load Monitoring" genannt (auf Deutsch etwa: „Fernüberwachung in Betrieb befindlicher Geräte"). Kritiker des Verfahrens, die das als Bedrohung der Privatsphäre empfinden, nennen es „Real-Time Residential Power Line Surveillance" (RRPLS – zu Deutsch etwa: „Stromnetzüberwachung von Haushalten in Echtzeit").

RRPLS bedeutet, dass der Stromerzeuger die „Profile" verschiedener elektrischer Apparate in einer Datenbank sammelt. Dieser „elektrische Fingerabdruck" wird dann mit dem kontinuierlich gemessenen Stromverbrauch eines Abonnenten verglichen. Aus Veränderungen und Schwankungen im Stromverbrauch kann mit großer Genauigkeit ermittelt werden, welcher Typ von Apparat bzw. Apparaten gerade in Betrieb ist – und zwar im Minutentakt. Die Abbildung illustriert, wie dies rein grafisch aussehen kann.

RRPLS bietet also die technische Möglichkeit, zu erkennen, was sich in einer bestimmten Wohnung abspielt. In den USA nutzt die Polizei die Methode bei der Fahndung nach Personen, die in ihrer Wohnung Marihuana anbauen, da die Haschpflanzenzucht häufig mit hochintensiven Lampen erfolgt, deren Standort somit technisch ermittelt werden kann.

Technisch gesehen, wäre es gut möglich, den Tagesablauf einer Person anhand ihres Stromverbrauchs zu verfolgen: Wann die Person aufsteht, Kaffeewasser aufsetzt, fernsieht, die Waschmaschine startet (und mit welchem Waschprogramm), die Stereoanlage einschaltet usw. Interessant ist vor allem, die Änderungen im Stromverbrauch zu studieren, da solche Änderungen häufig bestimmte Vorgänge signalisieren und ein bestimmtes Muster ergeben.

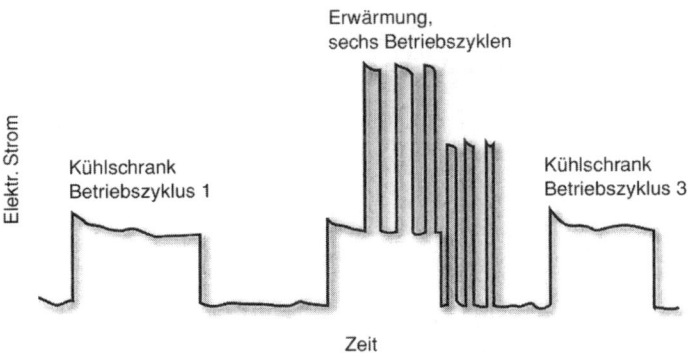

Beispiel für „elektrische Fingerabdrücke" eines Stromerzeugers. Dadurch könnte ein „intelligenter" Stromzähler ermitteln, welche elektrischen Geräte in der Wohnung in Betrieb sind.
(Quelle: George Hart)

Traditionelle Stromzähler taugen nicht für diese Art der Überwachung. Dafür ist ein „intelligenter" Stromzähler erforderlich. Die „intelligenten" Stromzähler können ferngesteuert kommunizieren und den Stromverbrauch via Funk oder SMS automatisch der Elektrizitätsgesellschaft melden. Der „intelligente" Zähler kann somit für die RRPLS-Technik in Anspruch genommen werden (auch wenn es bisher keine Anzeichen dafür gibt, dass dies der Fall sein wird). Allerdings könnte die Verlockung für Polizei und andere Behörden groß sein, RRPLS bei Fahndungen einzusetzen. Wenn die Polizei bereits bestimmte „Essprofile" von verdächtigen Personen erstellt hat, dann könnte sie ja auch in Zukunft die „Stromprofile" solcher Personen ermitteln wollen.

Kapitel 16:
Fabians 36 digitale Finger-
abdrücke an einem Tag
des Jahres 2013

Fabian entspannt sich mit ein wenig Flötenmusik aus seinem Computer. Die Software meldet an den Urheberrechtsinhaber im Ausland, welches Musikstück er sich anhört, wobei gleichzeitig überprüft wird, ob die Musikdatei bezahlt ist. Die musikalische Wahl Fabians wird auch in einer Datenbank gespeichert, die zu Sicherheitszwecken für eine Lifestyle-Analyse der „Profile" künftiger Flugpassagiere verwendet wird.

Aus Fabians Alltag im Jahre 2013

Wir wollen nun – sozusagen als Zusammenfassung des ersten Teils dieses Buches – in einem Gedankenspiel untersuchen, welche digitalen Fingerabdrücke ein ganz normaler Mensch – wir können ihn Fabian nennen – an einem ganz gewöhnlichen Tag des Jahres 2013 hinterlässt. Wir lassen dabei extreme Szenarios wie das Einpflanzen von Mikrochips in den menschlichen Körper außer Acht. Die heute bereits vorhandenen oder sich in der Entwicklung befindlichen Überwachungsarten werden mit [heute] gekennzeichnet. Folgen wir also dem Tagesablauf unserer fiktiven Person vom Aufwachen am Morgen bis zur späten Nachtruhe:

6.22 Uhr – Fernseher [heute]. Fabian sieht sich beim Frühstück in der Küche die Morgensendung des Fernsehens an. Da das Fernsehgerät digital interaktiv ist, registriert irgendeine Datenbank, welches Programm sich

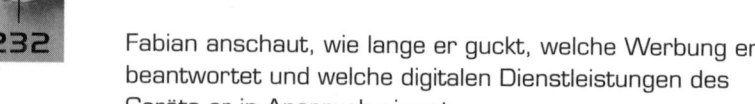

Fabian anschaut, wie lange er guckt, welche Werbung er beantwortet und welche digitalen Dienstleistungen des Geräts er in Anspruch nimmt.

7.19 Uhr – Telefon [heute]. Bevor Fabian die Wohnung verlässt, führt er ein Gespräch an seinem Telefon (mit Festanschluss). Die Informationen werden bei der Telekomfirma gespeichert – wen Fabian anrief, wann und wie lange das Gespräch erfolgte. Damit ist auch sichergestellt, dass sich Fabian zu diesem Zeitpunkt in der Wohnung befand (für den Fall, dass Fabian künftig – in Übereinstimmung mit den neuen EU-Richtlinien zur Überwachung von Personen – das Interesse der Behörden wecken sollte). Das Gespräch wird auch vom amerikanischen Überwachungssystem Echelon aufgefangen. Informationen über Gesprächspartner und Zeitpunkt des Gesprächs werden permanent in der Echelon-Datenbank gespeichert und u. a. verwendet, wenn Fabian einmal ein Flugticket nach den oder via die USA buchen will.

7.22 Uhr – Türschloss [heute]. Wenn Fabian die Wohnungstür schließt, meldet das elektrische Schloss an die Datenbank des Vermieters, wann er das Haus verlassen hat.

7.23 Uhr – Mobiltelefon [heute]. Fabian schaltet sein Handy ein. Seine Telekomfirma registriert und speichert die Uhrzeit. Solange das Handy während des Tages eingeschaltet ist, werden auch die Standorte seines Besitzers laufend gemeldet (d. h. in welcher Zelle des Mobilfunknetzes er sich gerade befindet und wann ein Standortwechsel in eine andere Funkzelle stattgefunden hat). Die Angaben werden gespeichert für den Fall, dass die Behörden sich künftig einmal für Fabian interessieren.

7.29 Uhr – Garage [heute]. Fabian hat sein Auto in einer Tiefgarage geparkt. Die Garage öffnet sich durch Einschieben einer Plastikkarte. Der Zeitpunkt wird in einer Protokolldatei gespeichert.

7.30 Uhr – Auto [heute]. Fabians Auto ist mit Telematik ausgerüstet, d. h. das Auto kommuniziert drahtlos mit einer Zentrale. Der Wagen verfügt auch über ein Naviga-

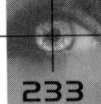
tionssystem, das nach Meinung von Fabian ausgezeichnet für Kundenbesuche geeignet ist. Während der Fahrt liefert der Wagen laufend Informationen über Standort und Fahrgeschwindigkeit, die in einer Datenbank gespeichert werden. Außerdem werden Angaben über den Betriebszustand des Wagens und über den Fahrstil des Fahrers (Drehzahl, Motortemperatur, Bremstätigkeit, Gangschaltung usw.) gemeldet. Zweck dieser Angaben ist es, technischen Mängeln vorzubeugen und Werkstattbesuche zu minimieren. Eine Überschreitung der Geschwindigkeit ist außerdem unmöglich (weil dann die Kraftstoffzufuhr automatisch gedrosselt wird).

7.37 Uhr – Autobahn [heute]. An der Autobahnauffahrt passiert Fabian eine Mautstelle, die seinen Wagen via Funksignal des an der Windschutzscheibe sitzenden Transponders registriert. Uhrzeit und Standort des Wagens werden in einer Datenbank gespeichert. Die entsprechenden Angaben werden ebenso beim Verlassen der Autobahn gespeichert. Die Steuerbehörden sind Abonnenten dieser Informationen, um zu kontrollieren, ob die in der Steuererklärung beantragte Reisekostenerstattung berechtigt ist.

7.52 Uhr – Versicherungsgesellschaft [heute]. Fabian hat sich ein wenig verspätet und kürzt seine Fahrstrecke daher ab, indem er durch ein Wohngebiet fährt, das von sozialen Problemen und hoher Kriminalität gekennzeichnet ist. Seine Versicherungsgesellschaft, die in Fabians Auto eine eigene Satellitenüberwachung installiert hat, registriert dies und berechnet ihm dafür eine um 20 Cent höhere Prämie, da er sich und den Wagen einem erhöhten Risiko ausgesetzt hat.

7.59 Uhr – Parkplatz [heute]. Beim Parken an der S-Bahn – um die Reise in die City mit einem öffentlichen Verkehrsmittel fortzusetzen – benutzt Fabian eine elektronische Plastikkarte. Die Uhrzeit wird registriert.

8.00 Uhr – Müllstation. Fabian wirft eine Cola-Büchse in einen Papierkorb am Bahnhof. Er ist sich dabei bewusst, dass er die Dose hätte recyceln müssen, ist aber im

Augenblick zu bequem dazu. Fabians mangelhaftes gesell-
schaftliches Bewusstsein wird später in einem öffentlichen
Register festgehalten (wenn die Dose schließlich in der
Müllstation landet), da die Dose mit einem Mikrochip des
Typs RFID versehen ist. Damit wird die ID-Nummer der
Dose mit der Kundennummer Fabians verknüpft, die dieser beim Kauf der Dose hinterließ. Jeder Bürger darf dreimal pro Jahr gegen das Recycling-Gesetz der Regierung
verstoßen, beim vierten Mal (und alle weiteren Male) erfolgt ein automatischer Bußgeldbescheid.

8.01 Uhr – Reise mit der S-Bahn [heute]. Fabian zieht
seine elektronische Smartcard durch das Lesegerät der
automatischen Sperre am Bahnsteig. Damit werden Uhrzeit sowie Name des Bahnhofs festgehalten und in einer
Protokolldatei gespeichert.

8.14 Uhr – Kamera [heute]. Fabian steigt in der City
aus. Auf dem Bahnsteig hat die Polizei eine Kamera installiert, die auch mit einem Programm für digitale Gesichtserkennung ausgerüstet ist. Die Gesichter der Vorüber-
gehenden werden fotografiert und mit Fotos gesuchter
Personen verglichen, die in einer Datenbank gespeichert
sind. Fabians Gesicht ähnelt einem in ganz England
gesuchten Vergewaltiger, was einmal dazu geführt hat,
dass er ergriffen und verhört wurde (wobei sich das Missverständnis aber bereits nach wenigen Stunden auf-
klärte). Diesmal kann Fabian jedoch die Kamera unbe-
helligt passieren.

8.19 Uhr – Mobiltelefon [heute]. Auf dem Weg zu seinem Arbeitsplatz begegnet Fabian seinem früheren Kollegen Johann, und sie legen ein Stück des Weges gemeinsam zurück. Bei der Telekomfirma werden Informationen
über den Standort der Mobiltelefone der beiden Personen
gespeichert. Dies kann später als Bestätigung dienen,
dass die beiden tatsächlich zusammen waren.

8.34 Uhr – Passierberechtigung [heute]. Fabian zieht
seine Passierkarte durch ein Lesegerät, um die Tür zu
seinem Arbeitsplatz zu öffnen. Seine Ankunftszeit wird in
einer Datenbank gespeichert.

8.39 Uhr – Personalüberwachung [heute]. Informationen über die Aktivitäten Fabians an seinem Computer werden kontinuierlich gemeldet und gespeichert: Welche Websites er besucht, an wen und wie oft er E-Mail-Mitteilungen verschickt, welche Programme er im Computer fährt, wie viele Tastenanschläge er pro Stunde macht, wie oft er eine Pause einlegt usw.

8.58 Uhr – Computer [heute]. Fabian öffnet sein Postfach für E-Mail und schreibt zwei neue Mitteilungen. Empfangene und gesendete E-Mail-Nachrichten werden in den Protokolldateien sowohl seiner Firma als auch der Telekom- und Internetanbieter gespeichert (dies betrifft auch eventuell gelöschte E-Mail).

9.19 Uhr – Profilerstellung für Flugpassagiere [heute]. Fabian ruft das Reisebüro seiner Firma an, um eine Dienstreise nach Boston zu buchen. Eine internationale Software für Verhaltensmustererkennung beginnt unmittelbar, Fabians Leben zu analysieren, um ihn sicherheitsmäßig einzustufen. Das System ermittelt in Sekundenschnelle, welche Reisen er bisher getätigt, mit welchen Personen er telefoniert bzw. E-Mail-Mitteilungen ausgetauscht hat usw. Als die Software entdeckt, dass Fabian elfmal Websites mit „umstürzlerischem" Inhalt besucht hat, erhöhen sich seine Risikopunkte, jedoch nicht in solchem Maße, dass er die Gefahrenstufe „gelb" erhält (was Leibesvisitation einschließlich der Untersuchung seiner Körperöffnungen bedeutet hätte). Von den elf „verdächtigen" Websites, die Fabian besucht hatte, gehören acht der sog. Veganerbewegung an (militanten Vegetariern) und drei Websites bestanden aus weltpolitischen Analysen einer pazifistischen Organisation.

9.44 Uhr – Passierberechtigung [heute]. Fabian geht zu seiner Kollegin Hanna, um ein Schriftstück zu holen. Hanna sitzt in der Marketingabteilung der Firma, die sich auf der gegenüberliegenden Seite des Lichthofes des Gebäudes befindet. Fabian muss wieder seine Passierkarte durch den Leser ziehen, um die Tür zu öffnen. Es werden Zeitpunkt und Dauer seines Weggehens registriert.

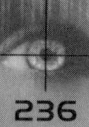
11.55 Uhr – Passierberechtigung [heute]. Fabian geht mit seiner Kollegin Clara zum Mittagessen. Die beiden ziehen ihre Passierkarte durch die Lesegeräte am Ausgang. Damit wird gespeichert, wann sie ihre Mittagspause antreten. Aus den Informationen geht auch hervor, dass Fabian Clara begleitet.

12.09 Uhr – Kreditkarte [heute]. Fabian geht ins vegetarische Restaurant „Grüne Alternative", wo er mit seiner Kreditkarte bezahlt. Der Name des Restaurants und der Zeitpunkt werden registriert. Da Fabian hier gewöhnlich zu Mittag isst, könnte man aus den gesammelten Informationen auch herauslesen, welche Speisen Fabian bevorzugt (und vielleicht ist Fabian auch ein Anhänger eines sog. „alternativen Lebensstils"?).

12.52 Uhr – Geldautomat [heute]. Fabian hebt Geld von einem Automaten ab. Uhrzeit und Standort des Geldautomaten werden in einer Datenbank gespeichert. Diese und andere Angaben geben Aufschluss über Fabians Standort.

12.59 Uhr – Bibliothek [heute]. Fabian besucht die Bibliothek und leiht zwei Bücher aus: „Leben für Diabetiker" und „101 Fahrschulfragen". Die entsprechenden Angaben werden in der Datenbank der Bibliothek gespeichert.

13.13 Uhr – Apotheke [heute]. Fabian holt sich aus der Apotheke ein Mittel gegen Nagelpilz, für das er am Vortag ein Rezept erhalten hat. Seine Arzneimittel werden in einer Datenbank gespeichert.

16.01 Uhr – Personalüberwachung [heute]. Fabian kontrolliert am Computer, wie der Kurs für seine Aktien steht. Die Personalüberwachung seiner Firma speichert den Besuch der entsprechenden Website unter der Kategorie: „Nicht arbeitsbezogen, aber auch nicht unzulässig".

16.06 Uhr – Personalüberwachung [heute]. Fabian besucht eine Website, wo Arbeitssuchende ihren tabellarischen Lebenslauf hinterlegen können. Fabian will prüfen, ob die Website für seine Schwägerin geeignet ist (die ihren Arbeitsplatz wechseln will). Die Personalüberwachung seiner Firma versieht diesen Websitebesuch

Fabians sofort mit einer Warnflagge, was bedeutet, dass seine Aktivitäten künftig besonders sorgfältig überwacht werden und er in der nächsten Woche auf der Mitarbeiterliste über „potenzielle Risikofaktoren" landet.

17.49 Uhr – Tankstelle [heute]. Auf dem Nachhauseweg tankt Fabian seinen Wagen an einer unbemannten Tankstelle und zahlt mit seiner Benzinkarte. Angaben über Kraftstoff, Menge und Standort werden in einer Protokolldatei gespeichert. Aus den Zahlen ist auch abzulesen, ob die durchschnittlich zurückgelegte Kilometerzahl des Wagens konstant ist oder sich geändert hat. Falls Fabian sich den Dieselwagen des Nachbarn geliehen hätte, würde das Protokoll erweisen, dass er normalerweise einen anderen Wagen fährt (dort ist ja ersichtlich, dass er bleifreies Benzin von 95 Oktan zu tanken pflegt).

18.01 – Großmarkt [heute]. Fabian macht seinen wöchentlichen Einkauf im Großmarkt Storex. Da er an der Kasse eine Bonuskarte vorzeigt, werden Informationen über die gekauften Waren in der Datenbank des Großmarkts gespeichert. Diese Angaben sind recht aussagekräftig, z. B. kann angenommen werden, dass er an Gewicht zugenommen hat, denn er hat jetzt zum zweiten Mal innerhalb kurzer Zeit eine Hose der Größe 42 gekauft, während er in den vier Jahren seit Anschaffung der Bonuskarte stets Hosen der Größe 40 wählte. Die Tatsache, dass sein Schokoladenverbrauch im letzten Jahr um 19 Prozent (sowie um 14 Prozent im vorletzten Jahr) gestiegen ist, bestätigt diese Annahme.

18.27 Uhr – Herrenkonfektion. Fabian besucht auch einen Modeladen in der Nähe, wo er sich einzukleiden pflegt. Da seine Kleidung mit RFID-Chips versehen ist, kann das Personal erkennen, welche Kleidungsstücke er am Körper trägt (Marke, Größe, Farbe, Einkaufsjahr). Das Personal verwendet diese Informationen, um Fabian Waren anzubieten, die vermutlich nach seinem Geschmack sind.

18.40 Uhr – Ankunft zu Hause [heute]. Fabian fährt den Wagen in die Garage und schaltet das Handy aus. Seine

Ankunft zu Hause wird unmittelbar an drei Stellen registriert: am Garagentor (d. h. beim Vermieter), bei der Telematikzentrale sowie beim Mobilfunkbetreiber.

18.40 Uhr – Auto. Die Telematikzentrale stellt eine Durchschnittsgeschwindigkeit von 72 km/h während der Heimfahrt fest. Ein Vergleich mit der normalen Durchschnittsgeschwindigkeit von 81 km/h lässt vermuten, dass Fabian heute nicht gestresst ist (die Ursache kann nicht die ruhigere Verkehrslage sein, da die Datenbank auch einen Überblick über die aktuelle Verkehrslage hat). Die Vermutung wird durch die ruhige Handhabung der Gangschaltung und des Bremspedals bestätigt – Angaben, die das System ebenfalls aufzeichnet.

19.42 Uhr – Klimaanlage [heute]. Fabian fröstelt es ein wenig, deshalb macht er nach dem Abendessen ein Feuer im offenen Kamin an. Die Temperatur im Wohnzimmer steigt um vier Grad, was von den Sensoren der Klimaanlage des Gebäudes erfasst und in einer Protokolldatei festgehalten wird.

22.05 Uhr – Internet [heute]. Fabian startet seinen Heimcomputer, um im Internet zu surfen. Der Internetanbieter speichert sämtliche Angaben über die Besuche von Websites und die Eingabe von Suchbegriffen in Suchmaschinen. Einige Websites schicken sog. Cookies zur Festplatte von Fabians Computer, die registrieren, wie er surft, welche Themenbereiche er wählt usw. Das Überwachungssystem Echelon registriert ebenfalls im Geheimen, welche Websites er besucht und welche Stichwörter er eingibt.

22.28 Uhr – Fahrkartenbuchung [heute]. Fabian besucht die Website der Deutschen Bundesbahn und bestellt eine Zugfahrkarte für seine Tante in Osterode am Harz. Die Informationen werden in einer Datenbank der DB gespeichert. Die Reise kann auch aus den Verkehrsdaten abgelesen werden, die der Internetanbieter speichert.

22.49 Uhr – Musik. Fabian entspannt sich mit ein wenig Flötenmusik aus seinem Computer. Die Software meldet an den Urheberrechtsinhaber im Ausland, welches Musik-

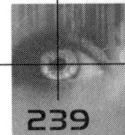

stück er anhört, wobei gleichzeitig überprüft wird, ob die Musikdatei bezahlt ist (im gegenteiligen Fall wird die Musik automatisch abgeschaltet). Die musikalische Wahl Fabians wird auch in einer Datenbank gespeichert, die zu Sicherheitszwecken für eine Lifestyle-Analyse der „Profile" künftiger Flugpassagiere verwendet wird.

23.16 Uhr – Stromnetz. Fabian knipst die Lampe im Schlafzimmer aus. Ausnahmsweise wird dies nur von seinem gelben Wellensittich Picco registriert, da die Elektrizitätsgesellschaft noch keine Stromnetzüberwachung mittels Messung der Variationen im Stromverbrauch eingeführt hat.

TEIL B

WIE SIND NUTZEN
UND GEFAHREN DER
NEUEN TECHNIK
GEGENEINANDER
ABZUWÄGEN?

Im ersten Teil des Buches wurde die Vielfalt der digitalen Fingerabdrücke behandelt, die ein Mensch im Alltag hinterlässt, sowie die verschiedenen Möglichkeiten, die Fingerabdrücke zu registrieren und zu sammeln. Das führt uns zur nächsten Frage: Was geschieht mit den – mehr oder weniger gut verpackten – Informationen, wenn sie einmal gesammelt sind?

Im folgenden zweiten Teil diskutieren wir, wann das Einsammeln von Daten als statthaft und wann als unstatthaft zu betrachten ist. Es sollen hier der gesellschaftliche und kommerzielle Nutzen und das Recht auf Schutz der Privatsphäre bzw. der Persönlichkeitsrechte gegeneinander abgewogen werden. Wir wollen diskutieren, welcher ethische Verhaltenskodex bei der Handhabung von Informationen angebracht wäre, und herausfinden, woraus eine intakte Privatsphäre eigentlich besteht und welche Schutzmaßnahmen getroffen werden können.

Gelegenheit macht Diebe. Gesammelte und strukturiert zur Verfügung stehende Informationen stellen eine ungeheure Versuchung dar. Sie üben auf „Schnüffler" eine unwiderstehliche Anziehungskraft aus, so, wie der offene Marmeladentopf auf Fliegen. Dies ist eine Tatsache. Es besteht ein großes Risiko, dass gesammelte Daten allmählich für andere Zwecke als die ursprünglich vorgesehenen verwendet werden. Eine solche Zweckentfremdung kann sich als höchst unerfreulich entpuppen, und wir können Entscheidungen bereuen müssen, deren Weichen bereits vor Jahrzehnten gestellt wurden. Elektronische Informationen haben ja, wie gesagt, die Tendenz, haften zu bleiben – man wird sie nicht wieder los.

Vor einigen Jahren wurde ein solches Risiko von vielen noch als unbegründet angesehen. „Wir leben in einer Demokratie, und persönliche Daten sind rechtlich und technisch hinreichend geschützt", meinte man. Heute sind wir eines Besseren belehrt. Es erforderte „nur" einige Terroranschläge, um ein politisches Klima zu schaffen, in der eine weitreichende Überwachung nicht nur akzeptiert, sondern auch als „notwendig" erachtet wird. Systeme wie TIA, CAPPS II und Secure Flight basieren auf einer neuartigen Verwendung von Informationen, die bereits seit langem – und für ganz andere Zwecke – zur Verfügung standen. Auch wenn die genannten Systeme amerikanisch sind, berühren sie in hohem Maße auch uns in Europa.

Da bisher so viel über den Schutz der Privatsphäre gesprochen wurde, wäre es vielleicht angebracht, zu untersuchen, was die Privatsphäre eigentlich ist. Dies ist das Thema des nächsten Kapitels.

Kapitel 17:
Was ist Privatsphäre?

Jede Person hat das Recht auf Achtung ihres Privat- und Familienlebens, ihrer Wohnung und ihrer Korrespondenz.

Artikel 8 der Europäischen Menschenrechtskonvention

„Privatsphäre" ist laut *Duden* der „ganz persönliche Bereich" eines Individuums. In diesem Sinne verwenden wir auch den Begriff im vorliegenden Buch. Ein Begriff, der dem englischen „privacy" gut entspricht. Wenn man die Tür hinter sich schließt, um in seinem ganz eigenen, „privaten" Bereich zu sein, einem Bereich ohne Einsichtmöglichkeit für fremde Augen, dann ist damit ausgedrückt, was gemeint ist.

Eine einfache und verständliche Definition des Begriffs lieferte vor mehr als 100 Jahren Louis Brandeis, der später Richter am Obersten Gericht der USA wurde. Er meinte, dass es sich schlicht um das Recht des Individuums handelte, „in Ruhe gelassen zu werden". Eine andere, stark metaphorische Beschreibung des Begriffs gab 1763 der britische Abgeordnete William Pitt:

> Der ärmste Mensch darf in seiner Hütte der gesamten Staatsgewalt trotzen. Sein Haus mag baufällig sein, das Dach mag klappern, der Wind hindurchpfeifen, Sturm und Regen mögen eindringen – der König von England jedoch darf nicht eindringen; seine gesamten Streitkräfte dürfen es nicht wagen, über die Schwelle der zerfallenen Behausung zu treten.

Eine mehr formale Beschreibung gibt das britische The Cul-cutt Committee, das sich mit dem Verhaltenskodex der britischen Massenmedien beschäftigt (ausgelöst durch die Verfolgung bekannter Persönlichkeiten durch die britische Presse). In seinem ersten Bericht definierte das Komitee die Privatsphäre bzw. den Schutz derselben wie folgt:

> Der Schutz des Individuums vor dem Eindringen Fremder in sein Leben oder in das Leben seiner Familie oder in seine Angelegenheiten mittels direkt physischer Mittel oder durch die Veröffentlichung von Informationen.

Das Recht auf den Schutz vor dem Eindringen Fremder in das eigene Leben oder in die eigenen Angelegenheiten bedeutet auch, dass das Individuum das Gefühl haben muss, die Kontrolle über sich und sein Leben zu besitzen. Die persönliche Verantwortung darf nicht untergraben werden. Deshalb wird es als entwürdigend empfunden, wenn beispielsweise der eigene Wagen per Fernsteuerung eine bestimmte Geschwindigkeitsgrenze nicht überschreiten kann, auch wenn in diesem Falle keine persönlichen Daten weitergereicht werden. Das Recht auf Privatsphäre ist also eng verknüpft mit der persönlichen Freiheit und der Eigenverantwortlichkeit.

Der Schutz der Privatsphäre umfasst nach Auffassung der Bürgerrechtsorganisation Electronic Privacy Information Center folgende vier Bereiche:

- Informationsschutz – d.h. Schutz des Individuums bei der Handhabung, Verbreitung und Verwendung von Informationen;
- Schutz vor körperlichen Übergriffen – d.h. Schutz der Persönlichkeitsrechte bei Leibesvisitationen, Kontrollen usw.;
- Kommunikationsschutz – d.h. Schutz vor Lauschangriffen usw. bei der Benutzung von Telefon, E-Mail und Post;

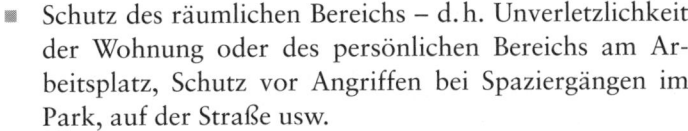
■ Schutz des räumlichen Bereichs – d. h. Unverletzlichkeit der Wohnung oder des persönlichen Bereichs am Arbeitsplatz, Schutz vor Angriffen bei Spaziergängen im Park, auf der Straße usw.

Die Beachtung des Schutzes der Privatsphäre ist wie Sauerstoff – man schätzt ihn erst, wenn er fehlt. Das ist natürlich ein Problem. Wir verschwenden keinen Gedanken an den Schutz unserer Privatsphäre, solange dieser intakt ist. Sind wir aber dieses Schutzes beraubt, fühlen wir Demütigung, Frustration und Ohnmacht. Leider ist es dann meistens zu spät, um die Privatsphäre zu retten.

Der Gedanke des Schutzes der Privatsphäre ist in unserer Zivilisation tief verankert. Er findet sich beispielsweise im Artikel 12 der Erklärung der Menschenrechte von 1948:

Niemand darf willkürlichen Eingriffen in sein Privatleben, seine Familie, seine Wohnung und seinen Schriftverkehr oder Beeinträchtigungen seiner Ehre und seines Rufes ausgesetzt werden. Jeder hat Anspruch auf rechtlichen Schutz gegen solche Eingriffe oder Beeinträchtigungen.

Auch der Artikel 8 der Europäischen Menschenrechtskonvention von 1950 enthält diesen Gedanken:

(1) Jede Person hat das Recht auf Achtung ihres Privat- und Familienlebens, ihrer Wohnung und ihrer Korrespondenz.
(2) Eine Behörde darf in die Ausübung dieses Rechts nur eingreifen, soweit der Eingriff gesetzlich vorgesehen und in einer demokratischen Gesellschaft notwendig ist für die nationale oder öffentliche Sicherheit, für das wirtschaftliche Wohl des Landes, zur Aufrechterhaltung der Ordnung, zur Verhütung von Straftaten, zum Schutz der Gesundheit oder der Moral oder zum Schutz der Rechte und Freiheiten anderer.

Dabei ist es wichtig, zu betonen, dass der Schutz der Privatsphäre ein Recht ist, das nicht motiviert zu werden braucht. Stattdessen muss derjenige, der einen Eingriff in die Privatsphäre vornehmen will, begründen können, warum dieser Schritt seiner Meinung nach erforderlich ist (bestimmte Eingriffe sind manchmal in der Tat erforderlich). Es kommt vor, dass jemand, der seine Privatsphäre verteidigt, zu hören bekommt: „Haben Sie denn etwas zu verbergen?" Wer so argumentiert, beweist damit bereits, dass er die oben genannten internationalen Konventionen in Frage stellt und vermutlich über ein autoritäres Menschenbild verfügt. Einem solchen Fragesteller könnte man etwas drastisch antworten: „Aus welchem Grunde schließen Sie denn hinter sich die Toilettentür ab?"

Gleichzeitig muss man zugeben, dass das Recht des Individuums auf Privatsphäre nicht total ist – sonst könnte eine moderne Gesellschaft nicht funktionieren. Es gilt also, zwischen beiden Extremen – totaler Schutz der Privatsphäre und totaler Mangel an Privatsphäre – den angemessenen Ausgleich zu finden. In einer Gesellschaft mit totalem Schutz der Privatsphäre könnte man keine Informationen über eine Person ohne deren Erlaubnis speichern oder vermitteln, gleichgültig, welche sonstigen Werte dabei auf dem Spiel ständen. In einer Gesellschaft, die den Schutz der Privatsphäre total abgeschafft hat, würden die Menschen wie in einem Glashaus leben. Die Vernunft sagt uns, dass die Lösung irgendwo in der Mitte zu suchen ist.

Kapitel 18:
Gefahren für Privatsphäre,
Freiheit und Demokratie

Wenn die Regierungen nicht dazu übergehen, die Belange des Datenschutzes und des Schutzes der Privatsphäre zu berücksichtigen, besteht eine ernste Gefahr, dass sie die grundlegenden Freiheiten, die sie zu schützen versuchen, ins Gegenteil verkehren.

Erklärung der Chefs der Datenschutzbehörden
aus 50 Ländern (September 2002)

Die Bedrohung der Privatsphäre kommt – wie bereits erwähnt – von drei Seiten: vom Staat, von Unternehmen und von Einzelnen. Die Gefahren sind recht unterschiedlicher Art. Persönlich bin ich am meisten über die Gefahren seitens des Staats und der Unternehmen besorgt, da diese häufig bedeutend mehr Machtmittel in ihrer Hand haben als Einzelpersonen. Kurioserweise beschuldigen sich häufig Staat und Unternehmen gegenseitig, die eigentliche Gefahr für die Privatsphäre darzustellen. Beginnen wir mit einer Analyse der genannten drei Gefahrenquellen.

Staat

Der öffentliche Sektor hat die Kraft des Gesetzes auf seiner Seite und kann daher seine Bürger zwingen, bestimmte Informationen zu liefern. Außerdem können staatliche und kommunale Stellen die aus verschiedenen Quellen stam-

menden Informationen miteinander abgleichen, was eine
Verletzung des Schutzes der Privatsphäre noch gravieren-
der macht, da die Informationen zu einem nahezu lücken-
losen Bild des Menschen zusammengefügt werden können. Auf der anderen Seite ist (in einer Demokratie) der
Zweck des Staates gut, d.h. er soll zum Wohle der Bürger
tätig sein, was jedoch nicht Machtmissbrauch und andere
Fehler bei der Handhabung persönlicher Informationen
ausschließt.

Unternehmen

Die Wirtschaft ist eine geringere Bedrohung der Privatsphäre, da jede Firma Zugang zu Daten nur innerhalb ihres
eigenen, begrenzten Bereichs besitzt, und eine Abgleichung
von Daten zur Schaffung eines Gesamtbildes ist nicht so einfach zu bewerkstelligen. Dies gilt jedenfalls theoretisch, in
der Praxis können Aufkäufe und Fusionen von Unternehmen zu vollständigeren Informationsunterlagen führen.
Unternehmen sind auch darauf angewiesen, ihre Kunden
nicht abzuschrecken, was sich in bestimmtem Maße hemmend auf das Sammeln von Informationen auswirkt. Auf
der anderen Seite wirkt der Rentabilitätsdruck, unter dem
sich jede Firma befindet, eher in die entgegengesetzte Richtung. Nicht zuletzt Firmen, die sich in wirtschaftlicher Be-
drängnis befinden, können versucht sein, Informationen auf
unstatthafte Weise zu verwenden, um schnelle Gewinne zu
erzielen.

Individuum

In einer Gesellschaft, die persönliche Informationen immer
leichter und umfassender produziert und zur Verfügung
stellt, erhöht sich auch das Risiko, dass Unbefugte ihre Neugier stillen können. Kollegen können einander „googeln"
(d.h. Angaben übereinander durch Eingabe des betreffen-

den Namens in eine Suchmaschine erlangen), in Scheidung liegende Ehepartner können sich gegenseitig ausspionieren, und sog. „Stalker" (Personen, die eine andere Person krankhaft verfolgen) können öffentliche Register ausnutzen, um sich Informationen über ihr Opfer zu verschaffen. Solche Informationen können dann für Erpressung, Diebstahl usw. sowie als Unterlage bei Familienstreitigkeiten genutzt werden. In bestimmten Fällen stellt die Erkenntnis, dass eine fremde Person unverhältnismäßig viel über die eigenen privaten Umstände weiß, bereits eine beträchtliche seelische Belastung dar.

In bestimmten Fällen kann die Bedrohung durch Staat und Unternehmen vereint erfolgen, indem beispielsweise staatliche Überwachungssysteme Informationen auch aus kommerziellen Datenbanken schöpfen. Falsche vertrauliche Angaben in einer kommerziellen Datenbank können also dem Einzelnen Schaden zufügen durch Maßnahmen, die der Staat kraft seiner Gesetze ergreift. Daher ist es nicht möglich, die beiden Sektoren säuberlich voneinander zu trennen.

Symbiose treibt Technologie voran

Es gibt sozusagen natürliche Triebkräfte, die uns immer mehr digitale Fingerabdrücke und gespeicherte Personenangaben bescheren. Diese Triebkräfte gehen von Staat und Wirtschaft aus. Sie agieren symbiotisch miteinander, d.h. es besteht ein gegenseitiges Abhängigkeitsverhältnis zwischen den Beamten des Staates und den Leitern und Ingenieuren von IT-Firmen.

Die Beamten müssen bestimmte Aufgaben lösen und wollen dies entsprechend den vorhandenen (und häufig begrenzten) Mitteln so effizient wie möglich erledigen. Dabei ist es natürlich, Rationalisierung durch Automatisierung anzustreben – und genau an diesem Punkt setzt die Infor-

mationstechnologie mit ihren enormen Möglichkeiten an. Die Firmen, die die entsprechende Ausrüstung liefern, sind natürlich bestrebt, die Anwendungsbereiche ihrer Produkte möglichst zu erweitern, um den Verkauf zu steigern. In einer Marktwirtschaft kommt Firmen automatisch diese Rolle zu, und sie würden untergehen, wenn sie nicht nach Absatz- und Gewinnmaximierung strebten.

Also: Die Beamten von Staat und Kommunen sorgen für die Rentabilität der Firmen, die den Beamten eine Rationalisierung ihrer Arbeit ermöglichen. Beide Gruppen bilden eine starke Interessengemeinschaft, um die „Digitalisierung" der Gesellschaft weiter voranzutreiben.

Es müsste hier ein drittes Kraftfeld geben: die Politiker. Ihre Rolle wäre es eigentlich, darüber zu entscheiden, welche Technologie akzeptabel und welche (trotz ihrer Effizienz) nicht akzeptabel ist. In Wirklichkeit scheinen die Politiker jedoch ihrer entscheidungstragenden Rolle entsagt zu haben. Stattdessen sind es Beamte und Verwaltungsangestellte, die nach dem Prinzip „möglichst viel Ware zum niedrigsten Preis" entscheiden.

Die Triebkräfte des privaten Sektors für das Erstellen, Sammeln und Nutzen digitaler Fingerabdrücke sind womöglich noch einfacher. Unternehmen handeln nach einem einzigen Prinzip: dem der Rentabilität. Ohne Rentabilität ist eine Firma verloren. Deshalb ist es natürlich und legitim, die Rentabilität möglichst zu steigern – und die Nutzung von Personendaten kann diesem Ziel auf verschiedene Weise dienen. Dabei ist zu beachten, dass eine Firma, die Personendaten erfolgreich nutzen konnte, nach den Gesetzen der Marktwirtschaft die anderen Firmen zum Nachziehen zwingt. Eine politische Steuerung, inwieweit Personendaten von Unternehmen gesammelt und verwendet werden dürfen, ist daher vonnöten.

Gleichzeitig muss unterstrichen werden, dass ein ungehemmtes Sammeln und Nutzen persönlicher Daten – falls keine gesetzlichen Einschränkungen bestünden – keinesfalls zwingend zu Rentabilitätssteigerungen führen würde. Denn da ist ja immer noch die Frage: „Wie reagiert der Kunde?" Die Firmen sind vom Wohlwollen ihrer Kunden abhängig. Es ist eine Entwicklung absehbar, in der Kunden zunehmend beunruhigt sind über das ständig steigende Ausmaß an digitalen Fingerabdrücken, die sie im Alltag hinterlassen müssen.

Wahl zwischen zwei Übeln

Betrachten wir die Informationsbeschaffung durch staatliche und kommunale Stellen etwas näher. Grundsätzlich kann man sagen, dass diese Tätigkeit insgesamt einem guten Zweck dient. Nur die misstrauischsten Personen dürften dahinter einen bösen Plan, eine böse Absicht vermuten.

Der Kampf gegen den Terrorismus *ist* wichtig. Die Profilerstellung von Flugpassagieren will vermeiden, dass erneut Tausende unschuldiger Opfer an einem neuen 11. September zu Tode kommen. Die Gesichtserkennung mittels Kameras an Straßen und öffentlichen Plätzen will verhindern, dass friedliche Bürger bei ihrem Abendspaziergang überfallen, beraubt oder gar ermordet werden. Die elektronische Überwachung des Verkehrs zielt auf die Vermeidung von Staus und will somit den Bürgern Zeit sparen, die Umwelt schützen usw. usf.

Etwas vereinfacht, könnte man sagen, dass der Staat zwei Hauptaufgaben mit der Beschaffung persönlicher Daten erfüllt:

- Schaffung einer effizienten, „schlanken" öffentlichen Verwaltung;
- Gewährleistung der Sicherheit der Bürger und des Landes.

Beide Aufgaben sind höchst legitim. Selbstverständlich will der Bürger eine öffentliche Verwaltung haben, die effizient arbeitet, um die Steuern bei gleichzeitigem gutem öffentlichem Service niedrig zu halten. Ebenso verlangt der Bürger, vor Gefahren und Gewalttaten geschützt zu werden.

Gerade an diesem Punkt tauchen nun die Probleme auf. Die Informationstechnologie, welche die Verwaltung effizient macht und vor Gefahren und Gewalt schützt, stellt oft gleichzeitig eine Bedrohung des Schutzes der Privatsphäre dar. Dieser Interessenkonflikt ist grundlegend und wird niemals *völlig* beseitigt werden können. Hocheffiziente Verwaltung und totale Sicherheit würden einen Kontroll- und Überwachungsstaat ungeahnten Ausmaßes erfordern – also einen reinen Polizeistaat. Da die meisten Bürger dies nicht billigen, bleibt als Ausweg nur die Schaffung von Kompromissen: etwa einen höheren Steuersatz zu akzeptieren, da die öffentliche Verwaltung nicht optimal arbeitet, oder auch ein gewisses Mehr an Kriminalität in Kauf zu nehmen, obwohl diese – bei Einsatz aller denkbaren Mittel – eliminiert werden könnte. Wir akzeptieren ja auch eine gewisse Zahl an Verkehrstoten pro Jahr, sonst müssten wir auf das Autofahren gänzlich verzichten oder es staatlicherseits verbieten lassen.

Die Abwägung eines angemessenen Kompromisses zwischen beiden Extremen – totale Überwachung oder totaler Schutz der Privatsphäre – ist äußerst schwierig. Hierbei pflegen die Meinungen auch stark auseinander zu gehen. Wie viele Flugzeuge müssten pro Jahr entführt werden, bis wir akzeptieren würden, einen GPS-Navigator in unseren Körper eingepflanzt zu bekommen, damit jede unserer Bewegungen vom jeweiligen Polizeipräsidium aus verfolgt werden kann? An diesem zugespitzten Beispiel ist das Ausmaß des Problems ersichtlich. Es gibt keine eindeutigen Antworten – was wir jedoch brauchen, ist die öffentliche Diskussion darüber.

Manche sind davon überzeugt, dass wir uns bereits auf einem falschen Gleis befinden. Im September 2002 verabschiedeten die Leiter von mehr als 50 Datenschutzbehörden

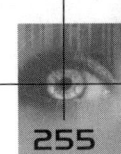
aus aller Welt eine Erklärung, die mit folgender Formulierung endete:

> Die Tagungsteilnehmer einigten sich darauf, dass der an sich notwendige Schutz vor Attentaten [wie die des 11. September 2001] in vielen Ländern bereits zu übertriebenen Reaktionen gegenüber der Terrorismusgefahr geführt hat, was ernste Folgen für den Schutz der Privatsphäre hatte. [...] Wenn die Regierungen nicht dazu übergehen, die Belange des Datenschutzes und des Schutzes der Privatsphäre zu berücksichtigen, besteht die Gefahr, dass sie die grundlegenden Freiheiten, die sie zu schützen versuchen, ins Gegenteil verkehren.

Tony Bunyan von der Bürgerrechtsorganisation Statewatch drückt sich ähnlich aus:

> Der Krieg gegen den Terrorismus hat sich in einen ständigen Krieg gegen Freiheit und Demokratie verwandelt, wobei neue Normen errichtet werden – Normen, die bedeuten, dass politische Verantwortung, kritische Prüfung sowie Garantie der Einhaltung der Menschenrechte zu Luxuserscheinungen geworden sind, auf die wir zum Zwecke der Verteidigung der Demokratie verzichten können.

Eine grundlegende Forderung angesichts der technischen Überwachung der Bürger in einer demokratischen Gesellschaft ist es, dass diese Überwachung fundamentale ethische Normen erfüllt. Kapitel 20 bietet eine Liste ethischer Verhaltensregeln, die sich im internationalen Maßstab bei der Handhabung personenbezogener Daten ergeben haben. Einige der von uns geschilderten Überwachungssysteme liegen noch Lichtjahre von einer Einhaltung dieses Verhaltenskodex entfernt.

Natürlich muss die Polizei die Möglichkeit haben, über die gleichen Werkzeuge zu verfügen wie Straftäter, sonst werden ja unsere Gesetze wirkungslos. Jedoch muss die polizeiliche Anwendung unter genauer demokratischer Kontrolle stehen. Grundlegende Bürger- und Menschenrechte müssen beachtet werden. Auch die Überwacher sind zu überwachen. Dies wird häufig vergessen, was schwere Folgen für Rechtsstaatlichkeit und Schutz der Privatsphäre haben kann.

Der römische Satiriker Decimus Iunius Juvenal (ca. 65–128 n. Chr.) stellte bereits vor 2.000 Jahren die klassisch gewordene Frage: „Quis custodiet ipsos custodes?" Wer also überwacht auch die Überwacher? Interessanterweise ist die Frage heute genauso aktuell wie im alten Rom.

Die Regierenden halten es häufig für selbstverständlich, dass die Regierten auf eine angemessene Abwägung der beiden oben genannten Extreme vertrauen. Zweifel und Kritik werden häufig beiseite gewischt. Der frühere britische Innenminister David Blunkett schrieb 2002 im *Guardian*:

> Der Schutz der Privatsphäre ist ein Recht, aber – wie in allen demokratischen Gesellschaften – kein absolutes Recht. Die Europäische Menschenrechtskonvention gestattet ausdrücklich Verletzungen der Privatsphäre, soweit diese gesetzmäßig sind und der Kriminalitätsbekämpfung dienen.
>
> Dieses Recht muss gegen das Recht auf Sicherheit und auf ein Leben in Freiheit abgewogen werden; dies sind die grundlegenden Aufgaben, die ein Staat seinen Bürgern schuldig ist. Nur die eigensinnigsten Vorkämpfer des Schutzes der Privatsphäre fühlen sich unwohl bei dem Gedanken, dass der Staat das Recht hat, Terroristen zu bekämpfen, und ich finde es erstaunlich, dass viele Menschen, die sich politisch der Linken zurechnen, automatisch aggressiv auf die Rolle des Staates reagieren und einen absoluten Schutz vor der Staatsmacht fordern.
>
> Die gemäßigte Linke sollte einsehen, dass der Staat eine positive Kraft sein kann, die den Menschen Möglichkeiten

verschafft, ihr Leben zu bewältigen – ein kollektives Werkzeug für fortlaufende Verbesserungen. Die Verletzung der Privatsphäre seitens der Privatwirtschaft ist häufig viel größer.

Es gibt Grund, Blunketts Analyse in Frage zu stellen. Er berücksichtigt z.B. nicht die Tatsache, dass auch die Geschichte demokratischer Staaten voller Beispiele des Missbrauchs staatlicher Macht ist. Sicherlich hat Blunkett Recht mit der Behauptung, dass der Schutz der Privatsphäre nicht absolut gelten kann; seine Argumente scheinen jedoch auf eine staatsbürokratische Geisteshaltung hinauszulaufen, nach der Aufgaben und Probleme so kosteneffizient wie möglich zu lösen seien.

Die Gesamtheit elektronischer Überwachungen riskiert – wenn sie zu weit geht –, die offene und freie demokratische Gesellschaft zu beseitigen, anstatt sie zu verteidigen. Hier wird das Kind mit dem Bade ausgeschüttet.

Auch die Privatwirtschaft muss die Zweckmäßigkeit der Mittel genau abwägen. Da die Marktwirtschaft sich als das unvergleichlich beste Wirtschaftssystem zur Schaffung von Wohlstand erwiesen hat, sind Einschränkungen in das Recht der Firmen, ihre Kunden „kennen zu lernen", zweifellos auch Einschränkungen der freien Marktwirtschaft. Weitreichende Vorschriften des Datenschutzes könnten also zu geringerem Wirtschaftswachstum und damit zu weniger Wohlstand führen. Dies wird als einer der Hauptgründe angesehen, weshalb in den USA bisher kein allgemeines Datenschutzgesetz existiert.

Je mehr und je größere elektronische Archive wir schaffen, desto größer wird auch das Risiko für unerwartete negative Folgen. Hier folgt eine Aufzählung der sechs größten Risiken:

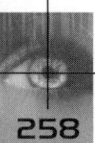
I. Risiko: Ein Leben im Glashaus

Der englische Philosoph, Ökonom und Jurist Jeremy Bent-
ham (1748–1832) präsentierte 1788 die Idee eines Gefäng-
nisses, das den Gefangenen Freiheit und Würde nimmt,
ohne sie physischer Gewalt auszusetzen. Er nannte sein
Bauwerk „Panopticon". Das Prinzip war einfach:

> Stellen Sie sich ein Fladenbrot vor, mit einem Loch in der
> Mitte. Das Panopticon-Gefängnis ist ebenfalls rund, und
> die Zellen sind keilförmig um das Loch gruppiert. In der
> Mitte sitzt der Gefängniswärter, der von seiner zentralen
> Position aus sämtliche Zellen bis in den letzten Winkel
> bequem überblicken kann. Zwischen Gefängniswärter und
> Zellen ist ein halb durchsichtiger Spiegel angebracht, so
> dass der Wärter zwar die Gefangenen, diese aber nicht
> ihn sehen können. Das Ergebnis wäre, dass die Gefange-
> nen in den Zellen ständig das Gefühl haben, beobachtet
> zu sein.

Das Panopticon wurde zum Begriff, und im 19. Jahrhundert
baute man tatsächlich mehrere Gefängnisse nach diesem Modell. Die Entwicklung der Informationstechnologie
droht, uns alle zu Bewohnern eines digitalen Panopticons zu
machen. Wenn wir unsere Privatsphäre, in die „selbst der
König von England" nicht eindringen darf, nicht erhalten
können, sind wir unserer Freiheit und Menschenwürde beraubt – so, wie die Gefangenen des Panopticons.

Diese Entwicklung prophezeit uns auch der amerikanische Forscher und Autor David Brin in seinem Buch *The
Transparent Society* (Die transparente Gesellschaft). Er
meint, dass der Kampf um den Schutz der Privatsphäre
bereits verloren ist. Wir werden jetzt und in Zukunft auf
tausenderlei Weise durch informationstechnologische und
andere elektronische Ausrüstung „durchleuchtet", und die
Aufrechterhaltung einer Privatsphäre ist dadurch unmöglich geworden. Die Lösung wäre, meint Brin, dass wir im

Gegenzug auch die Regierenden entsprechend durchleuch-
ten – damit entstände eine Art ausgleichende Gerechtigkeit,
und unsere Menschenwürde wäre gerettet. „Zwar wird jeder Laternenpfahl mit einer Kamera ausgerüstet, die filmt,
wann wir unsere Frau küssen oder mit dem Finger in der
Nase bohren, aber auch wir können das sehen, was die Kameras sehen, und außerdem können wir sehen, was die
Überwacher in den Überwachungszentralen machen." In
Brins Argumentation sind die Kameras nur ein Symbol und
gelten für alle Arten von Überwachungsinstrumenten.

Auch ich teile die Befürchtungen hinsichtlich eines digitalen Panopticons, aber im Unterschied zu Brin gebe ich den
Kampf nicht verloren. Es ist ja gerade die Möglichkeit, *anonym* zu bleiben, die unsere Welt von einem digitalen Panopticon unterscheidet, und deshalb ist die Anonymität in
diesem Zusammenhang so wichtig. Die Anonymität muss
verteidigt werden, sie ist ein grundlegender Bestandteil unserer Privatsphäre – d.h. unseres Rechts, in Ruhe gelassen
zu werden.

Vor dem Beginn der digitalen Revolution war Anonymität im Alltag eine Selbstverständlichkeit. Man brauchte
sich nicht auszuweisen, um einen Brief abzusenden, in einem
Park spazieren zu gehen oder eine Zeitung zu kaufen. Jetzt
ist die digitale Umwälzung im vollen Gange und zwingt uns,
alle möglichen digitalen Fingerabdrücke zu hinterlassen. In
jedem Bereich, der digitale Fingerabdrücke erfordert, ist
bereits auch die Anonymität abgeschafft und ein Schritt weiter in Richtung eines Panopticons für alle getan.

Die meisten Angriffe auf die Anonymität erfolgen unabsichtlich; sie sind einfach eine Nebenerscheinung der in Behörden und Unternehmen stattfindenden Digitalisierung.
Oder sie verfolgen den Zweck, das Dasein für uns bequemer
zu machen. Es kommen aber auch absichtliche Verletzun-
gen der Anonymität vor. In der Schweiz wurde beispielsweise bekannt, dass sog. SIM-Karten zum Telefonieren mit
Handys, die angeblich anonym verkauft werden, in Wirk-

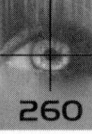

lichkeit gar nicht anonym waren. In den USA stellt man Überlegungen an, die herkömmlichen Briefmarken mit einem Strichcode zu versehen, um erkennen zu können, wer eine Briefmarke wann und wo gekauft hat. Das Bestreben von Einkaufsläden und Supermärkten, die Kunden zur Anschaffung von Kundenkarten zu bewegen, ist natürlich auch eine absichtliche Verletzung der Anonymität.

Falls wir diesem Trend nicht Einhalt gebieten, ist es nur eine Frage der Zeit, dass die Anonymität auf der UN-Liste über vom Aussterben bedrohte Arten landet. Die neuen Personalausweise, die jetzt in vielen Ländern diskutiert werden – Ausweise mit Mikroprozessor und Speicherkapazität sowie möglicherweise mit biometrischen Angaben über den Inhaber –, könnten zur völligen Beseitigung der Anonymität führen, wenn sie eine zusätzliche Rolle als universale „Türöffner" (sowohl im wörtlichen wie im übertragenen Sinn) erhalten. Damit wäre es unerhört einfach, digitale Fingerabdrücke im Alltag der Menschen einzusammeln – Fingerabdrücke, die außerdem einheitlich sind (d. h. als „eindeutiger Identifikator" fungieren). In Deutschland ist die Einführung eines neuen einheitlichen Personalausweises bereits beschlossene Sache, und in Großbritannien wird eine solche Entscheidung vorbereitet.

Hierbei ist zu beachten, dass das Recht auf Anonymität in den meisten Fällen nicht mit Behauptungen wie: „Wer nichts zu verbergen hat, braucht auch nichts zu befürchten", in Frage gestellt werden darf. Auf diese Art von Behauptungen gehen wir näher im Kapitel 22 ein. Das Bedürfnis nach Anonymität ist nichts Verdächtiges, sondern im Gegenteil ein natürlicher Zustand, der Sicherheit verleiht. Anonymität ist sozusagen das Baumaterial, mit dem wir die Wände unserer Wohnungen errichten, um nicht in einem Glashaus leben zu müssen.

Die Menge digitaler Informationen nimmt ständig zu, und ein Ende der Entwicklung ist nicht abzusehen. Dies gilt auch für private Informationen, über die wir selbst verfügen – unsere Mitteilungen, die von uns heruntergeladenen Musik- und Filmdateien, Einkaufslisten, finanzielle Informationen usw. Da digitale Informationen – im Unterschied zu Informationen auf Papier – „beflügelt" sind, ist das Risiko ihrer unkontrollierten und unerwünschten Verbreitung offensichtlich. Das heißt: Wir landen in einem „Glashaus".

Es gibt allerdings ein Gegenmittel: die Chiffrierung. Indem wir persönliche, vertrauliche Informationen chiffrieren, können wir den Schutz unserer Privatsphäre so gut wie undurchdringlich machen. Das Recht auf Chiffrierung ist langfristig eine absolute Notwendigkeit, um uns in der digitalen Gesellschaft eine private Sphäre erhalten zu können – ein „Häuschen", zu dem „selbst der König von England" keinen Zutritt hat. Eine solche Chiffrierung muss gleichzeitig robust sein, d.h. niemand darf einen „Zweitschlüssel" haben, um die Chiffrierung bei Bedarf in Klartext umzuwandeln. Sonst wäre ja die Chiffrierung sinnlos. Aus diesem Grund verteidigen Bürgerrechtsaktivisten in aller Welt so leidenschaftlich das Recht auf Chiffrierung.

Der Kampf um das Recht auf Chiffrierung ist im Gange und noch keinesfalls gewonnen. Auch die Gegner des Rechts auf Anonymität kämpfen nach den Terroranschlägen vom 11. September mit neuer Energie.

Die Bereitschaft, das Recht auf persönliche, individuelle Chiffrierung ständig zu verteidigen, ist außerordentlich wichtig. Es handelt sich hier um ein Recht, das genauso wichtig ist wie die Rede- und Pressefreiheit. Nicht nur Individuen, sondern auch Unternehmen, Organisationen, Vereine usw. haben ein natürliches Interesse an der Verwendung chiffrierter Mitteilungen.

Die Diskussion über das Recht auf Anonymität wäre unvollständig, wenn wir nicht betonen würden, dass dieses Recht nicht allgemein und allumfassend ist. Das hängt mit der Verantwortlichkeit einer Person für ihre Handlungen zusammen – Verantwortung erfordert manchmal auch die Feststellung unserer Identität. Wie glaubwürdig wäre z.B.

ein Zeuge vor Gericht, wenn er auch für den Richter und die Geschworenen anonym bleiben würde? Außerdem ist es in vielen Fällen wünschenswert, identifiziert zu werden. „Der gute Ruf eines Menschen ist ein häufig unterschätzter Vorteil", meint Nicklas Lundblad, Forscher an der Stockholmer Universität. Wenn wir ständig und überall anonym bleiben würden, könnten wir uns nicht den guten Leumund schaffen, der uns später vielfach zugute kommt.

Abschließend ist festzuhalten, dass wir Gefahr laufen, die Überwachung von Verdächtigen durch die Polizei schrittweise in eine vorbeugende Überwachung der gesamten Bevölkerung (z. B. durch sog. Verhaltensmusterkontrolle) zu verwandeln. Triebkräfte dieser Entwicklung sind die einseitige Betonung der Terrorismusgefahr, neue Konzepte einer vorbeugenden polizeilichen Arbeit sowie finanzielle Erwägungen – kombiniert mit den Innovationen im Bereich der Informationstechnologie und der Schaffung neuartiger digitaler Fingerabdrücke. Eine solche Gesellschaft wird normalerweise Polizeistaat genannt und als Horrorszenario erachtet.

Im nächsten Kapitel werde ich konkret darauf eingehen, auf welche Weise sensitive und persönliche Informationen in falsche Hände gelangen können.

2. Risiko: Was ist „normales" Verhalten?

Eine logische Folge allgemeiner Verhaltensmusterkontrolle zur vorbeugenden Verbrechensbekämpfung ist die Definition „normalen" Verhaltens: Alles, was aus dem definierten Rahmen fällt, ist automatisch verdächtig. Die Systeme für die Profilerstellung, die bereits eingeführt sind, laufen auf eine solche Normierung hinaus. Es besteht die Gefahr, dass dabei das „Normale" allzu eng definiert wird und Menschen mit etwas ungewöhnlichem Verhalten in ihrem Alltag großen Schwierigkeiten ausgesetzt werden, obwohl sie völlig unschuldig sind.

Vielleicht sind ein paar wenige Verdachtsmomente bereits ausreichend, um einer Person den Gefahrencode „gelb" oder „rot" zu erteilen (siehe Kapitel 2). Vielleicht wollte die betreffende Person die geplante Afghanistan-Reise nur dazu nutzen, um in den Bergen zu wandern, die orientalische Kultur kennen zu lernen oder einen Lehrgang für Arabisch zu besuchen. Wie reagiert nun ein System wie Secure Flight auf eine solche Person, die dann auch noch so „unnormal" ist, die Flugreise bar statt mittels Kreditkarte zu zahlen (was als besonders verdächtig gilt)?

Die Gefahr einer unerwünschten „Standardisierung" von Individuen wird noch dadurch verstärkt, dass der Auswertungs- und Beurteilungsprozess durch Software erfolgt. „Wenn eine Software das Verhaltensmuster einer Person auswertet – wer bestimmt dann über die Relevanz der Verdachtsmomente?", sagte ein Sprecher der Bürgerrechtsorganisation Liberty der BBC zu diesem Thema. Das will sagen: Wessen Normen sind es, die den Rahmen für „normales" Verhalten setzen?

In der Privatwirtschaft geht die Gefahr einer solchen Standardisierung vor allem von den Versicherungsgesellschaften aus. Deren Rentabilität ist ja direkt abhängig von ihrer Fähigkeit, „Risikokunden" zu vermeiden. Eine Definition „normalen" Verhaltens würde hier dazu führen, dass alle Kunden mit „unnormalem" Verhalten (z. B. Raucher oder Personen mit „abweichenden" Essgewohnheiten) beträchtlich höhere Prämien zu zahlen haben. Vermutlich würden Versicherungsgesellschaften allzu kontrovers handeln, wenn sie versuchten, ihren Kunden ein solches System aufzuzwingen; es könnte aber sozusagen durch die Hintertür eingeführt werden, nämlich über ein Rabattsystem mit Preisnachlässen für denjenigen, der „freiwillig" die digitalen Fingerabdrücke (seiner Einkäufe usw.) dem Versicherungsunternehmen überlässt. Mit der Zeit würden dann die Macht der Gewohnheit und die Wettbewerbslage der Versicherungsbranche dafür sorgen, dass ein solches System zur Norm wird.

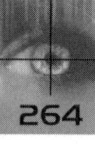
3. Risiko: Opportunismus höhlt die Demokratie aus

Wenn die Gesellschaft ein Verhalten bestraft, das außerhalb der „Normalität" liegt, werden natürlich viele Menschen ihr Verhalten dementsprechend ändern. Wie angenehm ist es, in einer Gesellschaft zu leben, in der alle Menschen „normal" sind und in der die originellen, in irgendeiner Weise auffallenden Menschen sich anpassen müssen?

Abgesehen davon, dass die wirklichen Originale aussterben, werden auch ganz „normale" Menschen ängstlich ihr Verhalten beobachten, weil sie befürchten, sonst auf einer Überwachungsliste zu landen. Ein Mensch, der die Geschichte der jüngsten Vergangenheit studieren oder einen kritischen Artikel schreiben will, wird sich künftig vielleicht gezwungen sehen, bestimmte Websites lieber nicht zu besuchen und bestimmte Suchbegriffe eher nicht in den Computer einzugeben.

Bei einem solchen Trend droht die allgemeine Verdummung, da unsere Erfahrungs- und Gedankenwelt immer begrenzter wird. Die ausschließliche Rücksichtnahme auf „politisch korrekte" Informationen und die Angebote der Massenkultur fördern geistige Beschränktheit. Die Folgen sind zunehmende Intoleranz gegenüber Abweichenden sowie Verlust der Innovationsfähigkeit des Individuums. Letzteres kann langfristig das wirtschaftliche Wachstum beeinträchtigen. Starke, kontroverse Impulse sind als „Lebensgewürz" notwendig, damit wir uns seelisch und geistig entwickeln können.

Die Angst vor abweichendem Verhalten kann zur Gefahr für die Demokratie werden. Das Risiko, in die „Gefahrenstufe gelb" irgendeines Registers zu geraten, kann Menschen davon abhalten, bestimmte politische Ansichten zu äußern, bestimmte Websites zu besuchen, bestimmte Zeitungen zu kaufen usw. Oder ein Mensch könnte davon abgehalten werden, ein Buch wie das vorliegende zu schreiben,

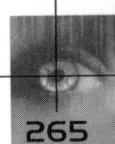
da man während des Schreibens eine Menge digitaler Fingerabdrücke hinterlässt, die von einer Software fälschlicherweise als „staatsgefährdend" gedeutet werden usw.

4. Risiko: Standardisierte Verhaltenskontrolle ist ungerecht

Die Tatsache, dass bestimmte Vorschriften und wirtschaftliche Regeln in steigendem Maße von Computersoftware statt von Juristen oder anderen Fachleuten überwacht und angewandt werden, führt ebenfalls zu einer grobschlächtigen Standardisierung mit teilweise absurden Folgen. Als Beispiel sei die schwedische Dame genannt, die keinen Bankkredit erhielt, weil die Software bei der Kreditwürdigkeitsprüfung herausfand, dass sie eine alte, unbezahlte Schuld von zwei Kronen (ca. 20 Cent) hatte. Im schlimmsten Falle können sich solche Fehlurteile zur reinsten Willkür auswachsen. Die Gefahr dafür besteht sowohl im staatlichen wie im privaten Bereich.

Ein weiteres Beispiel liefert der Trend zum „automatischen Gesetzesvollzug" und zur automatisierten Polizeiarbeit. In Schweden wird z.B. diskutiert, bei Geschwindigkeitsübertretungen den Eigentümer eines Pkw (anstatt wie bisher den Fahrer) zur Verantwortung zu ziehen – nur, um dadurch die Anwendung automatischer Verkehrskameras zu erleichtern.

Subtile Abwägungen und vernunftgemäße Entscheidungen kosten Geld und können sich daher in einer softwaregesteuerten Wirtschaft und Gesellschaft als Luxus erweisen. Die Standardisierung menschlichen Verhaltens kann sich sowohl vorteilhaft wie nachteilig für den Einzelnen auswirken – in beiden Fällen wird das Vertrauen in eine gerechte Beurteilung erschüttert.

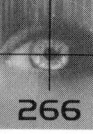

5. Risiko: Rechtssicherheit ist bedroht

Die softwaregesteuerte Verhaltenskontrolle gefährdet die Rechtssicherheit sowie grundlegende staatsbürgerliche Rechte. Nach Schema F verfahrende und im schlimmsten Fall willkürliche Entscheidungen werden als ungerecht empfunden. Das größte Übel liegt jedoch darin, dass wir mit den automatisch gefällten Entscheidungen, die in das Leben der Bürger eingreifen, ein juristisches Vakuum schaffen, in dem die Rechtssicherheit abgeschafft ist.

Die neue, vorbeugende Arbeitsweise von Polizei und Behörden droht sogar, eine Gruppe von Bürgern zweiter Klasse zu schaffen – die sog. „Abgestempelten". Dies sind Menschen, die keiner Tat angeklagt, aber auch nicht 100-prozentig unschuldig sind; ihr seltsamer Status liegt in der Ungewissheit. Es sind Menschen, die in irgendeinem Zusammenhang eine „Profilerstellung" durchmachen mussten und dabei in die „Gefahrenstufe gelb" eingestuft wurden, was bedeutet, dass ihnen gegenüber Misstrauen angebracht ist. Dieser Status, der nicht in Frage gestellt und noch nicht einmal schwarz auf weiß dokumentiert werden kann, wurde ihnen von einer Software erteilt, die ohne jegliche juristischen Befugnisse handelte.

Wie ist dies mit den grundlegenden Werten eines Rechtsstaats vereinbar? Zum Beispiel damit, dass ein Mensch vor einer Verurteilung als unschuldig zu betrachten ist, dass er das Recht hat, zu erfahren, worin die Anklage besteht, dass er das Recht hat auf Verteidigung, auf Einspruchsnahme usw.? Hat der Rechtsstaat unserer westlichen Gesellschaft, auf den wir so stolz sind, bereits nach ein paar kräftigen Terroranschlägen aufgehört, zu existieren?

Wir riskieren, in eine Lage zu geraten, wo ein Mensch praktisch seine eigene Unschuld beweisen muss anstatt umgekehrt (wie bisher in einem Rechtsstaat üblich), falls ein paar rein technische Systeme Verdachtsmomente gegen ihn vorbringen. Wohlgemerkt: Es sind keine Beweise – nur Verdachtsmomente. Solche Indizien können darin bestehen, dass der Betreffende sich zu einem bestimmten Zeitpunkt an einem bestimmten Ort befunden hat (wie in Dänemark, wo die Polizei neuerdings die Handyverbindungsdaten im Bereich von Tatorten anfordert). Die Indizien können auch unsichtbar und immateriell sein, z. B. wenn eine Person von einem unbekannten Softwarealgorithmus als verdächtig markiert wird.

In Fällen, wo die Profilerstellung Kriminelle daran hindert, Verbrechen zu begehen, bzw. es ermöglicht, sie zu fassen, ist dies natürlich ein Erfolg. Das soll nicht geleugnet werden. Da der Unsicherheitsfaktor bei der Interpretation des Inhalts von Datenbanken jedoch groß ist, sind Irrtümer ("falsche Alarme", d. h. falsche positive Antworten) unvermeidlich. Daher sind meist völlig Unschuldige von den Warnsignalen der Überwachungssysteme betroffen. Die Schwierigkeiten, in die diese Unschuldigen geraten, können von vergleichsweise harmlosen, jedoch demütigenden Extrakontrollen – z. B. auf Flughäfen – bis zur Zerstörung der Berufskarriere reichen.

Nicht genug damit, dass die Menschen unschuldig sind – sie sind auch der Möglichkeit beraubt, sich zu verteidigen, und können nur sehr schwer oder überhaupt nicht ihre Unschuld beweisen. Berichte über frustrierte "Abgestempelte" tauchen, wie gesagt, seit einiger Zeit in der amerikanischen Presse auf.

Ein weiteres Beispiel für den Trend, die Rechtssicherheit auszuhöhlen, ist aus Großbritannien bekannt. Dort hat die Polizei damit begonnen, bei schweren Gewalttaten einen bestimmten Personenkreis aufzufordern, freiwillig DNA-Proben zu liefern, "um Verdächtige ausschließen zu können", wie es die Polizei formuliert. Zu diesen Personen können alle Männer in einem bestimmten Wohngebiet gehören, die z. B. gleichzeitig Besitzer eines roten Pkw sind. Der Grad der "Freiwilligkeit" solcher Tests variiert dabei, und zweifellos ist das Verfahren ein weiterer Schritt auf einen Zustand hin,

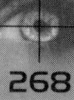
in dem Menschen ihre Unschuld beweisen müssen, anstatt dass, wie bisher, ihre Schuld bewiesen werden muss.

Ein weiteres Risiko für die Rechtssicherheit besteht darin, dass digitale Fingerabdrücke zur Erteilung privater Bußgeldbescheide führen können, also zu Maßnahmen, die De-facto-Strafen sind, aber völlig außerhalb des geltenden Rechtssystems verhängt werden. Beispielsweise könnte ein Jugendlicher, der sich in einer Diskussionsgruppe des Internets radikal gesellschaftskritisch ausgedrückt hat, 30 Jahre später erleben, dass ihm eine Anstellung im öffentlichen Dienst verweigert wird – aus dem einfachen Grund, weil der Personalchef ihn „gegoogelt" hatte und dabei auf genau jenen Diskussionsbeitrag stieß, der ihn als „anarchistisch" und „umstürzlerisch" auswies.

Solche De-facto-Strafen liegen außerhalb unseres Rechtssystems und berauben somit den „Verurteilten" nicht nur der normalen Mittel eines Rechtsstaates (wie das Recht auf Verteidigung) – sie sind auch zeitlich unbegrenzt.

Hinzu kommt, dass die Rechtsausübung zunehmend länderübergreifend erfolgt. Dies schafft große Unklarheit darüber, woran man sich zu halten hat, und ist also ebenso eine Bedrohung der Rechtssicherheit. Zur „guten alten Zeit" war es selbstverständlich, dass in Deutschland die deutsche Rechtsprechung galt, in England die englische usw. In der digitalen Welt von heute dagegen ist es in steigendem Umfang technisch möglich, aus der Ferne – d. h. aus einem anderen Land via Internet und sonstige elektronische Kommunikationsmittel – sowohl nach einem Menschen zu fahnden wie eine Strafe über ihn zu verhängen. Für das eigene Land ist es schwierig, wenn nicht gar unmöglich, eine solche „Rechtsausübung" von jenseits der Grenze zu verhindern.

Bisher waren es vor allem die USA, die Anzeichen dafür lieferten, eine sog. extraterritoriale Jurisdiktion ausüben zu wollen, d. h. das Recht auf Rechtsprechung außerhalb der eigenen Landesgrenzen. Beispielsweise hat man bereits Hacker in anderen Ländern verhaftet und verurteilt. Und der Paragraf 814 des amerikanischen Patriot Act fordert, dass bei Versenden eines Datenpakets, das als Teil einer umfassenderen Kommunikation via Internet über amerikanisches Territorium geschickt wird, auch die gesamte diesbezügliche Kommunikation der amerikanischen Rechtsprechung unterworfen ist.

Nehmen wir ein Beispiel: Falls ein Deutscher eine Mitteilung an einen Engländer schickt und eines der Datenpakete, in die die Mitteilung aufgeteilt ist, zufällig einen amerikanischen Server passiert, können die USA sich gezwungen sehen, den Absender verhaften und verurteilen zu lassen, falls die Mitteilung gegen das amerikanische Gesetz verstößt – und zwar auch dann, wenn eine solche Mitteilung in Deutschland bzw. England nicht strafbar wäre. „Dies ist eine massive Ausweitung der amerikanischen Gerichtsbarkeit", sagt Mark Rasch, ehemaliger Staatsanwalt am amerikanischen Justizministerium, in einem Artikel auf der Website des amerikanischen Fernsehkanals CBS.

Man könnte einwenden: Warum sollte ein Land seine Steuergelder darauf verschwenden, die polizeiliche Arbeit anderer Länder zu unterstützen? Darauf gibt es eine zweifache Antwort:

■ Die zunehmende Möglichkeit, Fahndung und Strafverfügung automatisch via Internet – an Polizei und Gerichten des eigenen Landes vorbei – mittels Softwareprogramme durchzuführen, senkt die Kosten der Rechtspflege erheblich.

■ Vermutlich werden nicht sämtliche Delikte über die Ländergrenzen hinaus verfolgt werden, sondern nur solche Delikte, bei denen ein starkes Interesse des betreffenden Landes besteht.

Es ist eine Reihe von Delikten denkbar, bei denen ein solches Interesse bestehen könnte, z.B. IT-bezogene Delikte, Betrügereien, die sich gegen ausländische Interessen richten,

Verstöße gegen Urheberrecht oder Visumvorschriften, Bestechungen, sonstige Delikte bei internationalen Bieterwettbewerben, Verstöße gegen internationale Einschränkungen im Verkehr mit „Schurkenstaaten" sowie des Terrorismus verdächtige Organisationen und Individuen. Dabei ist auch die erweiterte Bedeutung des Begriffes „Terrorist" zu berücksichtigen.

Eine internetbasierte, automatische Strafzumessung wird heute vielfach noch als „Zukunftsmusik" abgefertigt. Diese ist aber nicht nur denkbar (als eine logische Folge der Digitalisierung unserer Gesellschaft), sondern heute bereits vorhanden, wie einige Beispiele in diesem Buch zeigten. Ein weiteres konkretes Beispiel dafür ist der amerikanische Gesetzentwurf, der im Volksmund „Hollywood-Hacker-Gesetz" genannt wird. Falls das Gesetz vom amerikanischen Kongress verabschiedet wird, können Urheberrechtsinhaber in den USA jede Person – via Internet – bestrafen, die im Verdacht steht, urheberrechtlich geschütztes Material zu missbrauchen, und zwar sowohl Text- wie Musik-, Film- und Fotodateien. Der Urheberrechtsinhaber kann laut Gesetzentwurf Strafen verhängen, bei denen dem Computer des Verdächtigen ein Schaden in Höhe von maximal 50 Dollar (pro widerrechtlich verwendetem Dokument) zugefügt wird. Eine Person, die 50 widerrechtlich kopierte Musikdateien besitzt, wäre also von einer Strafe in Höhe von 2.500 Dollar betroffen.

In der Praxis bedeutet dies ein Recht auf bewusste Unbrauchbarmachung der Computer von Personen, die Raubkopien z.B. von Filmen herstellen – daher der Spitzname „Hollywood-Hacker" für das geplante Gesetz. Alle großen Filmgesellschaften – Universal, Warner, Sony, BMG und EMI – bestätigen nach Angaben der *New York Times*, an der Entwicklung sog. Punishware (Software für Strafzumessung) beteiligt zu sein. Eines dieser Programme – Freeze genannt – verriegelt den Computer des Raubkopierers eine gewisse Zeit. Ein anderes Programm (Interdiction) sperrt die Einwahl ins Internet. Ein drittes Programm (Silence) dringt in die Festplatte ein und löscht dort die verdächtigen Raubkopien. Firmen wie Overpeer* und MediaDefender* haben sich auf die Entwicklung dieser Punishware spezialisiert.

Das „Hollywood-Hacker-Gesetz" würde bedeuten, dass die Rechtsprechung sowohl privatisiert wie automatisiert wird. Früher selbstverständliche Rechte wie das Recht auf Verteidigung, das Recht auf einen Anwalt, das Recht auf Verhandlung vor einem Gericht sowie das Recht auf Revisionsklage werden damit ausgehebelt.

Eine automatische Strafzumessung bedeutet im Allgemeinen auch, dass mehr Delikte als früher entdeckt und bestraft werden können, da die Automatisierung der polizeilichen und gerichtlichen Arbeit enorme Kosten spart. Die Ursache dafür ist zweierlei:

Die an den schwedischen Straßen aufgestellten Verkehrskameras, deren verstärkter Einsatz geplant ist, bilden die technische Grundlage eines künftigen „automatischen Gesetzesvollzuges".

(Quelle: Pär Ström)

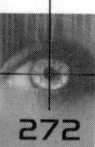
- Auch geringe und einfache Delikte, die aus Kostengründen früher ignoriert wurden, können jetzt geahndet werden.

- Es kann möglich werden, in bestimmten Bereichen *sämtliche* begangenen Delikte zu bestrafen (im Gegensatz zu heute, wo immer nur ein bestimmter Prozentteil an Delikten aufgeklärt wird).

Nehmen wir ein extremes Beispiel: Falls die Strichcodes der heutigen Waren durch RFID-Chips ersetzt würden, könnte es technisch recht einfach sein, sogar jede Person zu bestrafen, die eine Cola-Dose – anstatt sie im Recyclingbehälter zu entsorgen – irgendwohin wegwirft. Wie würde eine solche Rechtsprechung sich auf das Verhältnis zwischen Ordnungsmacht bzw. Justiz einerseits und Staatsbürger anderseits auswirken? Wie würden die Bürger auf eine solche Entwicklung reagieren?

6. Risiko: Fremdbestimmung

Das sechste Risiko der neuen Technik heißt Fremdbestimmung (im Gegensatz zu Selbstbestimmung) des Individuums. Ein natürlicher und selbstverständlicher Bestandteil unserer Freiheit ist es, über das eigene Leben und die näheren Lebensumstände frei entscheiden zu können. Werden wir dagegen zu ferngesteuerten Befehlsempfängern degradiert, schwindet auch unser seelisches Wohlbefinden: Wir sind der persönlichen Freiheit und damit der Verantwortung für unsere Handlungen beraubt.

Es gibt Tendenzen, die den Spielraum für unsere persönliche Verantwortung schrittweise enger machen wollen:

- Wenn mein Wagen nicht schneller zu fahren ist als vorprogrammiert, bin ich der persönlichen Verantwortung in diesem Bereich (der Einhaltung der Geschwindigkeit) beraubt.

- Wenn ich in meinem Computer nur Musikdateien speichern darf, die auch vorher bezahlt wurden, habe ich auch hier meine persönliche Verantwortung verloren.
- Wenn ich am Computer meines Arbeitsplatzes bestimmte Websites nicht besuchen darf, habe ich auch hier meine Selbständigkeit im Denken und Handeln verloren.

Wenn wir nicht das Vertrauen erhalten, selbst über die Befolgung von Gesetzen und Vorschriften zu entscheiden, verlieren wir einen wichtigen Teil unserer menschlichen Würde. Die psychologischen Folgen einer solchen Einschränkung sind schwerwiegend genug; es ergibt sich jedoch auch ein weiteres Risiko: nämlich der Verlust des Verantwortungsgefühls überhaupt. Gesellschafts- und Arbeitsmoral sinken, was stärkere Kontrollen erforderlich macht, woraufhin die Moral weiterhin sinkt usw. So setzt sich die negative Spirale fort.

Vorsicht vor Polizei, Steuerbehörden und Versicherungsgesellschaften

Es gibt drei gesellschaftliche Bereiche, die in besonders hohem Maße Privatsphäre und Freiheit des Einzelnen bedrohen: Polizei, Steuerämter und Versicherungsgesellschaften. Gerade in diesen Bereichen ist das Sammeln digitaler Fingerabdrücke von hohem Nutzen, und es kann außerdem – zumindest staatlicherseits – kraft Gesetzes erfolgen.

Hinsichtlich der Polizei müssen wir uns die Frage stellen: Wenn ein schweres Verbrechen aufgeklärt werden kann, indem die Polizei eine bestimmte Art von digitalen Fingerabdrücken sichten darf – können wir dann Nein dazu sagen? Ethisch betrachtet, müssten wir in bestimmten Fällen eigentlich Nein sagen, aber es könnte geschehen, dass der Druck der Öffentlichkeit jegliche Einwände beiseite fegt und dann der Weg im Prinzip offen ist für den polizeilichen Zugriff auf alle möglichen Arten digitaler Fingerabdrücke.

Ist dieser Weg erst einmal beschritten, ist es äußerst schwer, die Entwicklung zu stoppen, so dass auch immer geringere Delikte erfasst werden. Somit landen wir auf einer „schiefen Ebene" und schlittern geradewegs in den Überwachungsstaat hinein. Wer eine solche Entwicklung nicht will, sollte es sich also genau überlegen, bevor er Überwachungssysteme zu nutzen beginnt.

Hinsichtlich der Steuerbehörden riskieren wir, dass unser finanzielles Gebaren von Profilerstellungssoftware kontrolliert wird, die z.B. unsere Privatkonsumtion mit unserem versteuerten Einkommen vergleicht und sofort Alarm schlägt, falls dort Unstimmigkeiten auftreten; oder die durch Sensoren im Ofen des Pizzabäckers kontrolliert, wie hoch der Umsatz des Kleinunternehmers eigentlich war.

Die Versicherungsgesellschaften könnten grundsätzlich große Summen einsparen, wenn sie über die Aktivitäten ihrer Kunden genau unterrichtet wären, woraus sich dann Prognosen für die Zukunft erstellen ließen. Damit könnten sie „schlechte", d.h. verlustbringende Kunden aussortieren (z.B. Personen mit aggressivem Fahrstil, übermäßigem Nahrungsmittelkonsum oder Krankheitsanlagen). Da Versicherungsgesellschaften kommerzielle Unternehmen sind, deren Management nur nach der Fähigkeit bewertet wird, die Rentabilität zu steigern, stellen solche Möglichkeiten der Kosteneffizienz eine beträchtliche Versuchung dar, Überwachungssysteme einzuführen und zu nutzen.

Auch wenn die oben geschilderten Risiken gemeistert und vermieden werden können, bedeuten gespeicherte Informationen stets eine latente Gefahr. Gesellschaftliche Veränderungen können einst undenkbare Methoden über Nacht akzeptabel machen – und die bereits vorhandenen Informationen warten nur darauf, missbraucht zu werden. Schon ein paar aufsehenerregende Terroranschläge haben ausgereicht, um das gesellschaftliche Klima in der westlichen Welt wesentlich in Richtung Überwachungsstaat zu verändern. Es ist nicht auszudenken, was alles auf uns zukommen könnte, falls wir von noch größeren Katastrophen als denen des 11. September betroffen werden – ich denke da an Naturkatastrophen, Epidemien, Kriege, einen AKW-GAU oder einen wirtschaftlichen Niedergang mit Börsendebakel und massiven Krawallen.

Vier Versuchungen, die uns umgarnen wollen

Wer den Schutz der Privatsphäre auf seine Fahne geschrieben hat, wird zu seinem Erstaunen bald entdecken, wie gering viele Menschen offenbar ihre Privatsphäre schätzen. Das könnte teilweise mangelndem Problembewusstsein zugeschrieben werden. Diese Menschen opfern gern ihre Anonymität und setzen sich umfassenden digitalen Überwachungssystemen ohne irgendeine zeitliche Begrenzung aus, nur um einen höchst begrenzten, einmaligen finanziellen Vorteil zu gewinnen. Und noch schlimmer – sie akzeptieren auch noch gewohnheitsmäßig äußerst fragwürdige Lösungen, die uns von Behörden und Firmen angeboten werden, ohne dass sie uns in irgendeiner Weise für den Verlust der Privatsphäre entschädigen.

Vielleicht wird der Leser daraus schlussfolgern wollen, dass die Privatsphäre kaum wert ist, verteidigt zu werden. Die Privatsphäre ist wie Sauerstoff – wir vermissen sie erst, wenn es sie nicht mehr gibt. Und dann besteht das große Risiko, dass es zum Handeln zu spät ist. Etwas drastisch ausgedrückt, könnte man dies mit dem Verkauf der eigenen Seele an den Teufel vergleichen – kurzfristig gewinnt man Vorteile, um dann für den Rest der Ewigkeit im „Höllenfeuer" zu schmoren.

Folgende Annehmlichkeiten wollen uns zur Aufgabe unserer Privatsphäre verlocken:

■ *Bequemlichkeit* – dies ist das wichtigste Lockmittel. Protest ist immer unbequem, deshalb akzeptieren wir leicht

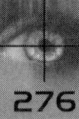

das, was uns geboten wird. Die neue Technik bietet uns außerdem in bestimmten Fällen ein stromlinienförmiges, reibungsloses Dasein, falls wir unsere Anonymität aufgeben und Informationen über uns zugänglich machen.

- *Sicherheit* – ein wachsendes Bedürfnis des Schutzes vor Kriminalität und nicht zuletzt vor Terroranschlägen ist festzustellen.

- *Finanzielle Vorteile* – z. B. in Form von Schnäppchenangeboten für die Inhaber einer sog. Kundenkarte.

- *Imaginäre „Gerechtigkeit"* – beispielsweise die Möglichkeit einer besseren Bekämpfung von Steuerhinterziehung oder Erschwindelung staatlicher Beihilfen.

Es ist vielfach möglich, alternative technische Lösungen zu schaffen, ohne dass damit eine Aufgabe der Anonymität oder der Privatsphäre erforderlich wird – und zwar dann, wenn bereits bei der Konstruktion einer Software dieses Ziel vor Augen steht. Außerdem spricht vieles dafür, dass wir einer Illusion aufsitzen, wenn wir glauben, eine sichere Gesellschaft durch Aufgabe des Schutzes der Privatsphäre schaffen zu können. Einige der Flugzeugentführer vom 11. September lebten während der Vorbereitung ihrer Anschläge völlig unauffällig: Sie nahmen an keinen Demonstrationen teil, besuchten keine Moscheen, waren nicht politisch aktiv und fielen in keiner Weise auf. Man kann annehmen, dass die heutigen Terroristen sich noch unauffälliger verhalten, da sie sich des Risikos digitaler Fingerabdrücke sehr wohl bewusst sind.

Vierfacher Datenschutz

Es gibt grundsätzlich vier verschiedene Arten des Schutzes persönlicher Daten und der eigenen Privatsphäre:

Flächendeckende Gesetzgebung

Innerhalb der EU deckt ein umfassendes Gesetz den Schutz der Privatsphäre sowohl im öffentlichen wie im privaten Bereich. Dies kann als wirksamster Schutz der Privatsphäre betrachtet werden.

Gesetze für bestimmte Bereiche

Es gibt Länder, die kein umfassendes Gesetz zum Datenschutz haben. Stattdessen hat man Gesetze für verschiedene wirtschaftliche und gesellschaftliche Bereiche geschaffen. Dieser Weg wurde in den USA beschritten. Dort gibt es ein Gesetz für den Schutz der Privatsphäre beim Verleih von Videofilmen, bei der Beantragung eines Bankkredits, bei der telefonischen Werbung usw. usf. Der Nachteil ist, dass jeder neue technische Bereich auch ein neues Gesetz erfordert; die Gesetze hinken also stets der Entwicklung hinterher. Auch kann ein bestimmter Bereich sozusagen „zwischen den Stühlen" landen, und das Fehlen von Kontrollinstanzen kann zu Problemen führen.

Selbstregulierung des Marktes

Ein dritter Weg wäre der Verzicht auf jegliche Gesetzgebung, also das Vertrauen auf die „selbstregulierenden Kräfte" des Marktes. In den USA sind weite Bereiche der Selbstregulierung überlassen. Die Wirtschaft entwickelt auf freiwilliger Basis einen bestimmten Verhaltenskodex, häufig unter Zuhilfenahme ihrer Branchenverbände. Wie die bereichsbezogene Gesetzgebung bietet auch die Selbstregulierung einen schwächeren Schutz der Privatsphäre, und auch hier kann das Fehlen von Kontrollinstanzen Probleme mit sich führen.

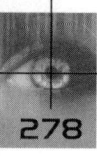

Technische Lösungen

Der Einzelne kann sich selbst mittels geeigneter Technologie (sog. PET-Produkte – Privacy Enhancing Technologies) schützen. Beispiele für diese Technik sind Programme für Chiffrierung, für anonyme E-Mail-Beförderung sowie für anonyme Finanztransaktionen. Diese rein technischen Lösungen haben mehrere Nachteile: Sie erfordern einen gewissen Zeitaufwand, sie bieten manchmal nur unzureichend Schutz und sie stehen nicht überall zur Verfügung, wo heute eine Bedrohung der Privatsphäre vorliegt.

Was können Regierung und Abgeordnete tun?

Der Schutz der Privatsphäre und der Persönlichkeitsrechte wird häufig in Sonntagsreden gewürdigt, konkrete Handlungen jedoch sind spärlich. Lippenbekenntnisse fallen bekanntlich nicht schwer. Wesentlich schwieriger ist es, wirklich zu versuchen, die heutige Bedrohung des Einzelnen, ja der Demokratie überhaupt durch die Informationstechnologie abzuwehren, ohne deswegen in Technologiefeindlichkeit oder unrealistische Neinsagerei zu verfallen.

Eine Regierung, die es wirklich ernst meint mit dem Schutz von Privatsphäre und Persönlichkeitsrechten, könnte z. B. folgende Maßnahmen erwägen:

- Abstandnahme von jeglicher Informationsbeschaffung, die nicht dem Verhaltenskodex zur Handhabung der Informationstechnologie entspricht.
- Abstandnahme von Zusammenarbeit mit anderen Ländern im IT-Bereich, falls diese Länder nicht den genannten Verhaltenskodex anwenden.
- Gesetzliche Einschränkung der Möglichkeiten privater Firmen und Einzelner, persönliche Daten zu sammeln und zu nutzen.

- Schaffung eines Gesetzes, das den Transfer von digitalen Fingerabdrücken ohne Zustimmung der betroffenen Person verbietet; dies wäre z. B. relevant für die Besitzer von Pkw, die mit einer Black Box ausgerüstet sind: Informationen über die Fahrweise des Pkw-Besitzers dürfen dann nicht mehr ohne weiteres weitergegeben und gespeichert werden.

- Minimierung der Verwendung „eindeutiger Identifikatoren" im gesellschaftlichen Bereich.

- Abstandnahme von der Einführung eines nationalen Personalausweises, der gleichzeitig auch international ablesbar ist.

- Eindämmung unethischer Verwendung von Informationen, z. B. indem Beweismittel, die durch unzulässigen Zugriff auf Informationen gewonnen wurden, vor Gericht nicht anerkannt werden.

- Abstandnahme von der Einführung eines „automatischen Gesetzesvollzuges".

- Kein Abgleich zwischen öffentlichen (obligatorischen) Datenbanken und privaten bzw. halb privaten (freiwilligen) Datenbanken.

- Staatliche und kommunale IT-Systeme (z. B. Mautsysteme) sind so auszuformen, dass Risiken für eine Verletzung der Privatsphäre minimiert werden.

- Einführung eines Systems für die Zertifizierung von IT-Systemen. Verpflichtung der Teilnehmer von Bieterwettbewerben im IT-Bereich, eine Zertifikation hinsichtlich der Garantie des Schutzes der Privatsphäre vorzuweisen.

- Jährliche Überprüfung der Gesamtsituation für Datenschutz und Schutz der Privatsphäre in einem Land seitens einer unabhängigen Ombudsstelle.

- Preisfestsetzung der Privatsphäre (so, wie man Kosten und Gewinn des Umweltschutzes gegeneinander abwägt), um den Schutz der Privatsphäre zu fördern.

- Informierung der Öffentlichkeit über die Risiken der

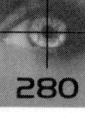

Verletzung der Privatsphäre und über die Möglichkeit von Gegenmaßnahmen.

- Schaffung technischer und politischer Mittel, um die Bürger des eigenen Landes vor den im Ausland stationierten Überwachungssystemen wie Echelon, TIA usw. zu schützen, sowie Informierung der Öffentlichkeit über solche Systeme.

- Bereitstellung ausreichender finanzieller Mittel für die Datenschutzbehörde eines Landes sowie Garantie ihrer Unabhängigkeit.

- Technische Verfahren wie Chiffrierung, Anonymisierung usw. sind mit der Rede- und Pressefreiheit gleichzustellen und im Grundgesetz zu schützen. Erwägung eines Gesetzes für den IT-Bereich, das Internet- und Telekomfirmen dazu verpflichtet, ihr Dienstleistungsangebot mit solchen Verfahren zu ergänzen.

- Behauptung der staatlichen Selbständigkeit gegenüber Versuchen aus anderen Ländern, eine grenzüberschreitende, nicht vereinbarte Rechtsprechung auf IT-Basis durchzusetzen.

- Bewusstseinsmachung der Machtposition, die aus der weltweiten Beherrschung der IT-Infrastruktur folgt, sowie deren Konsequenzen.

Kapitel 19:
Datenbanken sind mit
Risiken verknüpft

Sie weiß nicht, was sie bei ihrer nächsten Flugreise erwartet –
oder ob sie jemals ihren Namen von einer dieser Listen entfernen lassen kann.

Die Zeitung *New Yorker* über ein Überwachungsopfer

Wir wollen nun etwas konkreter die Risiken betrachten, die
mit dem Aufbau von Datenbanken verknüpft sind. Während das vorige Kapitel davon handelte, welche Unannehmlichkeiten die Anhäufung von Information in Datenbanken
nach sich ziehen können, beleuchtet dieses Kapitel einige
Ursachen dieser Unannehmlichkeiten.

Wir können die Diskussion mit einem Gleichnis beginnen: Flüssigkeiten sind durch verschiedene Grade von
Flüchtigkeit charakterisiert, d. h. sie verdunsten mehr oder
weniger schnell (was eigentlich bedeutet, dass sie sich in Gas
umwandeln). Benzin ist eine äußerst flüchtige Flüssigkeit,
während Wasser beständiger ist. Wenn digitale Informationen eine Flüssigkeit wären, wären sie hinsichtlich ihrer
Flüchtigkeit dem Benzin ähnlich. Digitale Daten sind also
extrem „flüchtig", und zwar aus folgenden Gründen:

- Sie sind unsichtbar.
- Sie können äußerst stark komprimiert werden.
- Sie sind einfach und billig zu speichern.
- Sie sind immateriell und können aus einem geschlosse-
  nen, vielfach verriegelten Raum problemlos entweichen.

- Sie bewegen sich in Sekundenschnelle über den ganzen Erdball.
- Man kann sie weiterreichen und trotzdem behalten.
- Kopien können sehr schnell und ohne Qualitätsverluste angefertigt werden.
- Dem Original ist nicht anzusehen, ob es kopiert wurde.
- Eine bestimmte Information lässt sich blitzschnell aus einer riesigen Informationsmenge abrufen.

Beispielsweise könnte man den Arbeitsaufwand für das Kopieren einer herkömmlichen Kartei mit 10.000 Namen (wobei jeder Name eine eigene Karte erhält) mit dem Aufwand für eine entsprechende Datei vergleichen: Ersteres dauert einige Arbeitswochen, Letzteres einige Sekunden. Der Unterschied ist überwältigend.

Hauptsächlichste Ursache der Probleme und Risiken von Datenbanken sind folgende Eigenschaften: geringe Qualität der Datenbestände (fehlerhafte Angaben) sowie Verbreitung, Zweckentfremdung und „Haftenbleiben" von Informationen, Möglichkeit der Rückidentifizierung anonymer Daten und schließlich die technisch immer feineren Werkzeuge zur Informationsanalyse.

Geringe Datenbankqualität – eine ständige Plage

Ab und zu liest man Berichte, wie Personen plötzlich ihre Rente verlieren, weil sie irrtümlich als verstorben registriert waren. Oder es wird festgestellt, dass die Einträge im Zentralregister der britischen Polizei zu 65 Prozent fehlerhaft sind.

Die beträchtlichen Mengen falscher Angaben scheinen eine Geißel zu sein, von der so ziemlich alle Datenbanken betroffen sind. Dies ist ein ernstes Problem, vor allem deshalb, weil Menschen dazu tendieren, die von einem Computer ausgespuckten Angaben als „absolute Wahrheit" aufzufassen. Eine davon betroffene Person muss also beträchtliche Anstrengungen unternehmen, um glaubhaft zu machen, dass die betreffende Angabe wirklich falsch ist, sowie um sicherzustellen, dass sie auch wirklich – und korrekt – geändert wird. Und wenn sie ihr Vorhaben zu guter Letzt erreicht hat, dann ist noch lange nicht gewährleistet, dass die falschen Daten nicht bereits in anderen Datenbanken gelandet sind, wo sie still und leise weiter herumgeistern.

Daten werden auch häufig aus ihrem Zusammenhang gerissen, was zu Problemen bei ihrer Interpretation führt. Dies hängt damit zusammen, dass Wörter je nach ihrem Zusammenhang eine andere Bedeutung haben können. Hier ein Beispiel dafür, wie sich Irrtümer in eine Datenbank einschleichen:

> Evas Arbeitssituation war längere Zeit anstrengend gewesen, und sie leistete zahlreiche Überstunden. In der Folge litt sie unter Kopfschmerzen und Schlafstörungen. Als sie schwanger wurde, war die gesundheitliche Gefahr noch größer, da Stress eine Frühgeburt auslösen kann, was im schlimmsten Fall zum Tod des Kindes führt. Eva wurde daher von einem Arzt bis zur Geburt krankgeschrieben. Auf dem Formular eines Registers sollte der Krankheitsgrund angekreuzt werden, und Evas Symptome kamen dem Kästchen für „Burn-out-Syndrom" am nächsten. In einem anderen Register, das seine Angaben von dem ersten Register übernahm, fehlte jedoch die Krankheitsalternative „Burn-out-Syndrom". Die Krankheit, die Evas Symptomen hier am nächsten kam, war „psychisches Leiden" – und plötzlich befand sich Eva in einer Datenbank, aus deren Angaben zu entnehmen war, dass sie psychisch krank war!

Aufsehen erregten die Fehler einer Datenbank im US-Bundesstaat Florida bei der amerikanischen Präsidentenwahl im Jahre 2000: Viele Wähler – vor allem aus Wohngebieten mit farbigen Einwohnern – verloren ihr Wahlrecht, weil sie sich in einem Register für Schwerstkriminelle befanden. Später zeigte es sich, dass 14 Prozent dieser Personen gar nicht kriminell waren; das schwerste „Delikt", das ihnen vorgeworfen werden konnte, war das Übernachten auf einer Parkbank. Diese informationstechnologische Panne kann den Ausgang der Präsidentenwahl entschieden haben, da Florida mit seinem äußerst knappen Wahlergebnis das Zünglein an der Waage war.

Einen weiteren Fall mangelnder Datenqualität meldete die amerikanische Bürgerrechtsorganisation Privacy Activism*. In diesem Fall handelte es sich um die Kontrolle einer 70-jährigen Schwarzen namens Johnny Thomas beim Einchecken für den Linienflug der USAirways von Boston nach New York:

> Nach einer Weile wurde ihr mitgeteilt, dass sie vor jeder geplanten Flugreise mit der Fluggesellschaft erst die Polizei ihres Bundesstaates anrufen müsste, die ihrerseits das FBI anruft, das dann ihre Geburtsdaten überprüft. Als sie wieder zu Hause war, rief sie die nächste Zweigstelle des FBI in Paterson (New Jersey) an. Eine anonyme Stimme riet ihr dort, sich einen Rechtsanwalt zu nehmen. Sie versuchte auch erfolglos, die Angelegenheit mit ihren Senatoren zu erörtern. Schließlich rief sie die Transportsicherheitsbehörde an, wo ihr eine Frau Boyd mitteilte, sie befände sich auf einer FBI-Liste von Personen mit Reiseverbot, da ein gewisser Christian Michael Longo, der zurzeit in Oregon wegen Mordes vor Gericht stand und zu den zehn gesuchtesten Straftätern der USA gehörte, den falschen Namen John Thomas Christopher benutzt hatte. Auch nach einigen weiteren Telefongesprächen war Johnny Thomas der Lösung ihres Problems nicht näher gekommen. Als sie beim nächsten Mal mit der USAir flog, erschien die Anzeige „Error" neben ihrem Namen auf dem Bildschirm. Schließlich erhielt sie die Erlaubnis zur Flugreise. Beim Rückflug tauchte die Meldung „Darf nicht fliegen" auf dem Bildschirm auf. Diesmal wurde ihr Gepäck durchleuchtet, ihr Handgepäck durchsucht und sie selbst einer Leibesvisitation unterzogen, bevor sie an Bord

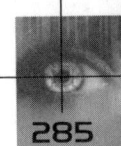

gehen durfte. Sie weiß nicht, was bei der nächsten Flugreise auf sie zukommt oder ob ihr Name jemals wieder
von dieser Liste gelöscht wird.

Außer den oben geschilderten Mühen musste Johnny Thomas erleben, einige Male überhaupt an der Reise gehindert
worden zu sein. Auch ihr Pass wurde zeitweilig beschlag-
nahmt. Es wäre interessant, sie zu einem Gespräch mit dem
früheren britischen Innenminister David Blunkett zusam-
menzuführen, der den Staat als „positive Kraft" sieht und
das Recht auf ein „freies Leben" betont.

Informationen bekommen „Flügel"

Die in einer Datenbank gesammelten Angaben sind stets mit
dem Risiko verknüpft, auf unvorhergesehene Weise verviel-
fältigt und verbreitet zu werden. Dies hängt mit ihrer
„Flüchtigkeit" zusammen. Unerwünschte Informationsver-
breitung kann auf verschiedene Weise erfolgen: durch unzulässigen Zugriff, durch schlichten Irrtum oder durch Missbrauch seitens des Personals, das die Datenbank verwaltet.

Leider ist auch hier festzustellen, dass die Wirklichkeit
die Phantasie bei weitem übertrifft. Die noch junge Informationstechnologie weist bereits viele Beispiele gestohlener,
irrtümlich verbreiteter oder zweckentfremdeter Informationen auf.

DIEBSTAHL VON INFORMATION DURCH HACKER USW.

Ein unzulässiger Zugriff auf Informationen erfolgt meist
durch das Eindringen in einen Computer von außen. Es
kann sich aber auch um „klassische" Einbrüche in ein Gebäude handeln. Die häufigsten Täter sind jugendliche Hacker, die Aufsehen erregen und möglicherweise Schaden stif-
ten wollen. Täter können aber auch Kriminelle sein, die
betrügen, eine Identität stehlen oder ganz einfach Informationen verkaufen wollen.

Behörden und Unternehmen pflegen zu versichern, dass ihre IT-Sicherheit ausgezeichnet sei. Die Wirklichkeit sieht anders aus. Hier einige Beispiele dafür, wie Informationen in falsche Hände geraten können:

- Anfang 2003 meldete die Nachrichtenagentur Reuters, dass unbekannte Hacker sich Zugang zu mehr als fünf Millionen Kreditkartennummern von Mastercard- und Visa-Inhabern verschafft hatten. Der Zugriff erfolgte durch die Forcierung des Sicherheitssystems für Geldtransaktionen im E-Commerce.

- Ebenfalls 2003 fand nach Angaben der *New York Times* ein Diebstahl der persönlichen Angaben (darunter der Krankenblätter) von 562.000 Angehörigen der US-Armee statt. Die auf Festplatten und Laptops gespeicherten Informationen verschwanden mitsamt Computern bei einem Einbruch in die Firma TriWest Healthcare Alliance. Nach Ansicht des Geschäftsführers der Firma war es unwahrscheinlich, dass die Diebe nur auf die Computer aus waren. Die *New York Times* hält es für wahrscheinlicher, dass die Informationen für die Aneignung fremder Identitäten verwendet werden sollten.

- Die Zeitung *Computerworld* berichtete 2002 über den Diebstahl von Kreditinformationen über 13.000 Personen, die bei der Firma Experian Information Solutions gespeichert waren. Jemand gab sich fälschlicherweise als Mitarbeiter von Ford Motor Credit – einem Kunden der Firma – aus, um sich die Informationen anzueignen.

- Zwei russische Hacker – Alexei Ivanow und Vasily Gorshkow – drangen u. a. in den Server der Firma CD Universe ein und stahlen mehr als 300.000 Kreditkartennummern zum Zwecke der Erpressung.

- 2001 wurde bekannt, dass es Hackern geglückt war, ein Programm mit einer Hintertür auf dem Webserver der Firma DoubleClick zu platzieren. Dies ermöglichte den Zugang zu einem anderen Server, auf dem sich die große

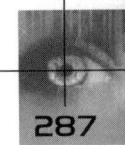
Datenbank Abacus Online befand. Dies ist eine Datenbank mit Angaben über zig Millionen Menschen. DoubleClick ist Marktführer für Internetwerbung.

Der berühmt-berüchtigte Hacker Kevin Mitnick schreibt in seinem Buch *Die Kunst der Täuschung*: „Keinerlei Firewalls und Chiffriersysteme können eine geschickte und zielbewusste Person daran hindern, die Datenbanken großer Unternehmen zu knacken, oder einen rachsüchtigen ehemaligen Mitarbeiter davon abhalten, ein Computersystem zum Absturz zu bringen."

IRRTÜMLICHE VERBREITUNG VON INFORMATIONEN

Die irrtümliche Verbreitung von Informationen kann durch rein technische Fehler erfolgen; aber auch menschliches Versagen ist nicht auszuschließen. Einige Beispiele:

- Im August 2003 schickte die schwedische ICA-Bank versehentlich ca. 10.000 Kontenbelege an die falschen Personen. Damit konnten Unbefugte in den Besitz fremder persönlicher Angaben wie Name, Anschrift, Kreditkartennummer, Saldo, Kreditguthaben sowie den Code für die Einwahl in die telefonischen und Internetdienstleistungen gelangen. Die ICA-Bank versprach, dies würde sich nicht wiederholen.

- Im Frühjahr 2003 wurde eine technische Schwachstelle im Sicherheitssystem von Microsofts .NET Passport bekannt. Damit konnten sich Unbefugte Informationen (z. B. über Kaufinteressen, Kreditkartennummern und medizinische Angaben) von 200 Millionen Anwendern des Systems aneignen.

- Eine Sicherheitslücke bei der amerikanischen Firma Tower Records führte 2003 dazu, dass mehr als drei Millionen Kundenbestellungen der letzten sechs Jahre den Besuchern der Website öffentlich zugänglich waren. Die persönlichen Angaben umfassten die E-Mail-An-

schriften für Wohnung und Arbeitsplatz, die Telefonnummern sowie die Angaben zu den vom Kunden be-
stellten Waren. Die betroffene Firma glaubt aber nicht,
dass dabei auch die Kreditkartennummern verraten
wurden.

- Die amerikanische Datenbankfirma ChoicePoint, die Informationen über Personen und Firmen anbietet, machte
2002 irrtümlich eine ihrer Datenbanken für jeden Internetanwender zugänglich.

- Die britische Online-Bank Egg ermöglichte es ihren Kunden irrtümlicherweise, die finanziellen Angaben anderer
Kunden einzusehen. Die Bank machte dafür menschliches Versagen verantwortlich und versprach, dass sich
der Vorfall nicht wiederholen würde.

- Eine Firma in Oslo, die das Mautsystem der norwegi-
schen Hauptstadt verwaltet, lieferte die Fahrdaten einer
geschiedenen Frau an ihren ehemaligen Mann aus, der
sie verfolgte. Um in den Besitz dieser Daten (mit aktuellen Angaben zu Standort und Fahrstrecke des Autos) zu
gelangen, brauchte nur die betreffende Autonummer
eingegeben zu werden.

INFORMATIONSMISSBRAUCH

Mitarbeiter von Unternehmen oder Organisationen, die Informationen verwalten, können aus verschiedenen Gründen
versucht sein, diese Informationen zu missbrauchen. Die
häufigsten Gründe sind: Neugier, finanzielle Vorteile und
nicht zuletzt Rache.

Auf der Website „Security Focus" kann man beispielsweise lesen, dass die größte Diebstahlgefahr von Personen
ausgeht, die Zugang zu großen Datenbanken haben. Wir
haben hier einige große und kleine Fälle aufgelistet, in denen das Personal seine Befugnisse missbrauchte:

- Ein Polizeibeamter in Stockholm wurde 2003 dabei
ertappt, Informationen aus dem vertraulichen Kriminal-

register der Polizei an verschiedene Firmen verkauft zu haben.

- Das Krankenblatt des schwedischen Ministers Leif Blomberg, der 1998 eine Gehirnblutung erlitt und an ihr starb, wurde von 26 unbefugten Personen im Computer gelesen, vermutlich aus reiner Neugier. Als Modellfall wurde gegen eine Krankenschwester Anklage erhoben; sie wurde zu Tagessätzen verurteilt, jedoch in der nächsten Instanz freigesprochen, da man hier ihrer Versicherung glaubte, das Krankenblatt zu „Ausbildungszwecken" gelesen sowie in gutem Glauben gehandelt zu haben. Die schwedische Datenaufsichtsbehörde fand das Urteil empörend.

- Gegen Ende des Jahres 2002 entdeckte man einen gigantischen – vermutlich intern ausgeübten – Diebstahl beim russischen Telekomanbieter Mobile Telesystems (MTS). Dabei kamen vertrauliche persönliche Informationen (wie Kreditkartennummern, Anschriften und Identitätsnummern) von Hunderttausenden, vielleicht auch sämtlicher fünf Millionen Kunden der Firma abhanden. Die Informationen werden nun in den Straßen Moskaus billig auf CD feilgeboten. Man vermutet, ein schlecht bezahlter Polizist der russischen Spezialeinheit FSS stecke hinter dem Diebstahl (in Russland ist es gesetzlich vorgeschrieben, dass die Polizei Zugang zum Kundenregister von Mobilfunkbetreibern erhält).

- Ein unzufriedener Mitarbeiter der amerikanischen Telekomfirma Global Crossing Holdings Ltd. veröffentlichte aus Protest die Namen, Versicherungsnummern und Geburtsdaten sämtlicher 8.000 Angestellten der Firma auf deren Website. Die Angaben sind als vertraulich anzusehen, da sie zu Identitätsdiebstahl führen können.

- Im November 2002 wurde der Mitarbeiter des Kundendienstes einer Firma in den USA des Diebstahls und illegalen Verkaufs von 30.000 persönlichen Informationen überführt. Der Gewinn war 60 Dollar pro Name. Es entstand ein Schaden von insgesamt 2,7 Millionen Dollar, eine Summe, die wahrscheinlich noch steigen wird. In vielen Fällen waren die Bankkonten der Betroffenen geleert worden.

- Die Internetzeitung „WorldNetDaily" berichtete 2002 von einem Bankkaufmann im amerikanischen Bundesstaat Maryland, der sich unzulässigerweise Zugang zu den Krankenblättern seiner Bankkunden verschaffte: Krebspatienten unter den Kunden wurden unverzüglich die Kredite gekündigt.

Die britische Zeitung *The Guardian* machte 2002 bekannt, dass geheime Informationen aus verschiedenen Datenbanken über in England wohnhafte Personen von bestechlichen Polizeibeamten und anderen Angehörigen des öffentlichen Dienstes käuflich erworben werden können. Der Kauf wird durch ein kleines, informelles Netzwerk namens The Circuit vermittelt. Die Mitglieder des Netzwerkes bestehen aus Personen mit Erfahrung im militärischen Nachrichtendienst. Die Kontakte dieser Personen machen die Beschaffung beliebiger Informationen möglich, vorausgesetzt, man kann zahlen. Dies betrifft Angaben wie finanzielle Daten, Telefongespräche, E-Mail-Verkehr, Strafregister, Steuerinformationen, Zahlungsangaben und sogar Krankenblätter. Die Zeitung schreibt:

> Es handelt sich hier um ein kleines, geschlossenes Netzwerk, deren Teilnehmer einen Großteil der Arbeit an „Subunternehmer" weiterleiten. Ein typisches Szenario kann so aussehen: Eine Firma will Schadenersatz von einem früheren Manager fordern und sich daher alle möglichen Informationen über ihn beschaffen. Ein Rechtsanwalt der Firma kontaktiert ein privates Detektivbüro, das wiederum einen anderen Detektiv damit betraut, den wirklichen Informationsbeschaffer zu engagieren. [...] Die Informationen werden meist mündlich geliefert. Will der Kunde sich in den Besitz von Originaldokumenten bringen, wird dem Preis eine Null hinzugefügt.

Zweckentfremdung von Datenbanken

Jede Information hat einen bestimmten Wert. Eine Datenbank repräsentiert mit ihren gesammelten Daten eine beträchtliche Investition, da der Aufbau eines solchen Systems große Kosten verursacht. Wenn die Datenbank für andere Zwecke als die ursprünglich vorgesehenen zugänglich gemacht wird, zahlen sich die Kosten wesentlich schneller aus. Je mehr eine Datenbank zweckentfremdet wird, umso größer ist also die Rentabilität. Unternehmen und Behörden, die eine Datenbank zweckentfremden, können somit Extragewinne einfahren.

Es ist also nicht verwunderlich, dass die Erschließung neuer Verwendungsbereiche so verlockend ist. Damit erhöht sich aber auch das Risiko für einen Missbrauch dieser Informationen. Eine Person, die freiwillig Informationen in einem bestimmten Zusammenhang und zu einem bestimmten Zweck geliefert hat, muss plötzlich feststellen, dass ihre Angaben in einem ganz anderen Bereich auftauchen, einem Bereich, dem sie ursprünglich keineswegs zugestimmt hatte.

Robert Rivera (der Mann unseres Beispiels aus dem Einleitungskapitel, der im Supermarkt auf einer Pfütze Jogurt ausgerutscht war) hatte durch den Erwerb einer Kundenkarte seine Zustimmung dazu erteilt, dass seine Einkaufsdaten gesammelt wurden. Er stellte sich dabei vor, dass diese Daten ihm zu besseren Sonderangeboten verhelfen würden (dies war ja auch das Werbeargument der Ladenkette). Die Geschäftsführung hatte in ihrer Werbung nirgendwo darauf hingewiesen, dass die Daten auch bei eventuellen Prozessen vor Gericht verwendet werden könnten. Robert Rivera war daher zu Recht empört, als er entdecken musste, dass genau dies der Fall war. (Allerdings machte die Geschäftsführung ihre Drohung nie wahr.)

Ähnlich verlockt der Aufbau eines Kamerasystems in den Straßen einer Großstadt – ursprünglich für die Terroris-

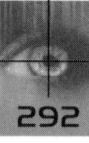

musbekämpfung gedacht – zur allmählichen Ausdehnung des Systems auf andere Bereiche: Anfänglich weitet man den Kreis der Fahndung nur auf Mörder aus, später auf Pädophile oder Mitglieder der Bandenkriminalität, und etwas später fragt man sich, warum nicht auch Steuerhinterzieher oder flüchtige Gefangene per Kamera gejagt werden sollen. Zu guter Letzt landet man bei Jugendlichen, die nur von zu Hause ausgerissen sind.

Eines Tages entdeckt man also, dass ein Mittel zur Verhütung einer extremen Bedrohung – einem neuen 11. September – sich in ein Mittel zur Überwachung der Bevölkerung gewandelt hat. Jeder Einzelschritt auf diesem Wege der Zweckentfremdung schien an sich klein und unschuldig, da er ja stets einem guten Zweck diente. Dies macht es auch so schwierig, die Entwicklung zu bremsen.

Gerade die Berufung auf einen „guten Zweck" sollte mit Skepsis betrachtet werden. Unangenehme Konsequenzen eines neuen Produkts oder Systems werden in der Werbung häufig damit kaschiert, dass ihr Zweck ja so überaus vortrefflich sei. Zurzeit dienen bekanntlich fast sämtliche neuen Maßnahmen von Polizei und Behörden der Bekämpfung des Terrorismus, was eine nüchterne Argumentation automatisch erschwert, da sich sofort die Assoziationen zu den verheerenden Bildern des 11. September 2001 einstellen. Vor dem 11. September diente stattdessen sexueller Missbrauch von Kindern oder das Banditentum einer Rechtfertigung von Eingriffen in die Freiheit des Einzelnen. Es besteht also die Tendenz, dass die zurzeit verabscheuungswürdigsten Taten dazu herhalten sollen, die Einführung unpopulärer und ausufernder Maßnahmen zu rechtfertigen.

Hier einige Beispiele der Zweckentfremdung von Informationen:

■ Die Geschäftsleitung der finnischen Telekomfirma Sonera bediente sich der Verkehrsdaten der Telefonate des Unternehmens, um einem Mitarbeiter auf die Spur zu kommen, der interne Informationen verriet. Dabei wurden nach Angaben der Zeitung *Helsingin Sanomat* auch die Verbindungsdaten von Personen überprüft, die nicht bei Sonera angestellt waren. Der Missbrauch des Registers führte 2002 zur Verhaftung zweier leitender Angestellter der Firma.

■ Eine Untersuchung der University of Illinois ergab 2002, dass 35 Prozent der 500 größten Unternehmen der USA medizinische Register durchforsten, bevor sie einen Mitarbeiter einstellen oder befördern – also eine klare Zweckentfremdung dieser Register.

■ Staatsanwalt Kenneth Starr, der die Affäre um Bill Clinton und Monica Lewinsky untersuchte, forderte als Beweismittel vor Gericht die elektronischen Angaben zu einem Bucheinkauf von Monica Lewinsky in einer Buchhandlung an.

■ Das Mautsystem in London wird – wie bereits erwähnt – jetzt auch für die Jagd auf Kriminelle benutzt, indem die Nummernschilder mit einer Datenbank über gesuchte Straftäter abgeglichen werden.

■ Die amerikanische Bürgerrechtsorganisation Council for Responsible Genetics im Bundesstaat Massachusetts dokumentierte Hunderte von Fällen, bei denen gesunden Menschen eine Versicherung oder Anstellung verweigert wurde, weil sich ihre Namen in einer Datenbank befanden, die genetische Voraussagen über die Wahrscheinlichkeit einer späteren Krankheit dieser Personen enthielt.

■ Die Verwendung von DNA-Informationen, die für den Schutz der Privatsphäre besonders sensitiv sind, greift in den USA immer weiter um sich. Barry Steinhardt von der Bürgerrechtsorganisation Civil Liberties Union meint dazu: „Innerhalb eines Jahrzehnts hat sich der Personenkreis für die Verwendung von DNA-Proben folgendermaßen ausgeweitet: von rückfallverdächtigen Sexualverbrechern über Gewalttäter im Allgemeinen bis zu

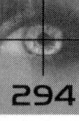
jugendlichen Straftätern (in 29 Bundesstaaten) und so-
gar bis zu Personen, die zwar von der Polizei ergriffen,
aber nie gerichtlich verurteilt wurden."

Zweifellos wird es auch in Zukunft Fälle von Zweckent-
fremdung geben. Als Gedankenspiel wäre etwa folgendes
Szenario denkbar, das auf einer einzigen Technik – der Tele-
matik – fußt: Ein „aggressiver" Fahrstil des Fahrers wird via
Telematik an die Versicherungsgesellschaft gemeldet, die die
Prämie erhöht oder schlimmstenfalls die Versicherung kün-
digt. Der Arbeitgeber könnte einen solchen Fahrstil zum
Anlass nehmen, Persönlichkeit und Lebensführung eines
Mitarbeiters zu überprüfen. Behörden könnten – stets mit
Hilfe der gleichen Telematikangaben – Zahlungssäumige
und Schwindler jagen. Die Polizei könnte im Nachhinein
automatische Bußgeldbescheide wegen Verkehrsverstößen
verschicken. Und so weiter...

Informationen bleiben haften

Meine älteste Tochter heißt Adèle. Leider stehen die IT-Systeme der öffentlichen Verwaltung dem „e" mit französi-
schem Akzent hilflos gegenüber, was dazu führt, dass ihr
Name auf behördlichen Schriftstücken als „Ad le" geführt
wird, was wiederum merkwürdige Folgen zeitigen kann,
beispielsweise wenn Adèles Name im Warteraum einer
Klinik aufgerufen wird. Dies ist auf die Dauer ziemlich läs-
tig. Wir haben wiederholt den Behörden vorgeschlagen,
ihren Namen ohne jeglichen Akzent zu schreiben, jedoch
ohne Erfolg. Wir haben jetzt die Versuche aufgegeben. Dies
ist ein einfaches Beispiel dafür, dass (falsche) Informationen haften bleiben – sie lassen sich einfach nicht mehr entfernen.

Das obige Beispiel ist vergleichsweise harmlos. Es können sich jedoch bedeutend üblere Folgen für den Einzelnen
ergeben. Falsche Angaben, die in öffentlichen und privaten

Datenbanken herumgeistern, können zu konkreten Schwierigkeiten führen, wenn Menschen eine Wohnung, einen Kredit, einen Arbeitsplatz, einen Telefonanschluss usw. suchen bzw. beantragen. Ganz abgesehen von böswilligen „Scherzen", wobei z. B. diskriminierende Diskussionsbeiträge unter falschem Namen in einem Chatroom des Internets landen und nicht mehr entfernt werden können.

Informationen bleiben nun einmal haften – diese schwerwiegende Tatsache muss berücksichtigt werden, wenn die positiven und negativen Seiten der Handhabung von digitalen Daten gewichtet werden sollen.

Anonyme Daten können „rückidentifiziert" werden

Das Sammeln persönlicher Daten wird häufig damit verteidigt, dass sie ja anonymisiert seien und nur „statistischen oder Forschungszwecken" dienen. Dies entspricht jedoch nicht ganz der Wahrheit, da es manchmal möglich ist, anonyme Daten durch Kombination verschiedener Merkmale wieder identifizierbar zu machen. Wie häufig kommt z. B. eine Person vor, die braune Augen hat, 1949 geboren ist, 181 Zentimeter groß ist, im PLZ-Bereich 11340 wohnt und Funker beim Militär war?

Nach Ansicht von Latanya Sweeney, Professorin an der amerikanischen Carnegie Mellon University, können 87 Prozent der US-Bevölkerung anhand dreier Angaben identifiziert werden: Geburtsdatum, Geschlecht und PLZ des Wohnorts – nämlich dann, wenn diese Angaben mit Informationen öffentlicher Datenbanken kombiniert werden, so dass daraus auf die korrekte Identität geschlossen werden kann.

Um ihre These zu bestätigen, verschaffte sich Latanya Sweeney die Krankenblätter von William Weld, dem früheren Gouverneur von Massachusetts. In diesem Bundesstaat können nämlich anonymisierte Krankenblätter von Fremden eingesehen werden. Indem sie sich zusätzlich für 20 Dollar einen Auszug des Wahlregisters holte, konnte sie Geburtsdatum und Anschrift von Weld in Erfahrung bringen. Es zeigte sich, dass nur sechs Personen das gleiche Geburtsdatum wie der ehemalige Gouverneur hatten, drei von ihnen waren männlichen Geschlechts und nur einer wohnte unter der korrekten PLZ.

„Moores Gesetz" macht das Unmögliche möglich

Die Computertechnik ist in schneller Entwicklung begriffen. Die Berechnung enormer Datenmengen, die heute noch zu kompliziert und zeitraubend ist, kann morgen schon möglich sein. Nach Moores Gesetz, das sich seit vielen Jahren als zutreffend erwiesen hat, verdoppelt sich die Kapazität eines Mikroprozessors alle 18 Monate. Falls dies auch rein mathematisch stimmen sollte, könnte man in 20 Jahren erwarten, dass Computer 8.000-mal schneller sind als heute. Die künftigen Computer könnten sich dann der vorhandenen Datenbanken annehmen und dabei neue Zusammenhänge herstellen, die zu neuen, unvorhergesehenen Gefahren für die Privatsphäre führen.

Interessanterweise ist diese Entwicklung bereits heute im Bereich der DNA-Technik im Gange. Seit Jahrzehnten ungelöste Mordfälle und andere schwere Verbrechen können heute mittels DNA-Technik aufgeklärt werden. Die Unterlagen (in Gestalt von Blut-, Gewebe-, Spermaresten usw.) waren vorhanden, nur die Technik der DNA-Analyse ermöglicht es erst jetzt, die gewünschten Beweismittel zu erlangen.

Wir haben festgestellt, dass das Recht auf Schutz der Privatsphäre nicht absolut ist. Es muss gegenüber anderen Werten wie Sicherheit, Verbrechensbekämpfung, Effizienz der öffentlichen Verwaltung, freiem Wettbewerb usw. gewichtet werden. Wie aber ist eine angemessene Abwägung möglich? Eine genaue und erschöpfende Antwort auf diese Frage gibt es nicht. Voraussetzung ist jedoch, einige grundlegende ethische Verhaltensregeln im Umgang mit der Informationstechnologie aufzustellen. Dies ist das Thema des nächsten Kapitels.

Kapitel 20:
Schaffung eines Verhaltens-
kodex für die Informations-
technologie

Die Verwendung von Standardprogrammen von Oracle, IBM
oder Microsoft macht den Grundsatz der Verantwortlichkeit
bei großen Datenbanken sinnlos. Die Programme stehen
schlicht zu vielen „trusted users" (befugten Anwendern) offen –
d. h. Menschen mit vollem Zugang zu allen Informationen, die
außerdem die Möglichkeit haben, Logdateien zu ändern und
damit ihre eigenen Spuren zu verwischen.

Peter G. Neumann, Datenexperte des Forschungsinstituts SRI

Die Durchsetzung eines Verhaltenskodex für die Informationstechnologie wird immer dringender. Die digitale Revolution birgt ungeheure Möglichkeiten in sich – von denen
wir erst den Anfang gesehen haben – und schafft somit auch
eine Vielzahl von Problemen. Zwar ist die digitale Revolution eine positive Kraft, bringt aber teilweise unerwünschte
und unerfreuliche Folgen in politischer und menschlicher
Hinsicht mit sich. Kurz gesagt: An einigen Punkten muss
diese Revolution gezügelt werden. Dies ist der Ausgangs-
punkt der Forderung nach einem Verhaltenskodex im Umgang mit der neuen Technik.

Ein solcher Verhaltenskodex wäre durchaus keine Ausnahme in unserer Gesellschaft. Der Gebrauch von Kraftfahrzeugen mit Vorschriften zur Abgasreinigung und Geschwin-
digkeitsbegrenzung sowie Verkehrsregeln ist ja sozusagen

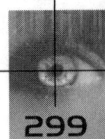
ebenfalls einem Verhaltenskodex unterworfen. Niemand würde heute ernsthaft fordern, dass der Gebrauch von Verbrennungsmotoren und Kraftfahrzeugen ganz und gar ungeregelt sein sollte.

Die Schaffung eines IT-Verhaltenskodex wird vermutlich eine umfangreiche Arbeit seitens der Experten erfordern. Allerdings sind bereits heute sog. Checklisten im Gebrauch, die zwar untereinander etwas variieren, aber sämtlich dem entsprechen, was man „fair information practices" nennt, also „ethisches Informationsverhalten". Hier ist der von uns geforderte Verhaltenskodex bereits im Kern vorhanden, d. h. die grundlegenden ethischen Regeln für die Handhabung von digitalen Informationen und Personendaten.

Allerdings befassen sich diese Regeln nur mit der von Unternehmen, Organisationen und Behörden gehandhabten digitalen Technik – die völlig unkontrollierte Verbreitung von Informationen via Internet ist davon nicht betroffen. Außerdem beschränken sie sich auf Personendaten und lassen andere Formen der IT-Handhabung außer Acht.

In verkürzter Form enthält die Regelliste folgende Hauptpunkte:

Checkliste für einen IT-Verhaltenskodex

1. Personendaten dürfen nur dann gesammelt werden, wenn die Vorteile die Nachteile klar überwiegen.
2. Die Menge der gesammelten Daten ist auf das absolut notwendige Maß zu beschränken.
3. Betroffene Personen müssen erfahren können, welche Informationen über sie gespeichert sind.
4. Informationen müssen korrekt und vollständig sein und dem aktuellen Stand entsprechen.
5. Betroffene Personen haben das Recht, falsche Angaben berichtigen zu lassen.

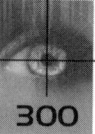
6. Die Informationen müssen bestimmungsgemäß verwedet werden – andere Verwendungszwecke sind nicht zulässig.

7. Informationen sind hinreichend zu schützen.

8. Daten dürfen nur für den vorgesehenen Zeitraum gespeichert werden, danach sind sie zu löschen.

9. Ausnahmen von diesen Regeln dürfen nur mit Einwilligung der Betroffenen erfolgen.

10. Der Inhaber/Betreiber einer Datenbank bzw. eines Registers ist verantwortlich für die Einhaltung dieser Regeln.

Wer sich in dieses Thema weiter vertiefen will, kann folgende Dokumente im Internet abrufen:

- „Guidelines on the Protection of Privacy and Transborder Flows of Personal Data" (Herausgeber: OECD);
- „Convention for the Protection of Individuals with Regard to Automatic Processing of Personal Data" (Herausgeber: Europäischer Rat);
- „Guidelines Concerning Computerized Personal Data Files" (Herausgeber: UNO).

Auch die Überwacher sind zu überwachen

Der letzte Punkt der obigen Checkliste – die Verantwortung für die Einhaltung der Regeln – verdient eine etwas ausführlichere Diskussion. Eine Haftung im juristischen Sinne ist nur dann sinnvoll, wenn die Technik es erlaubt, *einzelne Menschen* zur Verantwortung ziehen zu können.

Eine weitere Anforderung an die Technik muss sein, sie bewusst so zu konstruieren, dass die Risiken für die Privatsphäre möglichst gering gehalten werden. Dies bedeutet konkret:

- Die Systeme sind in „Zonen" einzuteilen, wobei jeder Sachbearbeiter nur Zugang zu den Daten hat, die er wirklich benötigt. Ein einfaches Beispiel: Ein Verkehrspolizist stoppt einen Pkw und kontrolliert nebenbei in der Datenbank, ob der Fahrer sein Fahrzeug versichert bzw. die Kfz-Steuer bezahlt hat. Nach unserem Verhaltenskodex darf es ihm aber nicht möglich sein, auch zu kontrollieren, ob er etwa wegen Steuerhinterziehung verurteilt ist. Der Personenkreis, der Zugang – falls überhaupt – zur Gesamtmasse der Daten hat, muss äußerst begrenzt bleiben.

- Die Befugnis einzelner Personen für den Zugriff auf Daten muss deutlich dokumentiert sein. Die Befugnis für die Änderung von Daten sowie die Kontrolle erforderlicher Datenkorrekturen müssen klar definiert sein.

- Die Verwendung von Datensystemen durch Beamte und Angestellte des öffentlichen Dienstes ist zu überwachen und in Logdateien zu protokollieren, damit ggf. genau nachgewiesen werden kann, wer wann wo seine Befugnisse überschritten oder mangelnde Sorgfalt im Umgang mit Daten gezeigt hat. Dies gehört zum Grundsatz einer „Überwachung der Überwacher".

Nicht zuletzt stellen die sog. Logdateien ein Problem dar. Peter G. Neumann, Datenexperte am Forschungsinstitut SRI in Kalifornien, drückt es so aus: „Die Verwendung von Standardprogrammen von Oracle, IBM oder Microsoft macht den Grundsatz der Verantwortlichkeit bei großen Datenbanken sinnlos. Die Programme stehen schlicht zu vielen ‚trusted users' (befugten Anwendern) offen – d. h. Menschen mit vollem Zugang zu allen Informationen, die außerdem die Möglichkeit haben, Logdateien zu ändern und damit ihre eigenen Spuren zu verwischen."

Das geschilderte Problem wird durch das gegenwärtige gesellschaftliche Klima noch verschärft. Beispielsweise erweitert in den Niederlanden ein neues Gesetz vom Frühjahr

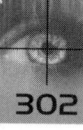
2003 den Kreis der Personen, die Zugang zu den Kunden-registern der Internetanbieter und Telekomfirmen haben, von den 500 Staatsanwälten des Landes auf sämtliche 40.000 Polizeibeamte – und zwar ohne dass ein konkreter Tatverdacht vorliegen muss!

Es ist jedoch durchaus möglich, auch umfangreiche Datenbanken zu erstellen, ohne den Schutz der Privatsphäre zu gefährden. Dazu sind nur eine Portion Anstrengung und eine weitere Portion Druck seitens der öffentlichen Meinung erforderlich. Massenmedien und Bürgerinitiativen können hier eine wichtige Rolle spielen. Lawrence Lessing, Professor der Rechtswissenschaften an der Stanford-Universität in Kalifornien und Autor des Buches *Code and Other Laws of Cyberspace*, sieht das Spiel allerdings schon fast als verloren an, da die Behörden nach dem 11. September eine veränderte Haltung einnehmen und die „Normalverbraucher" die neue Technik häufig blindlings übernehmen, ohne die Konsequenzen zu erkennen. „Wir haben die Datenbanken und Informationssysteme, die wir verdienen", meint er resignierend.

Dies ist eine ziemlich pessimistische Haltung. Vielleicht liegt sie daran, dass die USA in ihren Reaktionen auf den 11. September bisher am weitesten gegangen sind. Vielleicht gibt die Situation in Europa zu mehr Optimismus Anlass, und möglicherweise können wir den Versicherungen unserer Politiker, den Schutz der Privatsphäre ernst zu nehmen, größeren Glauben schenken.

Verhaltenskodex für elektronische Kommunikation

Unsere Checkliste beschränkt sich auf die Handhabung von Datenbanken und Personendaten. Diese steht natürlich im Mittelpunkt eines zu erstellenden Verhaltenskodex, ist aber nur Teil eines größeren Bereichs innerhalb der Informationstechnologie. Dazu gehören auch elektronische Kommu-

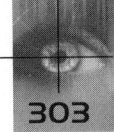

nikationsformen wie E-Mail, Handygespräche, SMS usw. Grundlegende ethische Verhaltensregeln in diesem Bereich wären:

- Lauschangriffe dürfen nur bei konkreten Verdachtsmomenten erfolgen und nur gegen Personen, die unter dringendem Verdacht stehen. Generelle sog. „Fischzüge" (wahllose Durchforstung von Datenbanken) durch die Exekutive sind also unstatthaft.
- Eventuelle Maßnahmen müssen nach dem Prinzip der Verhältnismäßigkeit erfolgen, d.h. der Überwachungsumfang muss in angemessenem Verhältnis zur Gefahr stehen.
- Lauschangriffe müssen unter demokratischer Kontrolle stehen, z.B. indem ihre Anzahl statistisch erfasst und die gesamte Tätigkeit jährlich durch ein unabhängiges (parlamentarisches) Gremium ausgewertet wird.
- Ein Verantwortlicher für die Befolgung dieser Regeln ist zu ernennen. Dieser haftet auch für eventuelle Regelverstöße.

Auch die Anwendung von Programmen, die den Schutz der Privatsphäre potenziell besonders gefährden, muss Gegenstand eines IT-Verhaltenskodex werden. Ist es z.B. ethisch zulässig, wenn Versicherungsgesellschaften sog. Lügendetektorprogramme einsetzen, um die Stimme von Kunden bei Schadensmeldungen zu analysieren? Sollte man in einem solchen Fall fordern, dass die Kunden *vor* ihrer Schadensmeldung über die Anwesenheit eines Lügendetektors informiert werden?

Abschließend ist festzustellen, dass die einzig sichere Garantie gegen Missbrauch bei der Handhabung von Personendaten wäre, diese Daten überhaupt nicht elektronisch zu handhaben, d.h. keine Datenbanken und Überwachungssysteme zu schaffen. Da dies beim heutigen Stand der Dinge unmöglich erscheint, muss stattdessen die strikte Einhaltung eines informationstechnologischen Verhaltenskodex durchgesetzt werden. Ein solcher Kodex ist auch bereits bei der Konstruktion von Programmen und Systemen zu berücksichtigen, um die Gefährdung der Privatsphäre von vornherein zu minimieren.

Kapitel 21:
Argumente für und wider den
Schutz der Privatsphäre

> Warum verriegeln Sie denn bei einem Toilettenbesuch die Tür
> hinter sich?
>
> > Antwort auf das
> > „Was-haben-Sie-denn-zu-verbergen?"-Argument

So wie es eine wachsende Anzahl von Menschen gibt, die
beunruhigt sind über die Gefährdung der Privatsphäre
durch die digitale Revolution, gibt es auch Kräfte, die solche
Gefahren herunterspielen wollen. Ich selbst habe viele Menschen getroffen, die von den technischen Möglichkeiten fas-
ziniert sind und keinerlei Risiken in der IT-Entwicklung
sehen. In diesem Kapitel lasse ich beide Lager mit ihren Ar-
gumenten und Gegenargumenten zu Wort kommen. Dabei
habe ich mich teilweise von Philip Agre, Dozent an der University of California in Los Angeles, anregen lassen.

I. „Was haben Sie denn zu verbergen?"

Gegenargument: Der Mensch ist nicht für ein Leben im
Glashaus bestimmt. Es ist kein Zufall, dass das Panopticon
ein Gefängnis war. Es gibt tausendundeinen Grund, warum
ein Mensch bestimmte Einzelheiten seiner Privatsphäre
nicht offenbaren will, und es besteht nicht die geringste
Pflicht, dies auch noch begründen zu müssen. Es reicht, dass
man es nicht will. Das Recht auf Schutz der Privatsphäre

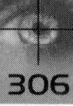

wird sowohl von der Europäischen Menschenrechtskonvention wie von der UNO-Erklärung der Menschenrechte garantiert. Die Frage: „Haben Sie denn etwas zu verbergen?", ist nicht fair, da sie ein autoritäres Menschenbild verrät. Man könnte genauso unfair mit der Gegenfrage antworten: „Warum verriegeln Sie denn bei einem Toilettenbesuch die Tür hinter sich?"

2. „Neue Technologien machen es sowieso unmöglich, die Privatsphäre zu schützen."

Gegenargument: Dies stimmt nicht. Eine neue technische Möglichkeit bedeutet noch lange nicht, sie auch im großen Maßstab und flächendeckend durchsetzen zu müssen. Politiker und Unternehmen können frei entscheiden, was in bestimmten Zusammenhängen möglich und zulässig ist. Ein analoges Beispiel: Obwohl mit der heutigen Technik Autos produziert werden können, die Geschwindigkeiten von 300 km/h und mehr erreichen, gelten in allen Ländern bestimmte Begrenzungen – politische Entscheidungen haben hier also die Technik im Sinne des Allgemeinwohls gezügelt.

Zwei Beispiele aus dem IT-Bereich: Jeder französische Bürger hat seit Ende des Zweiten Weltkriegs eine sog. Personennummer, aber nur die Sozialämter und Krankenkassen des Landes dürfen von dieser Nummer Gebrauch machen. Auch Dänemark hat solche Personennummern, jedoch dürfen sie von privaten Firmen und Organisationen nur nach persönlicher Genehmigung der betroffenen Person verwendet werden; und ohne Genehmigung dürfen sie auch nicht weitergereicht werden.

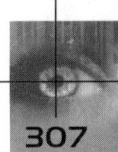

3. „Der Schutz der Privatsphäre ist sowieso schon weitgehend durchlöchert."

Gegenargument: Dies soll uns nicht daran hindern, die noch verbliebenen Reste der Privatsphäre zu verteidigen. Es ist immer noch möglich, Reisen per Auto oder Zug zu unternehmen, ohne digitale Fingerabdrücke zu hinterlassen. Die meisten Waren können immer noch völlig anonym (d. h. bar) bezahlt werden. Und wir sind nicht genötigt, unsere Essgewohnheiten oder unseren Freundeskreis offen zu legen. Wenn wir jedoch nicht aktiv für den Erhalt dieser Freiheiten eintreten, riskieren wir, sie zu verlieren.

4. „Die Technologien, die angeblich die Privatsphäre bedrohen, sind von großem gesellschaftlichem Nutzen."

Gegenargument: Dies trifft sicherlich manchmal zu, und in bestimmten Fällen müssen wir eine Verletzung der Privatsphäre billigend in Kauf nehmen. Zuvor muss jedoch gefragt werden, ob der gleiche gesellschaftliche Nutzen nicht mit einer anderen Technologie erreicht werden kann, die gleichzeitig den Schutz der Privatsphäre wahrt. Rechtfertigt der Nutzen die Risiken? Wenn ein Staat völlig unkritisch alle technischen Lösungen ergreift, die irgendeinen gesellschaftlichen Nutzen versprechen, besteht die dringende Gefahr, letzten Endes einen Polizeistaat zu schaffen.

5. „Maßnahmen zum Schutz der Privatsphäre sind zu kostspielig."

Gegenargument: Das hängt ganz von der Einstellung ab. Wie viel ist uns der Schutz der Privatsphäre wert? Dies ist teilweise eine politische Frage. Katalysatoren in Kraftfahr-

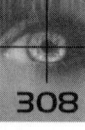

zeugen kosten eine Menge Geld, aber in den meisten Ländern hält man diese Kosten für gerechtfertigt und hat deshalb Gesetze zur Abgasreinigung erlassen. Die meisten technischen Bereiche sind von gesetzlichen Auflagen betroffen, die sich verteuernd auf das Produkt auswirken. Wenn der Schutz der Privatsphäre bereits bei Konstruktion und Fertigung der neuen technischen Produkte berücksichtigt wird, können solche Mehrkosten minimiert werden. Beispielsweise gibt es kaum Gründe dafür, dass Smartcards im öffentlichen Nahverkehr auf den Namen des Inhabers ausgestellt werden, wenn es genauso gut ohne Identifizierung geht.

6. „Warum sind Sie ein Gegner staatlicher Bemühungen, Gesetzestreue durchzusetzen?"

Gegenargument: Die Frage ist falsch gestellt, da es hier nicht um die Alternativen Gesetzestreue oder Anarchie geht. Es ist unfair, anzudeuten, dass derjenige, der bestimmten staatlichen Maßnahmen kritisch gegenübersteht, sich damit auf die Seite der Gesetzesbrecher schlägt. Der Bürger sollte gegenüber der Polizei die gleiche Haltung einnehmen wie gegenüber dem Militär: Beide sind notwendig, aber zu viel exekutive Macht für diese Institutionen bahnt den Weg zu einer gefährlichen Entwicklung. Der Polizei grenzenlose Befugnisse zur Aufrechterhaltung der Gesetze zu geben, wäre gleichbedeutend mit der Errichtung einer autoritären, undemokratischen Ordnung.

7. „Die terroristische Gefahr ist so extrem, dass auch extreme Schutz- maßnahmen erforderlich sind."

Gegenargument: Der Terrorismus zielt darauf hin, unsere gesellschaftliche Ordnung zu zerstören. Wenn wir aber die freie Gesellschaft mit Methoden verteidigen, die dem Arsenal diktatorischer Regime entstammen, verlieren wir ja genau das Gut, das wir verteidigen wollen. Natürlich müssen Polizei und andere Behörden so wie alle anderen sich der Informationstechnologie und Elektronik bedienen können, aber nur auf eine Weise, die ethischen Verhaltensregeln entspricht und demokratisch kontrollierbar ist.

8. „Es gibt keine absolute Freiheit – das Allgemeinwohl hat manchmal Vorrang."

Gegenargument: Dies ist sicherlich wahr, aber dabei sind stets folgende Fragen angebracht: Ist die konkrete technische Lösung wirklich optimal, wobei Nachteile angemessen begrenzt werden können? Ist dies eine Lösung, die dem Allgemeinwohl dient, ohne die befürchteten Nachteile zu bringen? Erst bei Bejahung solcher Fragen sollte die betreffende technische Lösung grünes Licht erhalten.

9. „Die von Ihnen angesprochenen Risiken sind Hirngespinste – wir leben schließlich in einer Demokratie."

Gegenargument: Es gibt haufenweise Beispiele für „undichte" Datenbanken sowie Missbrauch und Zweckentfremdung von Daten in verschiedenen Formen. Die geschichtlichen Beispiele sind Warnung genug: Auch in

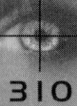

demokratischen Staaten wurden staatsbürgerliche Freiheiten und Menschenrechte außer Kraft gesetzt. Gleichzeitig erleben wir im Bereich der Elektronik und Informationstechnologie eine technische Entwicklung zu stets effizienteren, billigeren und kompakteren Produkten. Diese Faktoren führen zur logischen Folgerung, dass die Risiken für die Privatsphäre von Jahr zu Jahr zunehmen. Das größte Risiko dabei ist vielleicht nicht „Big Brother" – der allmächtige, allwissende Staat –, sondern die unzähligen „kleinen" Probleme des Alltags wie Leckage von Personendaten oder das Auftauchen irgendwelcher „schwarzer Listen", von denen man keine Ahnung hatte.

10. „Wer sich in der Öffentlichkeit bewegt, kann keine Privatsphäre beanspruchen."

Gegenargument: Die obige Behauptung wird manchmal benutzt, um verschiedene Formen der Überwachung auf Straßen und Plätzen, in öffentlichen Verkehrsmitteln usw. zu rechtfertigen. Sicherlich setzt die Tatsache, sich in der Öffentlichkeit zu bewegen, das Individuum dem Risiko aus, von anderen Augen beobachtet zu werden – dabei aber fotografiert zu werden bzw. in einer Datenbank zu landen, ist eine völlig andere und höchst umstrittene Sache. Das Risiko, von jemandem in einer Menge erkannt zu werden, ist nicht vergleichbar mit einem System, das die Bewegungen sämtlicher Passanten aufzeichnet und möglicherweise in einer abrufbaren Datenbank speichert. Der Unterschied zwischen beiden Phänomenen ist ein qualitativer.

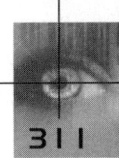

11. „Die Befürchtung, überwacht zu werden, entspringt nur einem übertriebenen Selbstverständnis."

Gegenargument: Eine Verletzung der Privatsphäre braucht nicht durch gezielte Überwachung seitens staatlicher oder privatwirtschaftlicher Interessen zu erfolgen – es genügt, dass persönliche Angaben hunderter oder tausender Personen auf Abwege geraten bzw. missbraucht oder zweckentfremdet werden.

Trotzdem ist festzustellen, dass eine gezielte Verfolgung von Personen mittels der neuen Technik durchaus möglich ist. Betroffen davon sind vor allem unbequeme Kritiker in Staat und Wirtschaft sowie politisch Andersdenkende. Auch in demokratischen Ländern gibt es viele Beispiele von Personen, die als „Dissidenten" der Willkür von Behörden ausgesetzt sind; mehrere Fälle davon wurden in unserem Buch berührt. Auf ähnliche Weise wurde auch Ralph Nader von General Motors verfolgt – der Autokonzern setzte seinerzeit ganze Rudel von Privatdetektiven auf den Verbraucheraktivisten an.

12. „Die Leute wollen doch diese Systeme, sonst würden sie sich ihnen gar nicht erst anschließen."

Gegenargument: Diese Behauptung dient häufig dazu, die Interessen der Privatwirtschaft zu verteidigen, z. B. bei der Einführung von Kundenkarten, Rabattkarten usw. Sie lässt sich aber auch auf staatliche Systeme der Registrierung von Personen anwenden. Was aber bedeutet es, dass die Leute dies „wollen"? Haben die Menschen in den meisten Fällen denn eine freie Wahl? Werden sie häufig nicht vielmehr vor die Alternative gestellt, das neue System entweder zu akzeptieren oder aber persönliche Nachteile in Kauf zu nehmen?

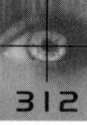

Wo existiert denn eine freie Wahl, wenn z. B. die Behörden einer Stadt oder einer Region die Einführung eines Mautsystems beschließen, was ihnen die Möglichkeit gibt, die Bewegungen jedes einzelnen Privatfahrzeugs zu verfolgen, und dann die Bevölkerung vor die Wahl stellen, entweder sich Transponder und elektronische Plastikkarten anzuschaffen oder aber auf den Gebrauch des eigenen Pkw zu verzichten?

13. „Die Forderung auf Schutz der Privatsphäre ist marktwirtschaftlich unsinnig und verhindert kundenspezifische Angebote."

Gegenargument: Sicher ist nichts gegen die Erstellung von Kundenprofilen einzuwenden – solange der Kunde damit einverstanden ist. Und dieses Einverständnis muss auf einer wirklichen Wahlmöglichkeit basieren, was bedeutet, dass eine Ablehnung nicht mit höheren Warenpreisen oder extra Anstrengungen „bestraft" werden darf. Allerdings kann es in der Natur der Sache liegen, dass im ablehnenden Fall ein geringerer Servicegrad in Kauf genommen wird.

14. „Wenn wir schon überwacht werden, dann können wir den Spieß ja umdrehen und auch die Überwacher überwachen."

Gegenargument: Unter Datenexperten gibt es tatsächlich eine Richtung, die obige Möglichkeit verficht und sie als Lösung der Probleme ansieht. Dies würde eine ausgleichende Gerechtigkeit schaffen, und jeder könnte sich dabei wohl fühlen. „Zwar wird jeder Laternenpfahl mit einer Kamera ausgerüstet, die uns filmt, aber auch wir können kontrollieren, dass die Überwacher in den Überwachungszentralen

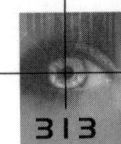
ihre Befugnisse nicht überschreiten." Der amerikanische Forscher David Brin (siehe Kapitel 18) bekennt sich zu dieser Meinung.

Die obige Behauptung ist allerdings höchst unrealistisch. Ein Staat, der so mächtig ist, dass er die Bürger flächendeckend überwachen kann, wäre einer wirksamen Kontrolle durch die Bürger selbst kaum zu unterwerfen. Und zweitens löst dies ja nicht das Grundproblem, nämlich die unbehagliche Tatsache, dass unsere intimen Privatgeheimnisse allgemein zugänglich werden. Schließlich war ja auch das Panopticon einmal als Strafe gedacht.

Kapitel 22:
Wie man sich vor Schnüfflern schützt

Wir erhalten regelmäßig Anfragen von Firmen, die uns veranlassen wollen, unsere Firewall-Programme mit einer Hintertür
zu versehen, so dass ihre eigenen Programme sich dort einwählen können. Wir lehnen ein solches Ansinnen stets ab.

Fred Felman, Marketingchef bei Zone Labs

So wie es Technologien gibt, die den Schutz der Privatsphäre verletzen, gibt es auch Gegenmittel in Form von
Technologien, die die IT-Sicherheit erhöhen.

Für den einzelnen Computeranwender ist allerdings festzuhalten, dass diese Mittel keinen 100-prozentigen Schutz
bieten. Sie können daher nur als Ergänzung zu einem zu
schaffenden Verhaltenskodex sowie zu den entsprechenden
Gesetzen und sonstigen Schutzmaßnahmen dienen.

Verschiedene Schutzmittel

Die Werkzeuge zum Schutz der eigenen Daten sind auf
unterschiedliche Bereiche zugeschnitten, und stets tauchen
neue Werkzeuge auf, die von Computerfreaks weltweit aus
natürlicher Abneigung gegen Schnüffelprogramme gebastelt
werden. Wir wollen hier die üblichsten Programme und
Werkzeuge auflisten – eine ausführliche Liste von Produkten sowie die Webanschriften ihrer Hersteller sind im Anhang aufgeführt.

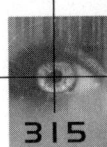

Firewalls

Eine Firewall schützt vor Zugriffen von außen, und er hindert die im eigenen Computer installierten Programme daran, sich irgendwo unbemerkt einzuwählen, um Informationen weiterzuschicken. Er schützt somit nicht nur vor Hackern, sondern ebenso vor Spyware (Spionageprogrammen). In dem Maße, wie die kurzen Einwahlzeiten bei herkömmlichen Modems ersetzt werden durch Breitbandanschlüsse bzw. ADSL- oder ISDN-Modems, sind auch die Firewalls immer wichtiger geworden.

Dabei kann man nur hoffen, dass die angebotenen Firewall-Produkte zuverlässig sind. Fred Felman, Marketingchef bei Zone Labs* (dem Hersteller des populären Firewall-Produkts Zone-Alarm), berichtet nach Angaben der Agentur ZDNet, dass die Firma regelmäßig Anfragen von Softwarefirmen erhält, die Zone Labs veranlassen wollen, ihre Firewall-Programme mit einer Hintertür zu versehen, damit die eigenen Programme sich dort einwählen können. Nach Felman kommen solche Anfragen von allen möglichen Firmen – „von finsteren Hinterhofklitschen bis zu den größten und bekanntesten Unternehmen". Laut Felman werden solche Anfragen jedoch stets abschlägig beschieden.

Antivirusprogramme

Sie gehören für die meisten Computeranwender zur selbstverständlichen Schutzausrüstung. Dabei ist zu beachten, dass sie nur für das Erkennen und Unschädlichmachen sich selbst vermehrender Codes (= Viren) konstruiert sind, was bedeutet, dass sie für die Erkennung von Spyware normalerweise nicht tauglich sind (da sich die Codes der Spionageprogramme in der Regel nicht selbsttätig vermehren).

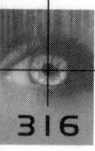

Antispionageprogramme

Sie verhindern die Installation von Spionageprogrammen im eigenen Computer bzw. löschen diese, falls sie sich bereits im Computer eingenistet haben. Wie bei Antivirusprogrammen vollzieht sich auch hier ein „Wettrüsten" mit den Programmen der Hacker und Schnüffler. Neue Spyware wird entwickelt, um Antispyware bezwingen zu können, die dann wiederum weiterentwickelt und verfeinert wird usw.

Chiffrierprogramme

Eine Chiffrierung von Kommunikation und Information erschwert und vereitelt eventuell alle Versuche ungebetener Gäste, ihre Neugier zu stillen. Die erhältlichen Chiffrierprogramme sind von unterschiedlicher Qualität. Wer das Produkt einer weniger bekannten Firma wählt, sollte technisch bewandert sein, um es beurteilen zu können. Das üblichste, jedem zugängliche Chiffrierprogramm heißt Pretty Good Privacy* (PGP). Auf das Risiko, dass ein Chiffrierprogramm „korrupt", d.h. für Außenstehende dechiffrierbar ist, wurde bereits eingegangen.

Remailer

Dies sind Programme bzw. Dienstleistungsanbieter, die E-Mail-Mitteilungen anonym oder unter einem Pseudonym verschicken. Hat man eine E-Mail-Mitteilung formuliert, schickt man sie an den Remail-Dienst, der seinerseits die Mitteilung anonymisiert (d.h. sämtliche identifizierbaren Angaben daraus entfernt) und sie dann an den Empfänger weiterleitet.

Es gibt zwei Arten von Remail-Diensten: solche, die anonymisieren (dies ist die wirkungsvollste Methode), und solche, die ein Pseudonym verwenden. Mitteilungen der ersten Art können nicht im Nachhinein identifiziert werden.

Sie bieten daher echte Anonymität gegenüber den meisten Spionageprogrammen (Ausnahme sind „Big-Brother"-Systeme wie Echelon). Natürlich muss auch vorausgesetzt werden, dass der Dienst selbst bzw. seine Mitarbeiter nicht korrupt sind, was vielleicht nicht immer der Fall ist.

Die zweite Kategorie (Pseudonyme) bietet einen schwächeren Schutz. Für den Empfänger ist die E-Mail-Mitteilung zwar anonym, aber der Remail-Dienst verfügt über eine Liste der Absenderidentitäten. Man kann dies mit der Verwendung von Pseudonymen bei literarischen Werken vergleichen: Die Öffentlichkeit weiß nicht, wer das Buch geschrieben hat, der Verlag aber ist im Bilde. Dies bedeutet ein Risiko, dass der Absender im Nachhinein bekannt wird (durch Hackerzugriff, behördlichen Druck oder durch korrupte Mitarbeiter des Dienstes). Der Vorteil dabei ist allerdings, dass die Lösung anwenderfreundlicher ist als die Anonymisierung.

Das genannte Risiko einer Entdeckung ist nicht von der Hand zu weisen. Aus Finnland ist ein Fall bekannt, wo der Remail-Dienst Penet von der finnischen Polizei (auf Verlangen der Staatsanwaltschaft in Kalifornien) gezwungen wurde, die Identität einer Person preiszugeben, die Dokumente der Scientology-Sekte in den USA anonym ins Internet gestellt hatte.

Wer auf Nummer Sicher gehen will, sollte seine E-Mail über zwei und mehr Remail-Dienste laufen lassen. Gleichzeitig sollten diese Dienste über leistungsfähige und zuverlässige Chiffriermöglichkeiten verfügen und die E-Mail-Mitteilungen nicht über einen Internetanbieter laufen lassen. Außerdem sollten sie ihren Quellcode zugänglich machen sowie in mehreren Ländern stationiert sein. Letzteres ist dadurch motiviert, dass die Behörden in einem Land die Firma zwingen könnten, die Identität des Absenders preiszugeben, oder dass das Personal der Firma von den Behörden eines Landes „gekauft" sein kann. Dies sind jedoch Sicherheitserwägungen, die für die meisten Anwender nicht relevant sind.

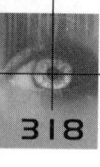

Anonymität beim Surfen

Es gibt auch Anonymisierungsdienste, die für das Surfen im Internet gedacht sind. Der Surfer bleibt dabei sowohl für die Inhaber von Websites wie auch für den eigenen Internetanbieter anonym, da das Surfen über den Server des Dienstes erfolgt. Einige Dienste bieten auch die Abwehr von Spionageprogrammen, Datenviren und Webwanzen sowie das Filtern von Cookies und Popup-Anzeigen an. Auch die Surfdienste verfügen über zwei Stufen der Geheimhaltung: anonymes bzw. pseudonymes Surfen.

Verwischung von Spuren

Es gibt Programme, die die beim Surfen entstehenden digitalen Fingerabdrücke wie Cookies, gespeicherte Webadressen, ausgefüllte Webformulare sowie E-Mail-Mitteilungen usw. automatisch löschen.

Elektronische Währungen

Mitte der 90er Jahre diskutierte man diese Art der Technologie, die sich allerdings nicht allgemein durchgesetzt hat. Dabei stehen verschiedene „elektronische Währungen" zur Verfügung, die die Anonymität des Käufers einer Ware wahren und somit seine Privatsphäre schützen. Dazu gehören auch Dienstleistungen, die den Kauf von Waren unter Pseudonym (mit einmalig verliehenen Kontonummern) ermöglichen. Diese Dienste werden von einigen Kreditkartenunternehmen und anderen Firmen angeboten.

Sind solche Technologien moralisch anfechtbar?

Es gibt Leute, die Technologien wie Chiffrierung oder Anonymisierung für ethisch zweifelhaft halten, da sie z. B. Terroristen, Pädophilen oder Mafiosi als Hilfsmittel bei ihrer

Tätigkeit dienen können. Ein solches Argument halte ich nicht für stichhaltig. Jede Technik kann im konstruktiven oder destruktiven Sinne verwendet werden, gleichgültig, ob es sich um Autos, Küchenmesser oder elektronische Software handelt. Wie kann es angehen, zu fordern, dass Kommunikation kontrollierbar und dass Anonymität aufhebbar sein sollte? Seit Jahrhunderten gehört es zum guten Recht der Bürger, ihre Mitteilungen völlig anonym versenden zu können.

Anonyme Kommunikation ist ein wichtiger Bestandteil von Demokratie und Rechtsstaatlichkeit. Wir haben da einmal den rein ethischen Aspekt: Der Schutz der Privatsphäre erfordert ein Recht auf Anonymität, das nicht motiviert zu werden braucht. Und zum anderen ist Anonymität notwendig, damit Personen, die Missverhältnisse irgendeiner Art aufdecken, ohne Risiko für ihre Person oder ihre Familie Alarm schlagen können. Gleichermaßen müssen sich Menschen anonym an Behörden wenden können, um Straftaten zu melden. Beispielsweise sagt Lance Cottrell, Inhaber des Anonymisierungsdienstes Anonymizer*, dass seine Firma der serbischen Freiheitsbewegung beim Sturz von Slobodan Milošević geholfen hatte.

Wie zuverlässig sind identitäts-schützende Technologien?

Ein Nachteil dieser Technologien ist es, dass sie dem Einzelnen viel Kenntnis und Wissen abverlangen. Es wäre unrealistisch, zu glauben, dass alle Computeranwender so viel Wissen, Zeit und Energie besitzen bzw. aufwenden können, um sich mit der Materie vertraut zu machen und die Technologien selbsttätig zu handhaben. Um Breitenwirkung zu erzielen, müssten diese Programme in Betriebssystemen wie Windows (sowie in E-Mail-Programmen, Webbrowsern und bei den Internetanbietern) bereits vorinstalliert sein.

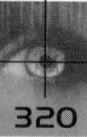
Ein weiteres Problem ist: Wie soll man feststellen, ob man sich auf die Effizienz einer gewissen Software oder einer bestimmten Dienstleistung verlassen kann? Eine Technologie muss in juristischer, organisatorischer und technischer Hinsicht zuverlässig sein. Damit ist gemeint:

- Staatliche Stellen und Behörden dürfen den gewährten Schutz nicht durchbrechen können (juristischer Schutz);
- die Hersteller der Software müssen verlässlich sein (organisatorischer Schutz);
- die technische Lösung muss vor Leckage oder unbefugtem Zugriff geschützt sein (technischer Schutz).

Als ein Beispiel mangelhaften organisatorischen Schutzes kann erwähnt werden, dass es falsche Anonymisierungsdienste vor allem auf pornografischen Websites gibt. Das manchmal schlechte Gewissen des Surfers wird dahingehend ausgenutzt, dass er zum Herunterladen eines Anonymisierungsprogramms verlockt wird. Dabei weiß der Surfer nicht, dass das Programm in Wirklichkeit ein Spionageprogramm ist, das den Besuch von Websites im Internet registriert, also eigentlich das Gegenteil der versprochenen Dienstleistung ausführt.

Außer diesen Technologien, die vor allem softwarebasiert sind, gibt es noch andere Geräte und Mittel, die hier auch erwähnt sein sollen, obwohl sie sich manchmal an der Grenze des ethisch Vertretbaren bewegen:

- sog. Scrambler, die die Stimme beim Telefonieren unkenntlich machen;
- der von uns geschilderte Transponderschutz in den USA namens E-ZShield, der Funkwellen abschirmt;
- ein Spray zum Unkenntlichmachen von Nummernschildern, der im Sommer 2003 von der amerikanischen Firma Phantom Plate* lanciert wurde; die besprühte Fläche wird so blank, dass der reflektierte Blitz der Ver-

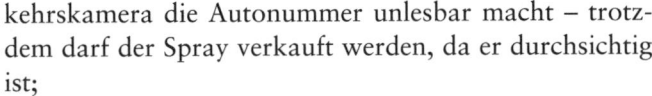
kehrskamera die Autonummer unlesbar macht – trotzdem darf der Spray verkauft werden, da er durchsichtig ist;

- Störsender für GPS-Navigationssysteme, deren Bauanleitung im Internet zu haben ist (auch fertig montierte sind im Angebot);
- auch die Störung bzw. Ausschaltung von RFID-Schaltkreisen (siehe Kapitel 14) wird bereits in Chatrooms des Internets diskutiert; es gibt einen Vorschlag, solche „intelligenten Etiketten" zehn Sekunden lang im Mikrowellenherd bei Höchstleistung schmoren zu lassen, um sie unschädlich zu machen, andere Vorschläge laufen auf den Bau von Anti-RFID-Geräten hinaus.

Der „Underground"-Charakter einiger dieser Mittel ist ein interessantes Beispiel dafür, welche Kräfte in Bewegung geraten, wenn Produkte und Maßnahmen von Firmen und Behörden zunehmend als Bedrohung der Privatsphäre empfunden werden.

Wo geht die Reise hin?

Vor noch gar nicht langer Zeit musste man elektronische Dokumente, die man verbreiten wollte, erst auf Diskette speichern und dann per Post an den bzw. die betreffenden Empfänger verschicken. Jeder PC war eine in sich geschlossene Welt – wie eine isolierte Insel. Heute sind im Prinzip sämtliche Computer der Welt miteinander vernetzt. Wir halten dies für selbstverständlich, und weite Teile unserer gesellschaftlichen Infrastruktur basieren auf einigen wenigen gigantischen Netzwerken.

Daran sollte man denken, wenn man eine Prognose der kommenden Entwicklung des von uns behandelten IT-Bereichs machen will. Bereits heute ist eine große Anzahl begrenzter Überwachungssysteme im Gebrauch; Systeme, die jedes für sich in ihrem jeweiligen Bereich fungieren. Telekomfirmen registrieren und speichern Informationen über unsere Telefongespräche, Banken speichern unsere Transaktionen an Geldautomaten, Geschäfte speichern Daten unserer Einkäufe, Mautstellen speichern Angaben zu unseren Fahrzeugen, Arbeitgeber speichern die Daten unserer Ankunft am Arbeitsplatz usw. Dies entspricht etwa dem Entwicklungsstand, in dem sich die Personalcomputer Mitte der 90er Jahre befunden hatten.

Alle Bausteine sind vorhanden

„Fast alle Bausteine zur Errichtung eines Überwachungsstaats sind bereits vorhanden – sie brauchen nur noch zusammengefügt zu werden", sagt Gene Spafford vom Lehr-

und Forschungsinstitut für Informationssicherheit an der Purdue University in den USA. Diese Feststellung hat viel für sich. Und so wie bei der Vernetzung der Personalcomputer ergibt sich auch hier ein qualitativer Sprung: Die Vernetzung sämtlicher Überwachungssysteme ist insgesamt weit folgenschwerer als die Summe ihrer Einzelteile.

Die Konturen dieser Entwicklung zeichnen sich bereits ab. Die geschilderten Überwachungssysteme sind ausgezeichnete Beispiele dafür, und sie sind nicht die einzigen:

- Ladenketten und andere Geschäfte vernetzen ihre Kameraüberwachungssysteme (so, wie dies bereits in Kasinos üblich ist), um Ladendiebstähle besser bekämpfen zu können.
- Verschiedene regionale Verkehrsbetriebe werden vernetzt, um die Anwendung der gleichen „Smartcard" (einer elektronischen Dauerfahrkarte) zu ermöglichen.
- Innerhalb der EU ist ein einheitliches Mautsystem mit der Möglichkeit flächendeckender Fahrzeugüberwachung geplant.
- Einheitliche Personalausweise – mit biometrischen Daten des Inhabers – sind vielfach als „eindeutiger Identifikator" für zahlreiche Anwendungsbereiche geplant.
- Das aus 19 Ländern gebildete Konsortium Regulatory DataCorp* will zur Bekämpfung der Wirtschaftskriminalität die Personenangaben der angeschlossenen Unternehmen in einer gemeinsamen Datenbank zusammenfassen; außerdem ist ein Suchdienst geplant, bei dem Computerprogramme nach Personen in mehr als 20.000 öffentlichen Quellen wie Zeitungsartikeln, Behördenregistern usw. fahnden können.

Kurz gesagt: Die Einzelbausteine sind dabei, zusammengefügt zu werden. Dies ist ein an sich natürlicher Prozess, da Technik stets nach Vereinfachung strebt. Die dabei wirkenden Triebkräfte sind ebenso verständlich:

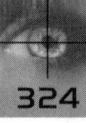

- Zusammenfügung und Vernetzung erhöhen den Nutzen der einzelnen Systeme. Dies gilt sowohl für Hersteller wie Anwender der Systeme. Zum Beispiel ist es ja praktisch, von einem biometrischen System automatisch erkannt zu werden, anstatt jedes Mal ein bestimmtes Passwort eingeben zu müssen.
- Die Kostenersparnis im öffentlichen Dienst macht die Arbeit der Angestellten effizienter.
- Auch die Kosten der IT-Systeme können langfristig gesenkt werden.
- Gleichzeitig winken den Hardware- und Softwareunternehmen sowie Beraterfirmen beträchtliche Gewinne.

Anderseits gibt es eine Gegenkraft, die sich hemmend auf diesen Prozess auswirkt: Eine Vernetzung ist kompliziert. Einzelsysteme sind häufig nicht kompatibel miteinander, d.h. sie verwenden unterschiedliche Arten von Datenspeicherung, Kommunikation und Schnittstellen. Eine Überbrückung dieser Unterschiede ist technisch zwar nicht allzu schwer, jedoch zeitraubend, und Zeit ist bekanntlich Geld. Falls es diesen Hemmschuh nicht gäbe, wäre unsere IT-Infrastruktur wahrscheinlich schon längst weit umfangreicher vernetzt.

Trotzdem ruht natürlich die Entwicklung nicht. Der sog. „Absturz des Neuen Marktes" war ein Börsenphänomen, das sich aber auf die rein technische Entwicklung der Informationstechnologie nicht nachhaltig ausgewirkt hat. Die Entwicklung in den drei Bereichen Hardware, Kommunikation und Software geht unvermindert weiter.

Hardware

Moores Gesetz, nach dem sich die Kapazität eines Mikroprozessors alle 18 Monate verdoppelt, weist noch keine Anzeichen der Abschwächung auf. Wenn die heutige siliziumbasierte Elektronik überholt ist, warten andere Technologien mit noch größerer Kapazität (z. B. Licht- oder Bio-transistoren) auf ihren Einsatz. Die Speicherkapazität von Festplatten entwickelt sich noch schneller – in den letzten zehn Jahren konnte sie jedes Jahr verdoppelt werden, und ein Ende der Entwicklung ist nicht abzusehen.

Es ist nicht schwer auszurechnen, dass Computer in 20 Jahren eine 8.000fache Berechnungskapazität im Vergleich zu heute haben werden, und die Speicherkapazität wird etwa eine Million Mal größer sein. Die Computer werden nicht nur leistungsfähiger, sondern zugleich billiger, kompakter und energiesparender. Immer mehr Produkte werden mit Mikroprozessoren ausgerüstet. Schon heute verfügt ein normaler Haushalt in den westlichen Industrieländern über ca. 50 Mikroprozessoren. Diese Anzahl wird sich dramatisch steigern.

Kommunikation

Die Übertragungsgeschwindigkeit (Bandbreite) in Netzwerken hat sich bisher im gleichen Takt wie die Speicherkapazität entwickelt. Rein mathematisch können wir also in 20 Jahren eine Übertragungsgeschwindigkeit erwarten, die eine Million Mal schneller ist als heute. Außerdem wächst der Anteil kabelloser Kommunikation rasant. Dies vereinfacht die Datenkommunikation im Alltag und erleichtert den Gebrauch geheimer und verborgener Überwachungsinstrumente. Wir stehen vor einer Situation, in der unsere Alltagsapparate (von der Stereoanlage bis zum Toaster) sich ins Internet oder in ein anderes Netz einwählen können und zu kommunizieren beginnen. Auch dadurch erhöht sich das Überwachungspotenzial in unserer Gesellschaft.

Die Wissenschaftler sehen eine äußerst weit reichende Entwicklung in diesem Bereich voraus. An mehreren Hochschulen forscht man zurzeit über sog. „intelligenten Staub" (smart dust). Das bedeutet, dass elektronische Schaltkreise von der Größe eines Staubkorns frei im Raum schweben

und Informationen drahtlos von „Staubkorn" zu „Staubkorn" weitersenden, bis sie beim Empfänger angekommen
sind. Die Informationen können dabei aus abgehörten Ge-
sprächen oder aus den Daten verschiedener Sensoren bestehen.

Software

Auch die Softwareentwicklung macht große Fortschritte,
wenn auch nicht ganz im gleichen Tempo. So berichtete die
Zeitschrift *Technology Revue* im Frühjahr 2003, dass man
einen Durchbruch in der Programmiertechnik erzielt hatte,
der das Absuchen und Registrieren digitaler Tonaufnahmen
wesentlich vereinfacht. Dies kann nicht zuletzt auch der
Überwachung dienen. Große Mittel werden überhaupt auf
die Entwicklung neuer Programme für Kontrolle und Überwachung verwandt, z. B. auf die Mustererkennung mit Hilfe
neuronaler Netzwerke, auf automatische Inhaltsangaben
von Texten, auf automatische Absichtsanalyse gesproche-
ner oder geschriebener Worte, auf Gesichtserkennung und
Gangidentifizierung sowie auf die automatische Interpretation der Mimik eines Menschen via Software.

Wohin treibt uns das gesellschaftlich-politische Klima?

Das oben Gesagte betraf die technische Entwicklung – genauso wichtig ist allerdings auch die gesellschaftliche
Entwicklung insgesamt. Hier sind Prognosen weitaus
schwieriger zu erstellen, da sie von kaum vorhersehbaren Er-
eignissen abhängen. Dies zeigen ja auch die Ereignisse vom
11. September 2001 in aller Schärfe: Sie wirkten sich schlagartig auf die politische Entwicklung im globalen Maßstab
aus. Gehen wir einer härteren Welt entgegen, deren politisches Klima die Überwachung ganzer Bevölkerungen
zunehmend rechtfertigt? Oder kann der Trend gewendet

werden? Können Humanismus und die Rechte des Staats-
bürgers erneut ihre zentrale Rolle einnehmen, aus der sie
verdrängt wurden? Welche Folgen werden künftige Terroranschläge haben?

Der Zweck neuer Überwachungssysteme ist fast immer
gut. Was aber, wenn eine Gesellschaft in die Krise gerät? Ist
unser demokratisches und ethisches Verhalten so gefestigt,
dass es der Versuchung widerstehen kann, Systeme rechts-
widrig einzusetzen? Ein Blick auf die Geschichte lässt Zweifel aufkommen.

Auch Unternehmen, die unter finanziellem Druck stehen, können versucht sein, aus Kundeninformationen ge-
wissenlos kurzfristigen Gewinn zu schlagen.

In dieser Hinsicht war der Beschluss des Gesundheitsmi-
nisteriums in Singapur interessant: Dort ordnete man die Installation von Überwachungskameras in den Wohnungen
von Personen an, die an der Lungenkrankheit SARS er-
krankt waren und unter Quarantäne standen. Die Betroffenen waren gezwungen, sich zu bestimmten, unregelmäßigen
Zeiten vor der Kamera zu zeigen. Diejenigen, die sich nicht
an das Gebot hielten, erhielten elektronische Fußfesseln.
Falls nun in Singapur auch eine allgemeine Kameraüberwachung von Straßen und Plätzen vorhanden gewesen wäre –
hätten dann die Behörden der Versuchung widerstanden,
diese allgemeine Überwachung auch für die Fahndung nach
Verstößen gegen die Quarantänebestimmungen einzusetzen?

Vielleicht meinen jetzt einige Leser, dass ich die potenziellen Gefahren übertreibe. Sie könnten einwenden: „Die
Bürger demokratischer Länder lassen sich nicht so leicht
missbrauchen. Offensichtlich gibt es auch einen nicht er-
folglosen Widerstand gegen solche Überwachungssysteme."

Der heutige Überwachungstrend *kann* überwunden wer-
den. Dies hängt jedoch zum großen Teil von politischen
Weltereignissen ab, z.B. im Hinblick auf den Terrorismus.
Eine demokratische Staatsform ist keine Garantie gegen die

Errichtung eines Überwachungsstaates, da jeder Schritt in diese Richtung damit motiviert werden kann, er komme allen Bürgern auf irgendeine Weise zugute. Auch sind hier die starken wirtschaftlichen Triebkräfte für Entwicklung und Gebrauch elektronischer Überwachungsmittel zu berücksichtigen.

Unter bestimmten, besonders extremen Umständen kann eine weitgehende Überwachung möglicherweise berechtigt sein. Der Terrorismus muss entschlossen bekämpft werden. Und falls das Überleben der Menschheit auf dem Spiel stände, würden natürlich demokratische Bedenken wenig ins Gewicht fallen. Jedoch müsste es sich in einem solchen Fall um einen zeitlich begrenzten Einsatz handeln, der zudem unter demokratischer Kontrolle zu stehen hätte. Die Frage: „Wer überwacht die Überwacher?", ist und bleibt zentral.

Unsere Besorgnis über die Entwicklung darf jedoch, wie gesagt, nicht in Technologiefeindlichkeit und Neinsagerei umschlagen. Ein Stopp der informationstechnologischen Entwicklung – wenn er überhaupt möglich wäre – würde das Kind mit dem Bade ausschütten. Dazu ist der Nutzen der neuen Technologie allzu groß. Das IT-Potenzial für die Schaffung von Wohlstand und Lebensqualität ist riesig. Es gilt, die Entwicklung kontrollieren zu können, und nicht, sie zu stoppen.

Aber kann eine Entwicklung überhaupt kontrolliert werden? Erfolgt sie nicht sozusagen im Selbstlauf? Dies lässt sich behaupten. Was ich meine, ist die Kontrolle darüber, wie gesellschaftliche Institutionen (staatliche und private) die neue Technologie anwenden. Eine solche Kontrolle ist machbar. Ein informationstechnologischer Verhaltenskodex muss her, und ihm muss gleichzeitig eine wichtige Rolle zugewiesen werden.

Schlusswort

Zum Abschluss möchte ich den an der IT-Entwicklung Beteiligten folgende Worte auf den Weg geben:

■ Dem „Normalverbraucher": Lasst uns vorsichtiger und etwas misstrauischer gegenüber der neuen Technik sein; denken wir daran, uns angemessen zu schützen; lasst uns nicht resignieren, sondern auf unser Recht auf Privatsphäre und Eigenverantwortung pochen. Verkaufen wir unsere Persönlichkeitsrechte nicht für ein Linsengericht!

■ Den Angestellten des öffentlichen Dienstes: Denken Sie an die Konsequenzen der neuen IT-Systeme. Beachten Sie die Folgen im Ganzen, nicht nur im Detail. Bewerten Sie die Datenhandhabung unter dem Aspekt eines informationstechnologischen Verhaltenskodex!

■ Den Politikern: Fliehen Sie nicht vor Ihrer übergreifenden Verantwortung! Es sind Stellungnahmen zu ethischen Fragen gefordert. Weichen Sie nicht dem schwierigen Sachverhalt grenzüberschreitender Überwachungstendenzen aus!

■ Der IT-Branche: Respekt vor der Privatsphäre braucht nicht Gewinnverlust zu bedeuten. Er erfordert häufig nur eine Modifizierung des Verkaufsprodukts. Modifizierte Produkte schließen außerdem eine Marktlücke, die bisher weitgehend ungenutzt ist.

■ Der übrigen Wirtschaft: Denken Sie langfristig und respektieren Sie die Wünsche Ihrer Kunden. Auch ist erhöhte Wachsamkeit gegenüber unbefugten Zugriffen erforderlich.

■ Den Massenmedien: Tragen Sie zur Meinungsbildung bei, um den Schutz der Privatsphäre auch im Zuge der neuen technischen Entwicklung zu gewährleisten! Dies dient nicht zuletzt dem Schutz von Demokratie und grundlegenden staatsbürgerlichen Rechten.

Früher war die Privatsphäre durch die „Mühen des Alltags" natürlich geschützt, nämlich durch den räumlichen Abstand, den erforderlichen zeitlichen bzw. sonstigen Aufwand. Die digitale Revolution ist im Begriff, diese Mühen zu beseitigen. Digitale Informationen entfliehen auf ihren elektronischen „Flügeln" mühelos in alle Himmelsrichtungen. Die Privatsphäre erfordert daher heute einen stärkeren Schutz, damit sie uns auch in Zukunft erhalten bleibt.

Häufig sind wir Menschen unsere schlimmsten Feinde: Es ist unbequem, zu protestieren, und sich in irgendeiner Datenbank registrieren zu lassen kann sehr bequem sein. Wir sollten daran denken, dass ein anscheinend „vernünftiges" Verhalten (nämlich die Aufgabe der Privatsphäre um einiger kurzfristiger Vorteile willen) langfristig destruktiv sein kann, indem wir dabei letzten Endes unsere Menschenwürde verlieren. Hier sollten wir an die Worte des amerikanischen Verfassers Charles Sykes denken:

> Der Schutz der Privatsphäre ist wie Sauerstoff. Wir vermissen ihn erst, wenn er nicht mehr vorhanden ist.

Pär Ström, par@atomer.se
www.atomer.se/de

Anhang

Literaturhinweise

Bamford, James: *Body of Secrets*, Anchor, New York 2002; dt.: *NSA – Die Anatomie des mächtigsten Geheimdienstes der Welt*, Goldmann, München 2002

Boye, Karin: *Kallocain – Roman aus dem 21. Jahrhundert*, Malik, Kiel 1984

Brin, David: *The Transparent Society*, Perseus, Reading 1998

Burnham, David: *The Rise of the Computer State*, Random House, New York 1983

Cate, Fred H.: *Privacy in the Information Age*, Brookings Institution Press, Washington, DC 1997

Electronic Privacy Information Center: *Privacy & Human Rights*, Washington, DC 1999

Garfinkel, Simson: *Database Nation*, O'Reilly, Cambridge, Mass. 2001

Hager, Nicky: *Secret Power*, Craig Potton, Nelson, New Zealand 1996

Hunter, Richard: *World Without Secrets*, Wiley, New York 2002

Hyatt, Michael: *Invasion of Privacy*, Regnery, Washington, DC 2001

Lessing, Lawrence: *Code and Other Laws of Cyberspace*, Basic Books, New York 1999

Mena, Jesús: *Investigative Data Mining for Security and Criminal Detection* [ein Leitfaden der amerikanischen Polizei für das Einsammeln digitaler Spuren]

Mitnick, Kevin: *Die Kunst der Täuschung*, MITP, Bonn 2003

Orwell, George: *1984*, Ullstein, Berlin 1994

Parker, John: *Total Surveillance*, Piatkus, London 2001

Reischl, Gerald: *Unter Kontrolle*, Redline, Landsberg 2002

Staples, William: *Everyday Surveillance*, Rowman & Littlefield, Lanham, Md. 2000

Strehle, Res: *Verschlüsselt – Der Fall Hans Bühler*, Werd, Zürich 1994

Sykes, Charles: *The End of Privacy*, St. Martin's Press, New York 1999

Toffler, Alvin: *Die dritte Welle – Zukunftschance*, Goldmann, München 1987

Toffler, Alvin: *Machtbeben*, Econ, Düsseldorf 1993

Toffler, Alvin: *Der Zukunftsschock*, Goldmann, München 1983

Wayner, Peter: *Translucent Databases*, Flyzone Press, 2002

Warwick, Kevin: *I, cyborg*, University of Illinois Press, 2004

Whitaker, Reg: *The End of Privacy*, New Press, New York 1999; dt.: *Das Ende der Privatheit*, Kunstmann, München 1999

Produktliste

Hier folgt eine Liste verfügbarer Programme zum Schutz vor unbefugtem Zugriff, Datenviren usw. (in bestimmten Fällen handelt es sich um Download-Programme aus dem Internet). Die Liste erhebt keinen Anspruch auf Vollständigkeit und stellt keine Wertung des Inhalts der Produkte, ihrer Funktion oder Qualität dar. Auch ist zu beachten, dass die Funktionen der angebotenen Programme sich teilweise überlappen bzw. mehrere Bereiche umfassen. Ein Sternchen (*) hinter dem Herstellernamen bedeutet, dass die Website des Unternehmens im Anhang aufgelistet ist.

Firewalls

Freedom Personal Firewall von Zero Knowledge Systems*

Hacker Eliminator von LockDown Corp.*

Kerio Personal Firewall von Kerio*

*McAfee**

Norman Personal Firewall von Norman*

Outpost Personal Firewall von Agnitum*

Sygate Personal Firewall von Sygate*

ZoneAlarm von Zone Labs*

Antivirusprogramme

AntiVir*
AVG*
Bitdefender*
Eset von Nod32*
F-Secure*
Housecall von Trend Micro*
Kaspersky Antivirus von Kaspersky*
Norman Virus Control von Norman*
Norton Internet Security von Symantec*
McAfee*
Panda Antivirus von Panda Software*
PC-Cillin von Trend Micro*

Antispionageprogramme

Ad-Aware von Lavasoft*
Anti-Keylogger von Raytown*
GalaxySpy von Galaxy Trading*
SpyBlocker von Spyblocker Software*
SpyBot Search & Destroy von PepiMK Software*
Spychecker*
SpyCop*
Spysweeper von Webroot*
PestPatrol*
TDS-3 von Diamond Computer Systems*
The Cleaner von Moosoft*

Chiffrierprogramme

Gnu Privacy Guard*
PGP* (Pretty Good Privacy)
Security Suite von Steganos*
Thawte*

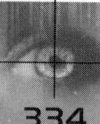

Remailer

Anonymizer*
AdviceBox*
FakeMail*
HushMail*
IDZap*
Jack B Nymble von Potato Software*
SecureNym*
SendFakeMail*
The Freedom Remailer*
ZipLip*

Anonymes Surfen

Anonymizer*
Knowledge Systems
IDZap*
Internet Privacy/Internet Security von Steganos*
IPrivacy
SkuzNet*
the Cloak*

Blockierung von Werbeanzeigen

Ad-blocker*
AdsGone*
Guidescope*
Popup-killer*
Pup-Up Stopper von Panicware*

Cookie-Administration

Cookie Crusher von The Limit Software*
Cookie Pal von Kookaburra Software*
Cookie Terminator von 4developers*
Privacy Companion von IDcide*

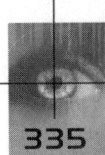

Löschen digitaler „Fingerabdrücke"

BC Wipe von Jetico* (permanente Dateilöschung)

Eraser* (permanente Dateilöschung)

ExpertEraser von Ibas* (permanente Dateilöschung)

Internet Trace Destructor von Steganos* (beseitigt die „Fingerabdrücke" im eigenen PC)

PI Protector Mobility Suite von ImagineLan* (speichert sämtliche „Fingerabdrücke" in einer externen Hardware, d.h. einer kleinen Dose, die am USB-Anschluss des PC angeschlossen wird)

Window Washer von Webroot* (beseitigt die „Fingerabdrücke" im eigenen PC)

SafeIT* (permanente Dateilöschung)

SureClean von Panicware* (beseitigt die „Fingerabdrücke" im eigenen PC)

Sonstige Produkte/Dienstleistungen

Bugnosis* (warnt vor Webwanzen)

Camera/Shy von Hacktivismo* (versteckt Web-Text hinter Bildern)

DialGuard* (Schutz vor Modemkidnapping)

Freenet* (eine Art Schutzzone im Internet, die chiffriert und anonymisiert ist)

IPrivacy (Wareneinkäufe mittels Pseudonym)

Spammimic* (versteckt Mitteilungen in Spamtext)

StegHide* (versteckt Mitteilungen in Bild- oder Tondateien)

Webadressen

Die folgenden Links wurden vor Drucklegung dieses Buches überprüft. Es ist jedoch zu beachten, dass Webanschriften sich schnell ändern bzw. überhaupt nicht mehr auffindbar sein können.

4Developers: www.4developers.com/ct
AccuData: www.accudata.com
Ad-blocker: www.ad-blocker.com
AdsGone: www.adsgone.com

AdviceBox: www.advicebox.com

Agnitum: www.agnitum.com

American Civil Liberties Union (ACLU): www.aclu.org

Americans for Computer Privacy: www.computerprivacy.org

Anderson, Ross: www.refactor.fi/pen/tcpa/faq.html

Anonymizer: www.anonymizer.com

Anti-Keylogger: www.anti-keylogger.com

AntiVir: www.free-av.com

Applied Digital Solutions: www.adsx.com

Atomer och bitar: www.atomer.se

Audiogalaxy: www.audiogalaxy.com

Auto-ID Center: www.autoidcenter.org

Autonomy: www.autonomy.com

AVG: www.grisoft.com

Baja Beach Club: www.bajabeach.es

BearShare: www.bearshare.com

Biometric Access Corporation: www.biometricaccess.com

Biometrica Systems: www.biometrica.com

BioPay: www.biopay.com

Bitdefender: www.bitdefender.com

BluePosition: www.blueposition.com

Boycott Benetton: www.boycottbenetton.org

Boycott Delta: www.boycottdelta.org

Boycott Gillette: www.boycottgillette.com

Brickstream: www.brickstream.com

Brilliant Digital Entertainment: www.brilliantdigital.com

Bugnosis: www.bugnosis.org

CameraWatch: www.camerawatch.net

Carratu International: www.carratu.com

CASPIAN: www.nocards.org

Center for Democracy & Technology: www.cdt.org

ChoicePoint: www.choicepoint.com

Cisco: www.cisco.com

Clearswift: www.clearswift.com

ClickTillUWin: www.clicktilluwin.com

Combat Zones That See: dtsn.darpa.mil/ixo/solicitations/CTS/file/ BAA_03-15_CTS_PIP.pdf (ohne www)

ConsumerPrivacyGuide: www.consumerprivacyguide.org

Counterexploitation: www.cexx.org

Crypto AG: www.crypto.ch

CTS: dtsn.darpa.mil/ixo/solicitations/CTS/file/BAA_03-15_CTS_PIP.
   pdf (ohne www)

Daon: www.daon.com

DARPA: www.darpa.mil

DialGuard: www.dialguard.com

Diamond Computer Systems: www.diamondcs.com.au

Digital Angel: www.digitalangel.net

Digital Rights: www.digitalrights.dk

Direct Marketing Association: www.the-dma.org/privacy/privacypoli-
   cygenerator.shtml

DoubleClick: www.doubleclick.com

Echelon: www.europarl.eu.int/tempcom/echelon/pdf/rapport_eche-
   lon_sv.pdf

Electronic Frontier Finland: www.effi.org

Electronic Frontier Foundation: www.eff.org

Electronic Frontiers Georgia: www.efga.org

Electronic Privacy Information Center (EPIC): www.epic.org

Eraser: www.tolvanen.com/eraser

Eurodex: www.eurodex.se

European Digital Rights: www.edri.org

Extra Future Store: www.future-store.org

Eye Dynamics: www.eyedynamics.com

EyeTicket: www.eyeticket.com

E-ZPass: www.ezpass.com

F-Secure: www.f-secure.se

FakeMail: www.fakemail.com

Fatline: www.fatline.com

Foundation for Information Policy Research: www.fipr.org

Freenet: www.freenetproject.org

Galaxy Trading: www.galaxytrading.net

GeneWatch: www.genewatch.org

Global Internet Liberty Campaign: www.gilc.org

Gnu Privacy Guard: www.gnupg.org

Google (webbplatser): www.google.com

Google (newsgroups): groups.google.com (ohne www)

Grokster: www.grokster.com

Guidance Software: www.guidancesoftware.com

Guidescope: www.guidescope.com

Hacktivismo: hacktivismo.com (ohne www)

HushMail: www.hushmail.com

Ibas: www.ibas.com

IDcide: www.idcide.com

Identix: www.identix.com

IDZap: www.idzap.com

ImagineLan: www.imaginelan.com/winboot

International Biometric Group: www.biometricgroup.com

Jetico: www.jetico.com

KartSaver: www.kartsaver.com

Kaspersky: www.kaspersky.com

Kazaa: www.kazaa.com

Kerio: www.kerio.com

Kevin Warwick: www.kevinwarwick.com

Klever-Kart: www.kleverkart.com

Kookaburra Software: www.kburra.com

Lavasoft: www.lavasoftusa.com

Liberty: www.liberty-human-rights.org.uk

LimeWire: www.limewire.com

LockDown Corp.: www.lockdowncorp.com

Marshal Software: www.marshalsoftware.com

McAfee: www.mcafee.com

MediaDefender: www.mediadefender.com

Merloni: www.merloni.com

Micro Librarian Systems: www.microlib.co.uk

Moosoft: www.moosoft.com

Nanny Check: www.nannycheck.com

National Consumer Coalition's Privacy Group: nccprivacy.org (ohne www)

National Security Agency: www.nsa.gov

Nemesysco: www.nemesysco.com

New York Civil Liberties: www.nyclu.org

Nod32: www.nod32.com

Norman: www.norman.com

NSA: www.nsa.gov

Online Privacy Alliance: www.privacyalliance.org

OnStar: www.onstar.com

OpenTable: www.opentable.com

Overpeer: www.overpeer.com

Panda Software: www.pandasoftware.com

Panicware: www.panicware.com

Pay As You Drive: http://www.norwichunion.com/pay_as_you_drive/

Pearl Software: www.pearlsw.com

PepiMK Software: www.security.kolla.de

PestPatrol: www.pestpatrol.com

PGP: www.pgp.com

Phantom Plate: www.phantomplate.com

Popup-killer: www.popup-killer.info

Potato Software: www.skuz.net/potatoware

Precise Biometrics: www.precisebiometrics.com

Pretty Good Privacy: www.pgp.com

Privacy Activism: www.privacyactivism.org

Privacy Bird: www.privacybird.com

Privacy Exchange: www.privacyexchange.org

Privacy Foundation: www.privacyfoundation.org

Privacy International: www.privacyinternational.org

Privacy Rights Clearinghouse: www.privacyrights.org

Progressive: www.progressive.com

QinetiQ: www.qinetiq.com

Raytown: www.anti-keylogger.com

RealNetworks: www.realnetworks.com

Regulatory DataCorp: www.regulatorydatacorp.com

Ross Anderson: www.refactor.fi/pen/tcpa/faq.html

SafeIT: www.safeit.se

Savvydata: www.savvydata.com

Scottish Human Rights Centre: www.scottishhumanrightscentre.
   org.uk

SecureNym: www.securenym.net

SendFakeMail: www.sendfakemail.com

SimplyTheBest: www.simplythebest.net/info/spyware.html

SkuzNet: www.skuz.net

Smart damm: robotics.eecs.berkeley.edu/~pister/SmartDust/
   (OBS ohne www)

SmartRight: www.smartright.org

Spammimic: www.spammimic.com

Spector Software: www.spectorsoft.com

Spyblocker Software: www.spyblocker-software.com

Spychecker: www.spychecker.com

SpyCop: www.spycop.com

Statewatch: www.statewatch.org

Steganos: www.steganos.com

StegHide: steghide.sourceforge.net (ohne www)

Sygate: www.sygate.com

Symantec: www.symantec.com

Tech Law Journal: www.techlawjournal.com

Thawte: www.thawte.com

The Baltimore Sun: www.baltimoresun.com

The Cloak: www.the-cloak.com

The Freedom Remailer: www.gilc.org/speech/anonymous/
remailer.html

The Limit Software: www.thelimitsoft.com

The Register: www.theregister.co.uk

TomCat: www.tom-cat.com/spybase

Trend Micro: www.trendmicro.com

TripSense: http://tripsense.progressive.com/home.aspx

Tripwire: www.tripwire.com

TrustE: www.truste.org

Tumbleweed Communications: www.tumbleweed.com

US HomeGuard: www.ushomeguard.org

V: www.simplyv.org

Verint Systems: www.verintsystems.com

Vetronix: www.vetronix.com

Viisage: www.viisage.com

VitalLink: www.vitallink.com

VX2 Corporation: www.vx2.cc

Warwick, Kevin: www.kevinwarwick.com

Webroot: www.webroot.com

Wherify: www.wherify.com

WinWhatWhere: www.winwhatwhere.com

Xanboo: www.xanboo.com

Zero Knowledge Systems: www.zeroknowledge.com

ZipLip: www.ziplip.com

Zone Labs: www.zonelabs.com